U0576157

妇女发展与社会进步
——浙江妇女研究（第五辑）

陈步云　徐士青　主编

浙江工商大学出版社
ZHEJIANG GONGSHANG UNIVERSITY PRESS
·杭州·

图书在版编目(CIP)数据

浙江妇女研究. 第五辑,妇女发展与社会进步 / 陈
步云,徐士青主编. —杭州:浙江工商大学出版社,
2022.12

ISBN 978-7-5178-5223-0

Ⅰ. ①浙… Ⅱ. ①陈… ②徐… Ⅲ. ①妇女工作—研
究—浙江 Ⅳ. ①D442.855

中国版本图书馆 CIP 数据核字(2022)第227500号

妇女发展与社会进步——浙江妇女研究(第五辑)
FUNV FAZHAN YU SHEHUI JINBU——ZHEJIANG FUNV YANJIU (DI WU JI)
陈步云 徐士青 主编

责任编辑	张莉娅
封面设计	符 琼
责任校对	鲁燕青
责任印制	包建辉
出版发行	浙江工商大学出版社
	(杭州市教工路198号　邮政编码310012)
	(E-mail: zjgsupress@163.com)
	(网址:http://www.zjgsupress.com)
	电话:0571-88904980,88831806(传真)
排　版	杭州朝曦图文设计有限公司
印　刷	浙江全能工艺美术印刷有限公司
开　本	710 mm×1000 mm　1/16
印　张	22.5
字　数	339千
版印次	2022年12月第1版　2022年12月第1次印刷
书　号	ISBN 978-7-5178-5223-0
定　价	60.00元

版权所有　侵权必究
如发现印装质量问题,影响阅读,请和营销与发行中心联系调换
联系电话　0571-88904970

序　言

马克思指出,每个了解一点历史的人也都知道,没有妇女的酵素就不可能有伟大的社会变革。社会的进步可以用女性的社会地位来精确地衡量。女性的解放与发展程度既是社会发展所追求的目标,也是衡量社会进步程度的重要标尺。

2022年是党的二十大胜利召开之年。在全国上下学习宣传贯彻党的二十大精神之际,《妇女发展与社会进步——浙江妇女研究(第五辑)》出版了。该书选取浙江省妇女研究会会刊《浙江妇女研究》2021年的优秀成果集刊而成。值得一提的是,该书也是《浙江妇女研究》创刊五周年特辑。对这些优秀成果公开出版,既是对妇女/性别/家庭研究成果的转化和推广,也是学习贯彻党的二十大精神的成果体现。该书主要呈现了以下几个方面的热点话题。

第一,习近平总书记强调:"妇女是人类文明的开创者,是社会进步的推动者,在各行各业书写着不平凡的成就。"浙江省正在奋力推进、加快实现"两个先行",广大妇女群众应该以何种精神状态和奋斗姿态,在家庭和社会生活中充分发挥独特作用,助力共同富裕和社会治理,是本书关注的重要话题。我们立足浙江,充分挖掘本土资源,通过研究千鹤妇女精神的形成与发展,推动千鹤妇女精神从田间地头走向课桌案头,走进广大妇女群众心头,成为她们推动共同富裕、促进全面发展的精神源泉和行为动力。同时,我们也面向全国,一方面,从实践出发关注各地女性在参与乡村振兴和社会治理中的作用发挥;另一方面,从理论层面总结提炼中国共产党领导妇女解放的百年历程和基本经验,研究高校在推进党史教育过程中的性别关照和创新理路,为推动马克思主义妇女理论的中国化时代化贡献绵薄之力。

第二,"加强家庭家教家风建设"首次写入全国党代会报告,体现了党和国家对家庭家教家风建设的高度重视。如何推进家务劳动的社会化,为女性充分实现自身发展创造条件;如何认识女性在家庭教育和社会参与中的作用地位;如何推动当代青年和广大家庭形成"适龄婚育、优生优育"的新时代婚恋观家庭观;如何回应社会快速转型背景下,农村老年女性和留守儿童的特殊需求;这些都是该书关注的重点话题。

第三,"坚持男女平等基本国策"第三次写入全国党代会报告,《中华人民共和国妇女权益保障法》再次进行了修订并将于2023年施行。切实维护和保障妇女权益,实现女性与经济社会同步发展,是我们每个人应尽的职责与使命。近几年备受关注的婚姻家庭热点问题,也是该书关注的重点。

最后,《浙江妇女研究》以"加强理论研究、深化实践探索、助推妇女工作"为使命,除了面向全国进行理论研究和实践研究,还一直致力于浙江妇女工作的发展。因此,我们对浙江践行习近平总书记关于妇女和妇女工作重要论述的一些经验与探索进行了刊发,希望对基层妇联工作的改革与发展能有所借鉴。

2023年,我们将以党的二十大精神为指引,以习近平总书记提出的"五个牢牢把握"为遵循,紧紧围绕浙江省妇联提出的七个聚焦,扎实推动妇女研究不断创新发展。在新的一年里,我们将着力推动妇女研究成果转化为高质量的资政报告,转化为促进妇女工作和妇女发展的工作举措。希望《浙江妇女研究》的作者队伍和我们一道,为实现妇女研究的高质量发展做出新的贡献。

目　录

妇女解放与妇女精神

女性发展与共同富裕

家庭建设与社会发展

妇女权益与法律保障

妇女工作改革与创新

妇女解放与妇女精神

中国共产党领导妇女解放的百年历程与基本经验

杜　辉*

摘　要：中国共产党从1921年成立至今，其领导的妇女解放已经走过一个世纪。在这百年奋斗征程中，党领导的妇女解放思想从形成发展、丰富完善走向成熟创新。妇女翻身做主人，独特权益获得尊重；妇女实现思想解放，妇女工作走向世界；男女平等基本国策有效实施，性别和谐观念成为大众共识；妇女实现总体脱贫，共享社会发展成果。百年来，中国共产党始终坚持以人民为中心的理念，始终坚持妇女解放同国家民族任务相结合的工作方式，始终坚持性别平等与促进妇女全面发展并重的原则，这些基本经验历久弥新。

关键词：中国共产党；百年；妇女解放；马克思主义中国化；经验

一部中国百年妇运史，也是一部党的百年奋斗史。妇女从苦难走向新生的蜕变过程，既是中国共产党百年奋斗的缩影，又是马克思列宁主义同中国具体国情相结合的妇女篇章。在不同历史时期，党领导的妇女解放思想从形成发展、丰富完善走向成熟创新，所取得的成就举世瞩目，其基本经验亦历久弥新。

* 杜辉，厦门大学马克思主义学院博士，研究方向为马克思主义中国化研究。

一、中国共产党领导妇女解放的思想历程

建党百年以来,中国共产党致力于民族复兴与人民幸福愿景,在领导妇女解放过程中,认识到谋求妇女独立首先要取得民族独立、谋求妇女解放首先要争取人民解放。在新民主主义革命时期至社会主义建设时期,探索出"农村包围城市、武装夺取政权",动员妇女参与生产,发展女党员、培养妇女干部,发动妇女建设社会主义,宣传"妇女一切可做",切实执行婚姻法、保护妇女权益,帮助妇女解决生产与育儿矛盾等思想,这是党领导妇女解放思想的形成与发展期。在改革开放新时期,探索出以经济建设为中心,将男女平等作为基本国策,构建社会主义和谐社会等思想,是党领导妇女解放思想的丰富与完善期。新时代,党提出"人民就是江山,江山就是人民""征途漫漫惟有奋斗"等思想,是党领导妇女解放思想的成熟与创新期。

(一)党领导妇女解放思想的形成与发展(1921—1978年)

中国共产党自成立之日起,就把促进妇女解放、实现男女平等作为自己的奋斗目标之一。1922年7月,党的二大通过了中国历史上首个妇女运动纲领,率先阐明了解放妇女与解放人民群众之间的关系,提出了只有无产阶级夺取政权,妇女才有机会彻底解放的主张。毛泽东在湖南考察农民运动时就发现妇女深受封建礼教束缚的四条绳索,指明了妇女受压迫的社会根源。土地革命时期,党领导工农革命采取"农村包围城市、武装夺取政权"的思想方针,在开辟革命根据地的同时也开启了中国妇女运动的新道路。1939年,为深入引导广大妇女积极投身抗战,中共中央妇委对团结来自不同党派、不同阶级和阶层的妇女共同建立统一战线作出指示,确立了妇女解放的首要条件是参与生产劳动的思想。1940年,毛泽东在给中央妇委的信中强调妇女参加生产发挥其经济作用的重要性。1943年,党中央发布的《关于各抗日根据地目前妇女工作方针的决定》明确了把妇女在经济和生产方面地位的提高放到第一位,把支援抗战作为妇女解放的落脚点。1948年,《中共中央对目前妇女工作的指示》提出妇女运动须依靠贫雇农妇女,团结广大劳动妇

女及其他阶层妇女进行土地革命的路线,重视妇女在敌后生产、根据地建设、医疗后勤中的巨大作用,农妇支援革命解放全中国的热情被有力地调动起来。总之,"农村包围城市、武装夺取政权"以及动员妇女参加生产为党领导的妇女解放思想的形成奠定了基石。

1949年,中华人民共和国成立,包括广大妇女在内的受压迫人民终于站起来了,完成了几千年来翻身求自由的梦想。从1949年至1978年,中国共产党领导的妇女解放伴随着国家建设同步进行,妇女始终作为既爱国又爱劳动的为共产主义献身的形象出现。其间,形成了如下思想:第一,发展女党员、培养妇女干部。提倡积极培养、耐心教育、大胆使用女干部承担各种工作,主张男女干部能力平等、工作机会平等。第二,发动妇女建设社会主义。毛泽东认为,男女若要实现真正平等,须在社会主义改造过程中以及阶级社会消失、笨重劳动自动化、农业机械化时才能实现。为此就要鼓励妇女参与生产,实现男女同工同酬。第三,宣传"妇女一切可做"。这种提法给予了妇女充分的自信心和奋斗的勇气。第四,切实执行婚姻法,保护妇女权益。新中国颁布的第一部婚姻法从法律角度解构了封建家庭制度,这有助于建构平等和睦的新式家庭,也真正激发了妇女参与政治活动和建设事业的信心。第五,帮助妇女解决生产与育儿矛盾。在党的领导下,国家大力发展农业互助合作组织,在农忙时节兴办托儿组织和福利机构,一定程度上减轻了妇女从事"两种再生产"的压力,保护了妇女的身心健康。

(二)党领导妇女解放思想的丰富与完善(1978—2012年)

结合社会主义初级阶段的基本国情,以邓小平为核心的党的第二代领导集体对妇女解放的工作方针进行了调整。首先,坚持妇女问题是发展问题。由于妇女解放过程的历史性和长期性,妇女发展自始至终都会受到生产力发展水平的约束,因此坚持以经济建设为中心,建设有中国特色的社会主义是根本出路。其次,批驳各种有关妇女回家论的错误论调。二十世纪八九十年代,改革开放的深化带来产业结构的调整,部分人员面临就业瓶颈,这就导致国内形成了一股反对妇女就业、主张妇女回家的错误思潮。邓小平对这一思潮予以坚决批评,鼓励妇女积极参与社会主义建设,提高综合素质和主体意识。他要求妇女组织要经常性开展妇女工作,带头宣传妇女的独特作用,保障妇女切身权益,改善妇女社会地位,以期改变人们对妇女的固化思维和刻板印象。最后,加强中国妇女同世界妇女的交流合作。无论是妇女干部还是农村妇女,都要看世界。

1990年,在"三八"国际劳动妇女节八十周年纪念大会上,江泽民主席阐述了马克思主义妇女观,分别从妇女受压迫的阶段性、妇女解放过程的长期性、妇女解放程度的普遍性、妇女解放的条件性、妇女创造人类文明的贡献性等角度科学把握其理论内核。建设中国特色社会主义,就要充分认识到妇女是推动社会进步与历史前进的一支伟大力量。1995年,江泽民主席在第四次世界妇女大会上宣布,将男女平等作为促进我国社会发展的一项基本国策,这成为构建社会主义文明社会、引领全社会尊重和保护妇女的重要里程碑。将男女平等作为基本国策使中国妇女在政治、经济、法律上的基本权益得到了有力支持。

2003年,胡锦涛主席在全国妇联八届三次执委会议上强调,我国将继续坚持运用法律、行政及舆论等方式,使男女平等基本国策真正落实到社会的各个领域。科学发展观的"以人为本""全面协调可持续"等理念为推动妇女解放与发展提供了思想先导。在党的十六届六中全会上,构建社会主义和谐社会的提出将男女两性和谐发展天然地囊括其中,解决好包括妇女群众在内的广大人民的现实利益问题成为构建和谐社会的应有之义,构建社会主义和谐社会思想成为党领导妇女解放的新的遵循。

（三）党领导妇女解放的思想的成熟与创新（2012年至今）

"人民群众是历史的创造者。"党的十八大以来,中国共产党从人民群众切身利益问题入手,不断改善人民生活水平、实现人民对美好生活的向往,关注群众之所需、解决群众之所困。确切地说,以人民为中心的发展思想,就是要紧紧依靠人民、密切联系群众,始终牢记初心使命,统筹做好教育、医疗、就业、社会保障、收入分配等各方面民生工作,为群众谋福祉。党在领导妇女运动中,坚持问题导向,强化底线思维,回答了时代对妇女运动提出的新课题以及中国妇女解放举旗定向的问题。中国共产党坚持新发展理念,在打赢脱贫攻坚战的基础上全面推进乡村振兴,实现共同富裕。习近平总书记和党中央密切关注各类生活困难的群众,重点关注不同阶层、不同地域的弱势群体和特殊群体,建立健全农村留守儿童、妇女、老年人关爱服务体系。"人民就是江山,江山就是人民"的思想在党关心关怀弱势群体工作中体现得淋漓尽致。

恩格斯说,具有"顽强精神的政党"是不可战胜的。一切伟大的成就都是奋斗的结果,一切伟大的事业都需要在奋斗中推进。奋斗精神不是抽象的,而是具象、动态、发展的,随着时代进步和历史变迁而不断丰富和充实。习近平总书记在2018年新年贺词中指出:"广大人民群众坚持爱国奉献,无怨无悔,让我感到千千万万普通人最伟大,同时让我感到幸福都是奋斗出来的。"奋斗精神凝聚着我们党的优良传统和先进作风,是党在奋斗历程中积累的宝贵财富,是不断发展着的战胜困难的精神武器。妇女解放就是在奋斗中完成的,在家庭建设中,党注重发挥妇女在家教家风中的润滑剂作用,提倡在奋斗中建设社会主义新家庭,促进社会和谐与妇女事业同步发展。由此可见,"征途漫漫惟有奋斗"早已深入人心。

二、中国共产党领导妇女解放的发展成就

从成立之日起,中国共产党就自觉肩负起初心使命,不仅完成了推翻"三座大山"的历史使命,而且彻底解除了捆绑在妇女身上的"四条绳索"。新中国成立后,党动员群众发展生产,见证了"妇女能顶半边天"。改革开放以来,妇女的地位、权利、人格、自由等获得全方位提升,社会也形成了男女平等与性别和谐的良好氛围。进入新时代,中国以负责任的大国形象,提前完成了联合国减贫目标,全面建成小康社会,妇女运动进入崭新篇章。

(一)妇女翻身做主人,独特权益获得尊重

自中国共产党诞生至新中国成立初期,妇女解放实现了从封建压迫、资产阶级女权觉醒到中国共产党领导翻身革命的转变。通过除旧布新,传统乡村统治秩序逐步解体,新的社会形态和社会制度逐步建构,妇女在各个方面随之发生深刻变化。妇女在根据地的政治经济制度基础上获得平等地位,改写了妇女与社会政治无缘的历史。在中央苏区时期,中国共产党妥善

处理农村妇女的特殊利益与农民整体利益之间的关系,始终支持妇女反抗家庭内的压迫,避免打击妇女参加革命的积极性。赋予妇女以独立身份享受政治经济参与权,提高妇女在家庭内外的地位,引导妇女关注阶级斗争和社会工作。党充分认识到妇女与革命的关系,关注到妇女的特殊利益,回应妇女呼吁解放的呼声,充分调动妇女的积极性和主体性,妇女的解放是"在斗争中用自己的力量取得的"[1]。

新中国成立之初,在建设社会主义的生产劳动中涌现出了一大批妇女劳动模范。与此同时,在领导农村妇女解放运动中,党和政府重视培养当地的妇女干部,在实际工作中锻炼她们。这既适应农村社会的发展需要,也是发挥广大农妇主体性的一种体现。1954年颁布的《中华人民共和国宪法》,明确规定了国家对家庭和母亲角色给予保护,妇女在参与社会事务和家庭事务中与男子平等享有发言权和决策权,其主体地位得到尊重。在妇女就业权利方面,国家颁布的《妇女权益保障法》《劳动法》等以法律形式规定男女同工同酬,而《女职工劳动保护规定》等政策法规也对妇女给予特殊照顾。在婚姻家庭方面,果断废除包办婚姻和娼妓制度,提倡男女自由恋爱,鼓励妇女勤俭持家和开展家庭副业,保障妇女在婚姻家庭中的权益地位。

(二)妇女实现思想解放,妇女工作走向世界

党的十一届三中全会开启了以经济建设为中心的国家任务转型,妇女解放事业也融入社会主义初级阶段的建设大潮。在中国经济建设"三步走"战略下,广大妇女走出家门走向社会,有机会通过就业获得经济自主权、保证自身独立地位,这也展示出社会主义制度的包容与活力。随着国民生产总值不断增长,妇女同男子一样创造财富,人民生活质量有了明显提高。党领导人民在基本解决温饱问题的基础上,进一步解放思想,发展生产力,探索具有中国特色的社会主义道路和妇女解放之路。中国妇女发展纲要的相继出台,就是思想解放、道路探索的生动体现,而中国特色妇女解放之路,是在充分的历史实践中走出来的,涉及妇女全面参与政治经济建设、家庭角色的发挥、妇女环保意识的提高、妇女健康与出生性别比的改善、妇联作用的彰显和妇女权益维护等各个方面。

20世纪90年代以来,在联合国倡导平等、发展、和平为主题的国际交流

与合作背景下,中国妇女及妇女组织积极响应并加强同世界各国的民间交流。目前,各类民间妇女组织和各界妇女群众积极参与科教文卫等多个领域的对外友好交流工作,而妇女发展与性别平等的理念也多次作为国际会议的主题。全国妇联已与海外多家妇女组织和国际机构建立联系,在加强互联互通、对外友好交流中发挥着关键作用。地方各级妇联以举办或参加国际会议为依托,通过实施国际合作项目等形式开拓妇女眼界和思维,并在构建性别平等新战略、探索全球性别发展路径中起到重要作用。

(三)男女平等基本国策有效实施,性别和谐观念成为大众共识

党的十四大以来,党和国家高度重视经济社会协调发展,社会主义市场经济制度的确立使我国改革开放进入崭新阶段。通过实施男女同工同酬、共同承担家务、平等参与民主政治生活等举措,营造妇女参与社会劳动与社会工作的舆论氛围,有力驳斥"妇女回家论",形成男女平等、妇女解放新局面。党和政府十分重视农村基层的普法学习和宣传,加大巩固妇女家庭地位、社会地位和法律地位的保护力度,让广大群众特别是妇女有法律维权的意识、有男女平等的意识。这一时期,我国妇女政治地位与参政水平明显提高。有关调查显示,新时期男女政治权利平等已经取得了显著进展,妇女在地方一级人大代表选举中的参选比例为73.4%,比男性低4个百分点,而女性"尽量了解候选人情况并认真投票"的比例为73.9%,仅比男性低2.7个百分点。[2]也正是在男女平等基本国策贯彻实施过程中,妇女就业领域和渠道也逐渐拓宽,就业更为多元。

在当代中国,性别和谐观念成为共识。一是性别差异得到尊重。男女两性的生存发展权益平等,受教育的机会均等化。男女平均受教育年限的差距逐渐收缩,2009年的男女平均受教育年限分别为8.73年和7.8年,男女差距由2000年的1.3年缩小为0.93年。[3]二是性别自由与共同发展在一定程度内得到实现。据2010年全国妇联的抽样调查,由男女双方自己决定或与父母共同商定的婚姻比例达到71.4%,男女平等的和谐家庭关系已经成为当代中国妇女婚姻家庭生活的主流。三是性别平衡程度不断改善。一些全国性、地方性的妇女问题研究机构(如女职工委员会、女科技工作者联谊会以及女企业家协会等)也致力于保障妇女权益的工作。妇女权益保障机制更

趋完善,预防和惩治侵害妇女权益的措施更为有力,对妇女的法律援助、司法保护和帮扶力度持续加大。

(四)妇女实现总体脱贫,助力全面建成小康社会

社会主义的本质要求是摆脱贫困、消除两极分化、实现共同富裕,这也是中国共产党的重要使命。妇女在党和国家扶贫开发事业中逐渐摆脱贫困,生活状态与精神面貌出现大幅改观。在中国共产党成立一百周年的重要时刻,我国脱贫攻坚战取得了全面胜利,现行标准下9899万农村贫困人口全部脱贫,832个贫困县全部摘帽,12.8万个贫困村全部出列,区域性整体贫困得到解决,完成了消除绝对贫困的艰巨任务,创造了又一个彪炳史册的人间奇迹! 这既是中国特色社会主义制度优越性的重要体现,又是党领导妇女解放事业的重要里程碑,更是男女平等基本国策在总体脱贫领域的生动实践,为我国决胜全面建成小康社会注入强劲动能,也为促进全球妇女减贫进程乃至全球妇女事业发展贡献了中国智慧和中国经验。

党领导人民全面建成小康社会,不仅为妇女建功立业搭建了历史舞台,也为妇女解放提供了崭新契机。根据《2019年中国妇女发展纲要(2011—2020年)统计监测报告》,妇女与健康方面,孕产妇保健体系更趋完善,自2012年起孕产妇住院分娩率一直保持在99%以上的高水平,2019年达到99.9%,高出2010年2.1个百分点;孕产妇系统管理率为90.3%。孕产妇死亡率继续降低,优于中高收入国家的水平。妇女生殖保健服务不断加强。2019年,我国为计划怀孕夫妇提供免费检查达1020万人次,目标人群覆盖率平均达95.1%。妇女与教育方面,女童平等接受学前教育得到基本保障。2019年,全国共有学前教育(包括幼儿园和附设幼儿班)在园女童2212.6万人,比2010年增加860万人,增长63.6%,高出平均水平5.2个百分点。消除性别差距在义务教育阶段得到基本实现,全国高中阶段毛入学率达到89.5%。高等教育女生占比超过一半。近年来,中国高等教育快速发展,高等教育毛入学率已由2010年的26.5%快速提高到2019年的51.6%。妇女与经济方面,女性在全社会就业人员中的比重持续保持在4成以上,农村妇女贫困程度明显降低,对贫困妇女的保障力度持续加强。此外,妇女参与决策和管理,妇女与社会保障,妇女与环境、妇女与法律等方面均取得重大进展。

三、中国共产党领导妇女解放的基本经验

在不同的历史时期,党赋予妇女解放不同的时代主题,引领国家和民族事业与妇女发展事业不断取得胜利。回望和总结中国共产党领导妇女解放的百年经验,能够进一步拓宽新时代中国特色妇女发展道路,推动妇女全面参与社会主义现代化国家建设。

(一)中国共产党始终坚持以人民(包括妇女)为中心的发展思想

中国共产党自诞生之日起,就把"为中国人民谋幸福,为中华民族谋复兴"作为自己的初心使命,深刻回答了"我是谁、为了谁""我从哪里来、要到哪里去"的价值立场问题。党的初心使命源自马克思主义的无产阶级使命观,是秉持为人类求解放立场的必然选择,因为马克思主义创造性地揭示了人类社会发展规律,站在人民的立场探求人类自由解放的道路。在领导中国妇女解放运动中,中国共产党始终把握社会发展规律,以人民至上为价值宗旨,以实现人的全面自由发展为目标,具有强烈的责任意识与担当情怀。党的一切工作都坚持以人民(包括妇女)为中心的发展思想,把人民的拥护、赞成、高兴、答应作为终极衡量标准。"小康不小康,关键看老乡"就是贯彻这一原则的真实写照。

我们党恪守从群众中来、到群众中去的群众路线,当人民群众的小学生,以人民为师,向能者求教,向智者问策,使人民群众的聪明才智得到充分施展。在全面建成小康社会进而全面建设社会主义现代化国家新征程中坚持问政于民、问需于民、问计于民,充分发挥广大人民群众的积极性、主动性和创造性,营造人人参与、人人尽力的社会环境,激励人们通过劳动创造美好生活,使人民群众成为中国梦的奋斗者、实干者。"天地之大,黎元为本。"人心向背关乎执政之基。人民是历史的创造者,群众是造就奇迹的英雄。党在领导人民革命、建设和改革等时期,鼓励妇女参加生产革命运动,通过移风易俗破除婚姻中的男女不平等陋习。成立于20世纪20年代的中共中央妇女部,把人民作为发展的依靠力量,在组织和领导妇女投身革命运动,

反抗阶级压迫，追求民族独立和谋求自身彻底解放方面发挥了重要作用。新中国成立后，各级党组织和各级妇联从思想上和行动上对广大妇女群众真诚关注、真心关爱和持续关心。以道义的力量贯彻人民立场保持同妇女群众的血肉联系，以真理的力量贯彻人民至上尊重妇女创造历史的伟力，以前进的力量贯彻以人为本赢得百姓衷心拥护。

（二）中国共产党始终坚持妇女解放同国家民族任务相结合的工作方式

中国共产党领导的妇女解放运动，是人类有史以来思想最进步、覆盖人数最多、成就最显著的自上而下的女性发展运动，亿万女性的地位获得了千年未有之改观。这是党领导人民前赴后继、一代代人抗争而来的成果，也是为探索中国特色妇女发展道路奋斗而来的成绩。我们党自始至终坚持实事求是、因地制宜的工作方法。战争时期，国家和民族处于生死存亡的危难之际，党领导的妇女解放运动就把民族独立、人民解放作为根本价值追求，注重发展农业生产、实施土地革命，鼓励妇女拥护正义，踊跃支援前线，勇做人民子弟兵的强大后盾。和平年代，国家和民族的任务是实现国家富强、人民幸福，党就把这一任务纳入中国妇女解放运动的主线，注重在教育、就业、权利等各方面保证妇女运动的成果，通过完善九年义务教育，改革城乡教育体制；努力发展经济，实施男女同工同酬，反对性别歧视；重视妇女医疗和卫生健康，培养健康、文明和自信的下一代等方面领导妇女解放运动迈向新时代。

为探索妇女解放同国家民族任务相结合的工作方式，党坚持解放思想、实事求是、与时俱进、求真务实。新中国成立后，党和国家动员广大妇女平等参与社会主义建设，将实现妇女利益与实现全体人民共同利益相结合，把维护、实现、发展好妇女利益作为妇女事业基本导向，致力于达到指导方针、政策立法、家庭社会等多维度的性别平等，体现了社会主义的优越性，实现了妇女地位及其权益同国家中心工作的有序衔接。随着改革向纵深发展以及社会主义市场经济制度的确立，党政机关带头落实妇女发展纲要，提升妇女在政府、村（居）委会等机构中的比例。通过力推妇女参选村"两委"，使妇女在村民自治组织中能够发出自己的声音，定期举办妇女参选人员培训班，增强竞选意识与竞选本领,基本达成了妇女参与决策和管理的主要目标。

(三)中国共产党始终坚持性别平等与促进妇女全面发展并重原则

党在执政为民的实践中,将社会性别意识纳入法律法规和公共政策,推动性别平等、共建伟业从而促进妇女全面发展,促进妇女与经济社会同步发展。一方面,将涉及广大妇女群众的重大利益问题纳入党的各级组织的议事日程,时时刻刻把妇女群众放在心上,全方位地关心妇女,促进妇女全面发展;另一方面,从培养社会主义的建设者和接班人立场出发,切实维护妇女的各项权益,以具体行动关心和爱护妇女,为广大妇女自觉地投身社会主义建设提供保障。习近平总书记在系列重要讲话中格外关心贫困妇女、残疾妇女、留守妇女等特殊群体,并呼吁国际社会关心困难群体,制定科学合理的发展战略,确保妇女共享发展成果,推动全球妇女参与经济社会发展和构建人类命运共同体。

性别平等与妇女全面发展相辅相成,妇女自身的独特价值和潜力巨大。基于此,党在领导妇女解放运动中遵循性别平等原则,无论是在新民主主义革命、社会主义建设还是改革开放时期都注重性别平等。在综合国力由弱变强的过程中,在构建人人向往的美好生活蓝图中理应有巾帼力量绽放光彩。新时代妇女的自由全面发展需要全社会的尊重和支持。唯有如此,中国妇女才能进一步协调家庭与社会的关系,与男性共担家务劳动,共同创造幸福生活。党注重发挥妇女团体和妇联组织的作用,建立了从基层到中央的各级妇女组织,民间组织和官方机构运转有效、机构健全,形成了关怀妇女的合力。

综上所述,党在不同历史时期领导妇女解放的思想、成就、规律都是与时俱进的。中国共产党将妇女解放纳入革命与建设的历史洪流,实事求是地回应着马克思主义妇女观中国化的命题,在革命、建设与改革实践过程中寻找具有中国特色的妇女解放出路。推动两性从形式平等、法律平等逐步走向事实平等,使生理、心理和行为方式等各要素达到相互协同与尊重,使得"社会性别"意识深入人心。新时代党的妇女工作将继续秉承中国共产党领导妇女解放的百年经验,在第二个百年奋斗目标中发挥巾帼力量,沿着中国特色社会主义妇女解放道路阔步前行。

参考文献

[1]中华全国妇女联合会妇女运动历史研究室.中国妇女运动历史资料(1927—1937)[M].北京:中国妇女出版社,1991.

[2]第二期中国妇女社会地位调查课题组.第二期中国妇女社会地位抽样调查主要数据报告[J].妇女研究论丛,2001(5).

[3]中华人民共和国教育部.中国教育统计年鉴2009[M].北京:人民教育出版社,2010.

蔡畅妇女解放思想发展历程
及其时代启示

邹方倩*

摘　要：蔡畅是中国妇女解放事业的领导人之一，在其几十年的革命生涯中，不断将中国实际与马克思主义理论相结合，逐步形成了包括号召妇女参与社会解放的斗争、引导妇女参与社会生产活动和重视保障妇女权益为主要内容的妇女思想。蔡畅妇女解放思想在今天仍具有重要意义，中国特色社会主义进入新时代，中国妇女工作也进入了新的发展阶段，中国梦的实现离不开巾帼力量，我们要支持妇女建功立业，坚持男女平等基本国策，保障妇女儿童权益。

关键词：蔡畅；妇女解放思想；启示

马克思主义妇女观是"运用辩证唯物主义和历史唯物主义的世界观、方法论，对妇女社会地位的演变、妇女的社会作用、妇女的社会权利和妇女争取解放的途径等基本问题做出的科学分析和概括"[1]。蔡畅在其几十年光辉的革命生涯中，不断学习马克思主义妇女观，并将其应用到解决中国妇女面临的实际问题中，推动了中国妇女解放事业的发展。蔡畅运用辩证唯物主义和历史唯物主义的世界观、方法论研究中国妇女解放问题，在实践过程中充分结合中国特殊的历史背景和传统观念，形成了自己的妇女解放思想。蔡畅的妇女解放思想主要表现为号召妇女参与社会解放的斗争、引导妇女

---

* 邹方倩，西南大学硕士研究生，研究方向为马克思主义基本范畴与科学体系。

参加社会生产活动和重视保障妇女权益，这是马克思主义妇女观与中国实际相结合的产物。

一、蔡畅妇女解放思想的发展历程

（一）蔡畅妇女解放思想的萌芽时期（1915—1925年）

蔡畅原名蔡咸熙，1900年出生于湖南省双峰县荷叶光甲堂。其母葛建豪个性刚强、思想开明，蔡畅在她的影响和教导下长大。1915—1925年，蔡畅在周南女校学习之后赴法留学又前往苏联学习，这一时期是蔡畅妇女思想的萌芽阶段。

第一，系统学习文化知识，萌发对妇女问题的思考。1915年，蔡畅在母亲和哥哥蔡和森的帮助下逃离了父亲包办的婚姻，来到位于湖南长沙的周南女校学习。进入周南女校后，蔡畅接受了比较科学系统的文化知识教育，在与向警予、陶毅等一批日后奠定中国妇女解放事业的女性共同生活学习的过程中，她萌发了对女性问题的思考。"五四运动"期间，留校任教的蔡畅积极组织本校学生参加反帝反封建的爱国运动，并在运动中接触并了解马克思主义的相关思想。

第二，深入了解马克思主义并将其运用于对妇女问题的思考。1919年，蔡畅与一批具有先进思想的女同学组织了"周南女校留法勤工俭学会"，并于当年12月赴法学习。在法国期间，蔡畅一边在工厂做工，一边深入学习先进的理论知识。在这样的环境中，她深刻体会到无产阶级的艰辛并广泛结交工人朋友。在这里，她结识了周恩来、邓小平和李富春等一批具有先进思想和报国救国热情的留学生，在和他们交流交往的过程中逐步加深了对马克思主义的理解。蔡畅于1922年加入社会主义青年团，1923年成为中国共产党正式党员。她在赴法留学期间接触学习了第一手的马克思和恩格斯的著作，在学习思考马克思主义理论中确立了辩证唯物主义和历史唯物主义的世界观和方法论，并将其运用到对中国妇女解放问题的思考中，这让她有了更为宏大的视野。

第三，赴苏联学习，实地接触妇女工作。1924年，按照党组织的安排，蔡畅赴苏联莫斯科的中国班学习。她一边系统学习马克思列宁主义理论,一边考察研究苏联妇女儿童工作。在苏联期间,她专门研究了苏联政府颁布的《劳动法》中关于女工的相关条例[2],广泛结交苏联普通女性并了解她们的家庭与生活,这是蔡畅开展妇女工作并进行相关理论学习与研究的开始。在苏联学习时,蔡畅开始研究马克思主义妇女观,从事妇女工作,并亲身接触了社会主义国家的妇女工作实际,对马克思主义妇女解放的理论和实践有了直接的感触。这一时期对女工、农妇、儿童机构的深入调查访问,为她女性教育思想的发展以及日后从事妇女解放运动奠定了基础。[3]归国后不久,蔡畅发表了《俄国革命与妇女》《苏俄之妇女儿童》等一系列文章,向中国妇女介绍十月革命后苏联妇女的生产生活,宣传马克思主义妇女观。从这些文章中可以看出,蔡畅对于中国妇女解放有了比较科学系统的思考。

(二)蔡畅妇女观的基本形成时期(1925—1934年)

蔡畅归国后,中国正值大革命时期。按照党中央的指示,蔡畅和相关同志来到大革命的中心广州,一起组织成立了妇女部和妇女运动委员会领导妇女运动。[4]大革命失败后,蔡畅被迫转入地下工作,先后负责湖北、江苏、江西等地的妇女运动。1925—1934年,在经历国共第一次合作与土地革命战争的洗礼后,蔡畅的妇女解放思想基本形成。

第一,对中国妇女状况有了全面了解。在广州期间,蔡畅领导妇女部的同志们采用演说、谈话、授课、表演话剧等多种方式,宣传妇女解放思想,鼓励更多妇女团结起来,发动妇女力量支援大革命。她还积极组织开办女工培训班和妇女运动讲习所,培养妇女干部,为进一步开展妇女运动做准备。在苏区,她深入田间地头了解农村妇女的生产生活,帮助妇女们破除封建思想,参与生产。在参与领导城市和广大乡村地区的妇女运动中,蔡畅对中国妇女的生存状况有了比较全面的认识。

第二,理论与实践初步结合。随着国共第一次合作的发展,蔡畅在实际的妇女工作中不断思考中国的妇女解放之路。1926年,蔡畅发表《对广东妇协过去工作之批判及今后工作之希望》一文,结合当时大革命的实际,指出了妇协工作中的不足,强调今后工作一定要符合革命实际。[5]1927年,蔡畅发表《中国妇女运动状况的报告》,指出要重视下层妇女工作,广泛团结各阶层妇女,通过各种方式积极参加国民革命。

第三,妇女解放思想主要内容初步形成。在大革命和土地革命战争时期,蔡畅鼓励妇女发挥力量参与革命运动。在土地革命战争时期,为了打破敌人的物资封锁,她意识到妇女参与社会生产生活的重要性,鼓励妇女参与社会劳动。

（三）蔡畅妇女解放思想的成熟时期（1935—1949年）

1935年10月,蔡畅跟随红军胜利到达陕北后,出任陕甘省委统战部部长。1936年12月,她随中央红军教导师到甘肃庆阳,任庆阳民众抗日运动指导委员会主任、庆阳县委书记。1937年4月,她离开庆阳,其间在陇东生活战斗了10个多月。1937年前后,蔡畅到达陕北。在抗日战争和解放战争中,在总结妇女工作正反两方面历史经验的基础上,蔡畅妇女思想发展成熟起来。

第一,全面领导党的妇女工作,纠正错误思想。抗日战争期间,由于党的根据地建设比较稳定,而且需要动员更多的力量参与生产活动,党中央决定重组妇女部。1937年6月,蔡畅接替李坚真担任部长,之后因病赴苏联养伤,伤愈回国后于1941年秋接替王明,主持妇女工作。因为王明的"左倾"错误,当时的妇女工作形式主义横行,脱离基层妇女群众的现象十分严重,带来了严重的后果,蔡畅在接任后着手整顿不良风气,领导妇委其他同志学习中央整风政策,从思想上纠正"左倾"错误。

第二,开展全面调研,形成指导纲领。蔡畅在主持妇女工作后,多次深入基层实地调研普通妇女的生产生活,了解基层妇女工作。她组织专门的调查团,深入多个根据地开展为期半年的实地调研。在调研期间,蔡畅听取多个调查团的报告,先后发表《沙滩萍第二乡第二行政村调查》《沙滩萍调查》等多个调研报告。在一系列实地调研之后,1942年2月,蔡畅和中央妇委的同志们起草了《关于各抗日根据地目前妇女工作方针的决定》(即"四三决定")。"四三决定"是中国共产党妇女政策调整的重要标志,也是蔡畅妇女解放思想成熟的重要标志。"四三决定"坚持马克思主义妇女观关于参与社会生产是妇女解放先决条件的观点,确立了以生产为中心的妇女工作方针。[6]

第三,结合农村和城市工作实际,保障妇女权益。在解放战争时期,蔡畅针对农村土改和城市工厂的实际,提出要保护妇女合法权益。1947年,蔡畅到东北地区工作,她在动员妇女的同时,也积极保障妇女权利。在土改过程中,她指出妇女也需要土地,不能忽略她们对土地的需求。在城市工作中,蔡畅认为一些党小组要充分考虑女性在生理和体力等方面的先天差距,不能一提到女同志的事情就嫌麻烦。要考虑到她们的实际困难,适当安排工作,同时要成立一批托儿所、保育班、幼稚园,解决女同志的后顾之忧。

(四)蔡畅妇女解放思想继续发展时期(1949—1990年)

新中国成立后,国家进入和平建设时期。蔡畅坚持马克思主义妇女观的基本原则,注重对妇女权益的保护。坚持妇女参与劳动的思想,强调国家进入和平发展时期应该尽可能地考虑妇女在劳动过程中的实际困难,进一步完善了关于妇女参与社会劳动的思想。在具体的妇女权利问题上,蔡畅的妇女解放思想也得到了进一步体现和发展。在国家结束战乱进入稳定发展时期后,蔡畅对妇女的政治参与权利和妇女的思想文化教育权利非常重视。这两个权利的保障对当时和之后妇女解放运动都有重要意义。

一方面,蔡畅非常重视妇女教育问题。新中国成立初期,全国文盲率达90%。因为封建思想的束缚,妇女接受教育的比例更低,当时全国90%以上的妇女是文盲。在农村,妇女文盲占文盲总数的95%以上,有的地方甚至达到100%。[7]在妇女文化教育方面,蔡畅清楚地指出,"因为旧社会的束缚,一般妇女比男性落后,需要加一把劲进行教育"[8]。她认为针对各个阶层妇女存在的封建思想,要通过各种喜闻乐见的形式进行宣传教育,改造妇女落后的观念并且动员她们参与劳动;要建立适应不同背景妇女要求的教育机构,提高妇女文化水平。

另一方面,蔡畅高度重视妇女权利特别是政治权利的保障。1951年,蔡畅在《人民日报》上发表文章《在伟大爱国主义旗帜下进一步联系教育广大妇女》,动员妇女搞好生产,做好工作,参与抗美援朝战争,同时强调在可能的范围内解决妇女的特殊困难,切实保护妇女权益,为妇女服务。同年在党的组织会议上,蔡畅特别指出要"发展女党员,培养女干部"。她认为:"要纠正一些单位拒绝、歧视女性和已婚女干部的现象,又要在可能范围内开办专门学校,教育培训负责妇女干部,提高妇女工作的理论修养和业务水平。"[9]

二、蔡畅妇女思想的主要内容

经过长期的实践发展,在坚持马克思主义妇女观的基础上形成了蔡畅妇女解放思想的主要内容,即号召妇女参与社会解放的斗争,引导妇女参与社会生产活动,重视妇女权益保障。参与社会解放的斗争和参与社会生产活动,两者相互促进,共同推动妇女权益得到保障。妇女权益得到保障,又可以推动妇女更好地参与社会解放的斗争和经济生产活动。这三者是辩证统一的关系,充分体现了马克思主义妇女解放的思想。

(一)号召妇女参与社会解放的斗争

马克思明确指出:"每一个了解历史的人都知道,没有女性的酵素,就不可能有伟大的社会变革。"[10]480中国的妇女解放事业是在国家救亡图存的大背景下,由一些先进分子首先意识到并不断推动的。在这样的大背景下,妇女解放是民族解放国家独立的一部分。蔡畅在《中国共产党与中国妇女》一文中提出:"中国妇女运动凡不实际参加革命斗争,只喊空口号,或离开当时革命斗争的中心任务,自己孤立地搞一套,就犯了错误,就使妇女运动遭受挫折。"因此,蔡畅始终将中国的妇女解放问题置于国家民族生存发展的全局中来考虑,强调推动妇女自我意识的觉醒,使妇女积极参与社会解放的斗争。

蔡畅认为,中国妇女积极参加了我国历次伟大的革命运动,既为革命贡献了妇女的力量又在革命中推动妇女解放事业的发展。在城市,女学生、女工通过罢课罢工等方式反抗反动阶级的统治;在乡村,农妇们积极参加田间地头的生产活动,为前线战士提供物资保障,更有一些女性直接参加一线战斗。

正是因为充分认识到妇女的力量,蔡畅通过各种措施帮助妇女解放身心并参与社会斗争,发挥妇女的积极作用。一方面,推动出台相关政策禁止迫害妇女身心健康的落后做法,如幼女缠足、买卖妇女和包办婚姻等。另一方面,通过基层妇女组织对广大妇女进行教育启发,帮助她们摆脱封建思想的束缚,实现自我觉醒。这些措施有助于妇女摆脱外在的现实束缚和内在的思想束缚,积极投身社会解放的斗争。

(二)引导妇女参与社会生产活动

马克思主义认为,妇女解放的第一个先决条件就是一切女性重新回到公共的事业中去。[10]88在《革了封建命,还要革生产命》一文中,蔡畅指出,"生产问题的解决,不仅为前线提供了支持,同样也解决了一些妇女面临的问题"。在她的另一篇文章《一个女人能干什么》中,蔡畅认为,"那些参与了社会生产活动的妇女,不仅社会上看重她们,而且在家庭中也获得了尊重"。通过参与社会劳动,为社会发展贡献显而易见的价值,妇女生存发展的问题才会被社会重视,社会各方才会有意识地去解决妇女发展所面临的问题和困难。人是一切社会关系的总和,对于妇女个人来说,参与社会生产带来的不仅是物质上的满足,还有精神上的自立。

在负责妇女工作时,蔡畅通过各种措施为妇女参与社会生产创造条件。恩格斯说:"只要妇女仍然被排除于社会的生产劳动之外,而只限于从事家庭的私人劳动,那么妇女解放、妇女同男子的平等,现在和将来都是不可能的。"对妇女参与社会劳动来说,最大的阻碍就是原先由妇女负责的家务劳动如何处理的问题。早在1938年前后,蔡畅就开始探索如何减轻妇女的家务负担。她在延安组织成立了第一所托儿所,并先后开办多所幼儿园,推动儿童保育事业的发展,以此减轻妇女的家务劳动负担。

新中国成立后,蔡畅继续推动减轻女性的家务劳动。在《列宁论社会主义建设与妇女解放》一文中,蔡畅明确提出,"社会逐步减轻妇女的家务劳动是可以的必要的"。1950年,蔡畅在中华总工会的会议中指出,"只有减轻女工对家务孩子的牵累,才能更好地调动女工的生产积极性"。工会组织要进一步推动儿童保育事业的发展,工厂单位特别是一些拥有较多女性职工的工厂单位,要设有"喂奶室""托儿所"等场所。蔡畅还积极推行提倡社会新风,倡导男女平等、家庭和睦,鼓励男同志与妻子、母亲一起干家务,鼓励所有家庭成员一起分担家务,不把家务视为仅仅由妇女承担的劳动。

（三）重视保障妇女权益

由于落后的传统思想和女性的生理因素等影响，在父权制社会中，女性往往作为男性的附庸而存在，在社会和家庭中很容易受到歧视和忽略。蔡畅不仅鼓励和号召女性走出家门参与社会劳动，而且非常重视保护女性参与社会生产时应有的权益。1940年，蔡畅在《持久战中的中国女工》一文中尖锐地指出，针对沦陷区女工受到的残酷剥削，要发挥女工的力量就必须改善女工生存环境恶劣的现状。她敦促国民政府召开国民大会，制定三民主义的宪法，制定保护劳工、保护女工、允许工人有一切抗日的政治权利的规定，并能确切召开真正全民的国民大会。[11]1951年，在发动妇女支援抗美援朝的运动中，蔡畅撰文指出，要动员广大妇女做好生产搞好工作，就必须在可能的范围内逐步解决妇女的特殊困难，保护妇女切身利益。例如要考虑妇女生理情况，特别注意孕产期妇女在工作时所遇到的问题。男女一起参加生产，但妇女身体的生理特点导致女性的生产率可能低于男性。蔡畅认为在"劳模""先进典型"的评选方面不能忽视女工的评选，妇女参与社会劳动的同时也要得到应有的社会认同。

妇女在家庭中受到的侵害同样受到蔡畅的重视。中国共产党明确批判并坚决反对买卖婚姻、买卖妇女儿童，并提出一定要在社会上公开谴责和禁止这些行为。蔡畅大力投入反对缠足、反对买卖妇女儿童、反对重男轻女等工作。对于一些被社会忽视、妇女自己又难以启齿的如家暴、性虐待等行为，蔡畅也非常重视，在文章中多次谈及并加以批判。她认为，一方面要帮助妇女团结起来，通过妇救会、妇联等组织保护自己，推动通过国家层面的立法来维护妇女自身权益，另一方面要通过教育宣传改变封建思想和陋习，提倡家庭新风。

三、蔡畅妇女解放思想的时代启示

2018年，中国妇女第十二次全国代表大会在北京召开，这是在习近平新时代中国特色社会主义思想指引下我国妇女的一次历史性盛会，是各族各界妇女政治生活中的一件大事。在新的时代背景下,我国妇女工作面临着许多新情况新问题。蔡畅是中国妇女解放的先驱,是中国妇女解放事业的奠基人之一,她的妇女解放思想涉及多个方面,其价值理念对今天的妇女工作具有重要的启示。

(一)发挥巾帼力量,助力实现中国梦

二十世纪七八十年代,西方女权运动传入中国,对中国的妇女运动产生了不小影响。西方女权运动有值得吸收借鉴的地方,但我们也要看到西方女权运动是资本主义的产物,更重视对"非物质性的解放"的批判。[12]中国的妇女解放运动有着不同于西方女权运动的发展脉络。与西方女权运动不同,蔡畅妇女解放思想的一个重要部分就是始终将中国的妇女解放问题融入党和国家的事业,重视妇女在经济方面的地位,以更为宏大的视角推动妇女解放事业。这在蔡畅妇女解放思想中是一以贯之的,今天中国的妇女运动也应该将其矢志不渝地贯彻下去。一代又一代妇女投身于中国革命、建设和改革的历史洪流中,紧紧抓住时代主题,为国家的发展繁荣贡献妇女力量。2013年10月31日,在同全国妇联新一届领导班子成员集体谈话中,习近平总书记指出,"实现党的十八大提出的目标任务,实现中华民族伟大复兴,是党和国家工作大局,也是当代中国妇女运动的时代主题"。

今天,围绕着当代妇女运动的时代主题,广大妇女要以主人翁的姿态投入改革开放和社会主义现代化建设的进程,为实现中华民族伟大复兴的中国梦贡献巾帼力量。中国正处于由第一个百年奋斗目标向第二个百年奋斗目标迈进的过程中,妇女在各行各业都大有可为大有作为。脱贫攻坚、载人航天、深海探测、量子通信等领域都能看见女性的身影。广大女性同胞要肩负起更加重要的责任担当,增强"四个意识",坚定"四个自信",做到"两个维护",始终毫不动摇坚持党的领导,把个人奋斗融入实现中国梦的伟大实践。

妇联作为妇女组织也要紧紧围绕在以习近平同志为核心的党中央周围,忠实履行职能,服务大局,服务广大妇女同胞。习近平总书记强调,坚持党的领导,紧紧围绕党和国家工作大局谋划和开展工作,这是妇联组织发挥作用的根本遵循,是妇联工作不断前进的重要保障。妇联要牢牢把握中国妇女运动的时代主题,把促进妇女的全面发展与国家发展结合起来推动妇

女工作,为今天的妇女工作打上鲜明的时代烙印。要聚焦"五位一体"总体布局、"四个全面"战略布局和"三大攻坚战"等党和国家的部署和安排,统筹推进妇女工作,引导妇女为实现国家战略贡献巾帼力量。

(二)支持妇女建功立业

社会的发展离不开妇女,社会的发展要惠及包括妇女在内的全体人民。在追求美好生活的过程中,每一名妇女都应该有人生出彩的机会和梦想成真的机会。蔡畅始终把推动妇女走出家门、参与社会生产作为妇女工作的重要内容,就是因为她看到了妇女参与社会生产对国家和妇女自身发展的巨大作用。她在《迎接妇女工作的新方向》一文中明确指出:"帮助妇女发展生产,是保护妇女切身利益最中心的环节。"要针对性别差异及妇女特殊情况,紧密结合当今妇女实际,创新方法手段,帮助妇女积极就业,使妇女能够在社会生产中,在自己的岗位中建功立业,实现人生价值。当然,这离不开社会的帮助与妇女自身的努力。

一方面,社会需要为妇女就业创造良好的环境。特殊的生理结构使得女性在生育子女等方面需要付出更多的时间和精力,这在一定程度上制约了女性就业。同时,由于传统观念的影响,女性依然承担着大部分的家务劳动。政府通过各种措施,兴办更多普惠的托儿所、幼儿园和学前班,是保障妇女就业的重要措施。同时,我们要更新社会观念,倡导男女平等、夫妻共同承担家务。如果条件允许,夫妻双方可以通过家务劳动社会化等方式,解决家务劳动问题。

另一方面,妇女要善于发挥自身优势积极就业。女性就业问题,不仅需要外界的帮助,更需要女性发挥自身优势主动就业创业。在传统农业社会男耕女织、自给自足的生产方式下,部分手工业的从业者主要为女性。某些非物质文化遗产,例如刺绣、织锦等,多由女性传承。如果女性拥有这方面的技能或者学习意愿,就可以从事相关工作。四川凉山彝秀和浙江长兴的"巧手坊"都是充分发挥妇女自身优势,帮助女性脱贫就业的典型事例。

(三)保障妇女合法权益

2015年,习近平主席在全球妇女峰会上指出,"我们要把保障妇女权益系统纳入法律法规,上升为国家意志,内化为社会行为规范"。没有妇女的解放,就没有人类社会的发展进步,消除针对妇女的暴力和歧视偏见,社会才会更有活力更加包容。坚持男女平等,保障妇女权益需要从法律法规和社会风气两方面着手。

一方面,要健全并执行相关法规。妇女权益保障方面的法律还存在执行不彻底的问题,在全面依法治国的背景下,不断完善相关法律法规,落实相关政策,是维护妇女权利的重要举措。以反家庭暴力为例,2015年我国出台了《中华人民共和国反家庭暴力法》,广大妇女的法律意识也不断增强。但是,由于家庭暴力具有反复性和隐蔽性等特点,相关法律如何更好地落地执行,仍需不断探索。

另一方面,要营造良好的社会氛围。妇女权益不仅要有法律等强制力的维护,还需要具有法治意识和道德观念。有的企业出于经济利益最大化等方面的考量,在招聘过程中仍然对女性存在隐性歧视的情况。这就需要通过开展性别教育、宣传法律法规和提倡社会新风尚等措施,营造性别友好的社会环境。

四、结语

蔡畅作为中国妇女解放事业的奠基人,其在中国革命和建设时期形成的妇女解放思想,有力地推动了妇女发展。蔡畅坚持马克思主义妇女观,将马克思主义妇女观与中国实践相结合,强调女性参与社会劳动的重要性,并且针对中国的具体国情和广大妇女在实践中遇到的困难,提出要把妇女解放融入社会解放和国家解放的大局,充分考虑妇女生理心理的实际,保障妇女合法权益。今天,中国特色社会主义进入新时代,妇女工作面临着新的挑战与机遇。面对新情况新问题,重温蔡畅妇女解放思想,把妇女问题放在党和国家工作的大局中去考虑,牢牢把握妇女参与社会生产这条主线,保障妇女各项合法权益,是贯彻男女平等基本国策的重要步骤。

参考文献

[1]盖美莲.全党全社会都要树立马克思主义妇女观[J].临沂师专学报(现临沂大学学报),1992(2).

[2]靳国华.蔡畅的妇女解放思想研究[D].南宁:广西民族大学,2018.

[3]尹晓奔.论蔡畅的女性教育思想及影响[J].当代教育理论与实践,2017(8).

[4]李娅辉.蔡畅妇女解放思想研究[D].长沙:湖南师范大学,2007.

[5]李佳佳,尚季芳.略论蔡畅在陇东领导的妇女运动[J].北华大学学报(社会科学版),2013(6).

[6]马超.蔡畅与"四三决定"的颁布实施:基于妇女解放的研究视角[J].延安大学学报(社会科学版),2019,41(1).

[7]罗琼.当代中国妇女[M].北京:当代中国出版社,1994.

[8]中华全国妇女联合会.蔡畅邓颖超康克清妇女解放问题文选(1938—1987年)[M].北京:人民出版社,1988.

[9]吴敏.蔡畅妇女思想初探[D].成都:西南交通大学,2008.

[10]马克思,恩格斯.马克思恩格斯选集:第四卷[M].中共中央马克思恩格斯列宁斯大林著作编译局,编译.北京:人民出版社,2012.

[11]莫志斌.论延安时期蔡畅对马克思妇女解放思想中国化的贡献[J].湘潮(下半月),2016(4).

[12]宋少鹏."社会主义妇女解放与西方女权主义的区别:理论与实践"座谈会综述[J].山西师大学报(社会科学版),2011(4).

论千鹤妇女精神的形成、发展和传承*

黄佩芳**

摘　要：千鹤妇女精神于20世纪50—70年代在浙江形成，1978年改革开放后在浙江得以发展，21世纪10年代在浙江发扬传承。本文以马克思主义妇女观视角分析了千鹤妇女及浙江妇女参加生产劳动、全面参与社会生活对妇女解放和男女平等以及对国家经济建设和建设中国特色社会主义现代化强国的历史意义和现实意义。

关键词：千鹤妇女精神；形成；发展；传承

　　20世纪50年代，建德县（今建德市）千鹤自然村的妇女走出家门参加劳动，解决了农业集体化后的劳动力不足问题，毛泽东主席为此作出批示。受到毛主席批示的鼓舞，又因劳动中实行男女同工同酬，千鹤妇女焕发出更大的热情，投身于农业生产和国家建设，并由此改善了生活、提高了家庭和社会地位。千鹤妇女打破旧俗，发扬不等不靠、敢想敢干、团结协作、艰苦创业的精神，在浙江大地孕育形成、发展传承、升华凝练成为"自强奋斗撑起半边天，创新创业敢为天下先，忠诚奉献共圆家国梦"的千鹤妇女精神，成为激励妇女奋进新时代的伟大力量。

---

*　基金项目：本文系浙江省妇联、浙江省妇女研究会2021年课题（项目编号：202127）"千鹤妇女精神的形成、发展和传承——马克思主义妇女观在浙江的实践体现"研究成果。

**　黄佩芳，浙江省妇女干部学校副教授，研究方向为妇女工作、妇女运动史、妇女教育史和妇女生活史。

一、千鹤妇女精神的形成（20世纪50—70年代）

1949年颁布的《中国人民政治协商会议共同纲领》规定,中华人民共和国废除束缚妇女的封建制度。妇女在政治、经济、文化教育、社会生活各方面,均有与男子平等的权利,实行男女婚姻自由。从此,中国妇女和男子一样获得了平等的法律地位。但此时绝大多数妇女仍是家庭妇女,在家相夫教子,从事家务劳动。各级妇联教育妇女树立劳动光荣观念,发动妇女走出家庭,参加工农业生产等社会劳动,为国家建设做贡献。

20世纪50年代初,浙江省建德县千鹤自然村妇女在党的领导和妇联的发动组织下,打破传统旧俗,走出家门,投身农业生产,解决了农业集体化后农村生产劳动力不足的问题。1955年5月,《浙江农村工作通讯》第六十期发表《建德县千鹤农业生产合作社发动妇女投入生产,解决了劳动力不足的困难》一文,后被收入中共中央办公厅编写的《中国农村的社会主义高潮》一书。毛主席亲自把标题改为《发动妇女投入生产,解决了劳动力不足的困难》,并写了长达512字的按语,其中写道:"中国的妇女是一种伟大的人力资源。必须发掘这种资源,为了建设一个伟大的社会主义国家而奋斗。"按语不仅鲜明地提出"中国的妇女是一种伟大的人力资源"的观点,而且把发掘妇女这一人力资源与国家建设结合起来,把妇女的作用提高到了前所未有的高度。千鹤村因这一重要论断,成为"妇女能顶半边天"思想的重要发源地。

在毛主席批示的鼓舞下,在男女同工同酬政策的激励下,千鹤妇女的劳动积极性高涨,主人翁意识逐渐确立,她们自强不息,提出生产"十包",学习全套大田农活,开展种养采编等多种经营,艰苦奋斗勤俭办社。1955年,以妇女为主的生产项目多达16项,共计收入9824.8元,占全社全年总收入的49.5%,真正顶起了农业生产的"半边天"。千鹤妇女树立了浙江乃至全国妇女参加农业集体劳动的典范。

之后的20多年间,在毛主席批示的指引下,千鹤妇女积极参加集体生产劳动,从"种田为吃饭"到"种田为革命",精神面貌发生了深刻的变化。她们巾帼不让须眉,奋战藕塘畈,改造烂泥田,清基围坝保护良田,征服青岩山完成搭建工棚任务,劈山、挖河、改田、抗洪救灾,拼搏奋斗建设家园;她们创办托儿所、幼儿班,解决妇女参加生产后顾之忧;举办妇女识字班,提高妇女文化水平;成立基干民兵连,保卫和平家园;参加生产、社务管理,体现主人翁的家国情怀。千鹤妇女参加生产劳动促进了集体经济的发展壮大,改善了生产生活条件,进而提高了自身的家庭和社会地位。千鹤妇女成为浙江农村妇女参加劳动的典范,她们的精神激励着所有浙江妇女。

这一时期的浙江妇女,参加农业生产劳动的状况发生了根本性变化。在党的男女平等政策的指引下,在毛主席的"中国的妇女是一种伟大的人力资源""妇女能顶半边天"重要论断的鼓舞下,在千鹤妇女榜样的引领下,妇女成为农副业生产的生力军,积极参加农田作业、兴修水利、采茶养蚕、养猪积肥、出海捕捞和海水养殖等劳动,在生产中发挥了"半边天"作用。1955年,毛主席对兰溪县(今兰溪市)上华农业合作社发展生猪生产作重要批示,指出:"养猪是关系肥料、肉食和出口换取外汇的大问题。"全省妇女深受鼓舞,大力发展养猪业,生猪生产稳步增长。1956年,全省900多万农村妇女,其中550多万妇女参加劳动。据42个县统计,有24万名妇女学会插秧,30万妇女学会耕田,1.18万妇女学会使用双铧犁。经过培训,全省蚕区掌握先进育蚕技术的妇女有6.8万多人,全省茶区学会制茶技术的妇女有4.3万多人。省妇联对163个农业合作社的2800个女劳力进行调查后发现,实现和超过全年100个工作日指标的女劳力占女劳力总数的50%,其中13.6%的女劳力达到120个劳动日的指标,实现《全国农业发展纲要(草案)》关于每个农村女劳力每年参加生产劳动的时间不少于120天的要求。

这一时期的浙江妇女,参加社会劳动的观念发生了根本性转变。经过农业、手工业、资本主义工商业的社会主义改造,全省妇女思想观念更新,经济走向自立。新型的生产关系以及多劳多得、少劳少得、不劳动者不得食、男女同工同酬的分配制度,使"男主外,女主内"的传统观念受到猛烈冲击。"靠劳动吃饭""自己也有一双手,不在家中吃闲饭",妇女从"分利者"转变为"创利者",增加了家庭收入,提高了家庭、社会地位。男女平等观的确立、传统观念的改变,为妇女解放创造了良好的外部环境,推进了妇女自身的进步与发展。

这一时期的浙江妇女,涌现出了一大批先进模范,引领全省妇女参加社会主义生产和建设事业。20世纪50—70年代,广大农村妇女提出"生产战线比英雄,勤俭持家争先锋,节俭储蓄有计划,增产节约爱国家""男保千斤粮,女保百担肥",渔区妇女提出"勤生产、俭持家,支援渔业机帆化"等口号,妇女参加农田基本建设、开山修路,在各地造起大片"三八"林、"三八"茶园、"三八"果园,修建"三八"路,建造"三八"水库、"三八"渠道。一大批妇女先进集体和先进个人,除毛主席批示赞扬的以苏莲珠为代表的建德千鹤妇女外,还有高工效标兵黄岩葭沚"七仙女"(贺凤英等)、高产标兵方桂珍小组、植棉能手海盐凤凰山下"十姑娘"、杭州梅家坞采茶"十姐妹"(沈顺招等)、东海"八姐妹"下海队、诸暨县(今诸暨市)化泉女子石工连(由105名妇女组成)、劳动模范董大妈(应运妹)、爱社如家女社长沈凤英、养蚕模范沈月华、养猪模范华银凤、畜牧业标兵祝瑞香、捕墨鱼能手"墨鱼姑娘"谢素英等先进典型,引领妇女为浙江的农业、渔业、畜牧业等生产发展做贡献。全省涌现无数的妇女"第一",如第一个女子民兵连、第一位女船老大、第一支"三八"女子放映队等。

二、千鹤妇女精神的发展(1978—2012年)

中共十一届三中全会后,全省各级妇联发动妇女投身改革开放和社会主义现代化建设。素有奋斗传统的浙江妇女发扬"自强不息、坚韧不拔、勇于创新、讲求实效"的浙江精神,率先投身市场大潮。在商品经济发达的浙江农村,因为男子务工、经商,妇女成为农村发展的主要力量、农业生产的生力军。同时,大批农村妇女成为乡镇企业、民营企业的工人,她们中一批人巾帼不让须眉,成长为女企业家、女能人,真正做到"妇女能顶半边天"。妇女顶起半边天,用行动推动着妇女地位从法律上的男女平等向事实上的男女平等发展。1995年第四次世界妇女大会召开,男女平等成为我国的基本国策,妇女发展有了国家政策保障;各级政府贯彻实施《中国妇女发展纲要》等;妇女组织宣传马克思主义妇女观和男女平等基本国策,宣传妇女自尊、自信、自立、自强的"四自"精神和先进妇女事迹,全社会形成了有利于妇女创业发展的良好氛围。

这一时期的浙江妇女,成为社会主义物质文明建设的生力军,在商品经济、市场经济中大显身手。1978年,浙江省妇联在全省妇女中发起以学(学文化、学技术、学管理)、赛(银花赛、银茧赛、银兔赛)、比(比扫盲入学率、比出勤天数等)为内容的"三八"红旗竞赛活动。20世纪80年代初,省妇联发动农村妇女开展"争当双千元户""争当五种五养十能手"等竞赛活动,学科技、增收入、脱贫困。80年代末90年代初,各级妇联发动农村妇女开展学文化、学技术、比贡献、比成绩(简称"双学双比")竞赛活动、城镇女职工开展"做'四有''四自'女性,为'八五'计划建功"(简称"巾帼建功")活动。在"双学双比"活动中,涌现出一大批女能手、女农业技术员,带领农村妇女脱贫致富、奔小康。在"巾帼建功"活动中,涌现出一大批巾帼建功标兵、巾帼文明岗,成为妇女提升职业水平、岗位建功立业的标杆。浙江省各级妇联以两项活动及其发展、深化为载体,推动城乡妇女携手共建新农村,促进城乡统筹协调发展,引导妇女发展现代农业,支持妇女创办各类新型农业生产经营主体,创新农业经营体制。以扶持"妇字号"示范性的家庭农场、专业合作社、农业龙头企业、农业科技示范基地和"农家乐"为抓手,带动更多农村妇女参与现代农业和新农村建设,实现增收致富。至2009年,浙江省工商登记注册的妇女领办的农民专业合作社400多个,其他经济组织4800多个。全省有"妇字号"农业示范龙头企业、双学双比科技示范基地、"三八"绿色示范基地等3500多个,县级以上"妇字号"示范农家乐643家;以妇女为主体的来料加工点7000多个,女经纪人8000多名。同时,鼓励支持城乡妇女发展家政、电子商务等服务业,推进妇女来料加工业发展转型,帮助更多妇女实现就业创业,为浙江经济发展做贡献。

1979年11月,温州姑娘章华妹成为全国第一个"个体工商户营业执照"的申领者。到1986年底,随着乡镇企业的兴起,全省有248万名农村妇女在乡镇企业就业,约占农村妇女劳力的28.7%,约占乡镇企业从业人数的48%,妇女名副其实地撑起乡镇企业经济的半边天。各地出现了许多以妇女为主的手工业、副业的专业村、专业乡。湖州的轧村、慈溪的浒山村、绍兴的华舍村、义乌的大陈乡等,是全省甚至全国有名的以妇女为主的专业村、专业乡。浙江乡镇企业、民营企业的发展,为妇女尤其是农村妇女提供了大显身手的机会，她们由女农民转变成为工厂女工，成长为女性管理人员、女企业家（女厂长、女经理）。1987年，省妇联、省乡镇企业局联合开展全省乡镇企业女能人评选活动，评选出沈爱琴等30名乡镇企业女能人。1988年，浙江省女企业家协会成立，至2012年底，有会员432人，省内各市、县、区女企业家协会团体会员55个，汇集了省内4000多名优秀的女企业家和高级经营管理女性人才，会员广泛分布在制造、纺织、化工、机械、教育、服务、农业等行业。在改革开放的舞台上，视野开阔、事业拓展、风采彰显的浙江女企业家凭借聪明才智和顽强拼搏，引领企业不断开拓进取、稳步发展。过去的家庭作坊发展为有一定规模的新型企业和科技企业，传统加工作业发展为机械标准作业，女企业家也从身边的小买卖走入了全球贸易圈。

这一时期的浙江妇女，是精神文明、家庭文明建设的倡导者和践行者，是政治文明、生态文明建设的积极参与者。20世纪80年代初，中共中央书记处提出把开展"五好"家庭活动和"五讲四美三热爱"活动紧密地结合在一起，纳入党委议事日程，由党委统一领导、宣传部牵头、妇联主管、各方配合。各级妇联围绕社会主义精神文明建设要求，把"五好"家庭活动和"五讲四美三热爱""全民文明礼貌月"、宣传婚姻法等活动紧密结合起来，推动社会主义新道德新风尚的树立、妇女儿童合法权益的维护、刹"三风"评"三户"和创文明单位等工作的开展，推动全省"五好"家庭活动的发展。90年代末，"五好文明家庭"创建活动纳入浙江省精神文明建设纲要。各级妇联将"五好文明家庭"创建活动与环境保护、尊老爱幼弘扬传统美德、提高全体公民道德意识宣传相结合，与创建文明城市、文明社区、文明村镇有机结合，开展"妇女·家园·环境"等主题宣传教育、"五好文明家庭奉献月"等活动。进入21世纪，省文明家庭评选活动围绕环境保护、可持续发展、终身学习等时代要求，宣传评选表彰"五好文明家庭""绿色家庭""学习型家庭"，评选"廉内助""贤内助"，评选"十佳热心老人""十佳贴心婆媳""十佳爱心父母""十佳孝心子女"等，推进妇女参与精神文明、政治文明、生态文明建设与家庭文明建设相结合。至2010年底，全省受表彰的"全国五好文明家庭"（包括"全国五好文明家庭标兵"）116户，"全国五好文明家庭标兵户"9户；受表彰的省级"五好文明家庭（文明家庭）"308户，其他先进家庭（楼栋）625个。

这一时期的浙江妇女，巾帼不让须眉，涌现出大批的杰出女性和女性群体,成为彰显浙江妇女奋斗精神的代表。改革开放以来,浙江巾帼人物辈出。1994年、2006年,浙江省妇联联合省委宣传部等单位开展"浙江省十大杰出女性"评选活动,评选出刘玲英、沈之荃等两届共20名杰出女性。至2010年底,全省共有受表彰全国三八红旗手1005名,三八红旗手标兵6名,三八红旗集体406个,三八红旗集体标兵2名。省妇联共表彰省级三八红旗手3090名,三八红旗手标兵13名,三八红旗集体1973个。她们当中有全国十大女杰、中科院院士、浙江大学教授、博士生导师沈之荃,万丰奥特控股集团有限公司党委书记、董事长陈爱莲,以及全国十大农民女状元尚舒兰、项秀武、潘秋梅、应优芬等。她们是这个时代浙江女性的杰出代表,是浙江妇女精神的集中体现。

三、千鹤妇女精神的传承(2012年至今)

进入21世纪,经过党领导的人民政府多年来持续推进男女平等、促进妇女发展,浙江妇女实现了前所未有的快速发展:(1)平等参与就业基本实现。全省从业人员中女性占比保持在42%以上,互联网创业女性占比70%以上,妇女活跃在全省各行各业、各个领域、各个阶层。(2)参与国家和社会事务管理的能力得以提升。从基层农村社区到党政机关,越来越多妇女参与决策管理。全省100%的村"两委"都有一名以上女性,省全国人大代表、全国政协委员中女性分别占28.6%、28.7%,省人大代表、省政协委员中女性分别占29.5%、25.4%。(3)平等受教育权利得到充分保障。从新中国成立之初90%以上的妇女是文盲,至2019年义务教育全面普及,普通高校在校女生占54%、在校女研究生占49%,越来越多的女性通过知识改变了自身的命运。健康水平显著提高,妇女人均预期寿命从新中国成立之初的不到38岁提高到2020年的81.47岁,妇女的健康状况和生命质量实现了巨大飞跃。中国特色社会主义妇女解放和发展事业的伟大成就,在浙江得到了充分体现。

我们处在一个承前启后、继往开来、在新的历史条件下开启全面建设中国特色社会主义现代化强国、实现中华民族伟大复兴的新时代。站在新时代的历史方位,重温毛泽东主席的重要批示,进一步传承弘扬千鹤妇女精神,续写新征程上时代华章,这一历史任务落在了当代浙江妇女身上。

传承弘扬千鹤妇女精神,就是要坚持党的领导,走中国特色社会主义妇女发展之路。回望走过的妇女解放、发展历程,正是在中国共产党的正确领导下,在不断发展创新的马克思主义妇女解放理论的指导下,浙江妇女解放、发展才会取得亘古未有的成就。在新的征程上,我们要坚持以习近平新时代中国特色社会主义思想为指导,以进一步增强妇女综合素质、推进妇女全面发展为目标,着力推动突破妇女发展不平衡不充分问题,在高质量发展建设共同富裕示范区进程中促进妇女全面发展、两性平等发展、妇女与经济社会协调发展,在建设社会主义现代化强国、实现中华民族伟大复兴的进程中实现妇女的全面发展。

传承弘扬千鹤妇女精神,就是要以国家、民族大任为己任,勇于担当新时代重任。回望妇女参加革命和建设的历程,在民族危急、国家需要的紧要关头,妇女不惧风险、不怕牺牲,挺身而出,为国家大业、为中华振兴无私奉献。“人民英雄”国家荣誉称号获得者陈薇、诺贝尔生理学或医学奖获得者屠呦呦、“七一勋章”获得者瞿独伊等巾帼英豪,弘扬浙江妇女爱党爱国、为人民忠诚奉献的伟大精神,树立了新时代浙江妇女的丰碑。在新的征程上,浙江妇女“不忘初心、牢记使命”,传承千鹤妇女精神,以建设中国特色社会主义现代化强国、实现中华民族伟大复兴为己任,紧紧围绕“五位一体”总体布局和“四个全面”战略布局,充分发挥妇女在经济、政治、社会、文化、生态文明建设中的“半边天”作用,充分发挥妇女在社会生活和家庭生活中的独特作用,为把浙江建设成为高质量发展共同富裕示范区贡献巾帼力量、创造巾帼业绩。

传承弘扬千鹤妇女精神,就是要将个人价值实现和社会发展需要相结合,将妇女全面进步和社会文明进步相结合。回望历史,新中国成立70多年来,妇女个人的进步、家庭的发展,离不开社会的进步、国家的发展。千鹤妇女精神中体现的奋斗精神和家国情怀,是浙江妇女宝贵的精神财富。新时代的浙江妇女爱国爱家,在建设富强、民主、文明、和谐、美丽的社会主义现代化强国征程中,建设美丽家乡、美好家园、幸福家庭。浙江大地上的乡村振兴、互联网经济带动的线上线下的融合、基层社会治理和家庭建设中的累累硕果,凝结着妇女的智慧和贡献,新经济、新业态既是新机遇,也是妇女奋进的新战场。浙江省三八红旗手(集体)联盟展示优秀女性的引领示范作用;省最美民宿女主人联盟、省女红巧手联盟、省巾帼新农人联盟,集结巾帼"她力量",为振兴乡村贡献巾帼力量。在新的征程上,浙江妇女将个人价值实现和社会发展需要相结合,在建设共同富裕美好社会、实现中华民族伟大复兴的中国梦中,努力实现妇女的个人梦、家庭梦,实现妇女群体的全面进步和发展。

彰显妇女作用、践行男女平等、秉承家国情怀的千鹤妇女精神形成、发展于浙江妇女开始参加农业生产的社会主义革命和建设时期,传承于妇女全面提高素质、广泛参与社会,实现中华民族伟大复兴的新时代。在新的征程上,千鹤妇女精神将激励浙江妇女为建设社会主义现代化强国、实现中华民族的伟大复兴踏实奋进、建功立业,同时实现妇女个人的价值和理想、妇女群体的全面发展。正如2015年9月习近平总书记在全球妇女峰会上讲话指出的:"中国将更加积极贯彻男女平等基本国策,发挥妇女'半边天'作用,支持妇女建功立业、实现人生理想和梦想。"

从田间地头流向课桌案头

——在高校思政课堂传承弘扬千鹤妇女精神的实现路径

徐施易*

摘　要：自新中国到新时代，历久弥新的千鹤妇女精神具有丰富的价值意蕴、内涵底蕴和时代气韵。充分发掘、增强千鹤妇女精神与高校思政教育建设的内在联系，将田间地头的奋勇砥砺化为高校学生脑海心头的思索共鸣和课桌案头的孜孜以求，最终汇成思政教育的活水源头。高校思政教师应在理论与实践的探求中切实总结真知灼见，以丰富而生动的时代精神涵养高校学生的奋斗情怀，自觉肩负起在教育中传承千鹤妇女精神的光荣使命。

关键词：高校思政课；千鹤妇女精神；价值意蕴；内涵底蕴；时代气韵

千鹤妇女精神是新中国浙江千鹤妇女"听党话跟党走"，在农村广阔舞台展示"半边天"伟大力量所凝结的红色因子，召唤着千万浙江巾帼创业奋进的激情和担当。新时代的浙江正昂然走在前列，这种历久弥新的精神也势必走出田间地头，涌向全省"改革开放再出发"的各条战线。如何将田间地头鲜活的、生动的、实践的千鹤妇女精神传承、弘扬至高校思政课的时代的、青春的、红色的课桌案头，是一个富有意义的新命题、新使命。

---

* 徐施易，浙江音乐学院马克思主义学院教师，浙江大学马克思主义学院硕士研究生，研究方向为马克思主义中国化历史文献研究和马克思主义美学。

一、千鹤妇女精神的价值意蕴：以更高站位认识千鹤妇女精神，为高校思想政治建设提供活水源头

2019年3月，习近平总书记在学校思想政治理论课教师座谈会上指出："思想政治理论课是落实立德树人根本任务的关键课程。青少年阶段是人生的'拔节孕穗期'，最需要精心引导和栽培。"高校思政课必须始终坚持马克思主义指导地位，在战略布局和实施举措上都必须坚持马克思主义实践观，重视思政课的实践性，把思政小课堂同社会大课堂结合起来。实践永远是我党理论的不竭源泉，来自田间地头"大课堂"的千鹤妇女精神蕴含着解放思想、实事求是、与时俱进、守正创新的理论品格、精神特质与实践特色，把握住马克思主义活的灵魂，理应属于新时代思政"小课堂"的宝贵活水源头之一。

（一）千鹤妇女精神是马克思主义妇女观的时代精华

1953年，千鹤妇女打破传统旧俗，走出家庭，走上田间地头，落实男女同工同酬政策。毛泽东主席写下长达512字的按语，就是基于对千鹤妇女在田间地头奋斗、劳动而激发、集聚的"一项伟大人力资源"的由衷赞叹。历史与现实激荡，理论与实践交辉，由此"千鹤妇女"以全新的形象在中国妇女运动史上赢得了专属身份，这是在中国共产党的领导下马克思主义妇女观与中国实际相结合的又一伟大创举，开创了浙江男女平等、妇女解放和妇女事业发展崭新局面，浙江也一举成为"妇女能顶半边天"思想的重要发源地。在习近平新时代中国特色社会主义思想指导下，千鹤妇女继续走在新时代前列，铸就了以"自强奋斗撑起半边天，创新创业敢为天下先，忠诚奉献共圆家国梦"为内核的新时代千鹤妇女精神，也深度凝结为全省妇女工作新的理论成果。2020年10月1日，习近平主席在联合国大会纪念北京世界妇女大会25周年高级别会议上的讲话中指出，全社会就业人员女性占比超过四成，而互联网领域创业者中女性更是超过一半。在浙江，女性创业占据半壁江山。浙江省教育厅数据显示，2019年浙江普通高等教育学校在校生男女性别比

约为1∶1.13,而浙江音乐学院2020级671名本科新生中女生460名,男女性别比为1∶2.18。所以,千鹤妇女精神作为高校妇联引领、服务、联系青年学生的重要红色资源,条件已经成熟,把它作为全省思政教师研究聚焦的重要课题,正当其时。

（二）千鹤妇女精神是浙江精神融入高校思政教育的桥梁纽带

2005年,时任浙江省委书记习近平同志亲自提炼了具有典型时代特征的"求真务实、诚信和谐、开放图强"的浙江精神,在浙江工作时他要求"培育良好的精神状态"。党的十八大以来,习近平总书记把"提振精神状态"上升到事关中华民族伟大复兴的高度。2020年9月10日,袁家军书记在浙江省委党校秋季学期开学典礼上强调要大力弘扬奋斗精神、斗争精神、担当精神,并要求"贯彻到干事创业的全过程,落实到本职岗位之中"。千鹤妇女精神集中体现了浙江精神的地域特征、时代风貌、内涵实质,在一脉传承中永不变色,经代代奋进而与时俱化,一股精神一以贯之,始终表现出了忠诚听党话、坚决跟党走、铁心跟党干的昂扬精神状态,是浙江精神在不同历史时期从不缺席的生动演绎和活化展陈。千鹤妇女精神是浙江精神具体而微的行动篇,是浙江精神转喉高歌的好声音,是浙江精神方兴未艾的进行时,它所包含的信仰的力量、首创的智慧、无畏的勇气和奉献的情怀等优秀基因,更容易引起广大高校学生的心灵共鸣,有利于激励士气、振奋精神。

（三）千鹤妇女精神是全省思政课"重要窗口"建设的独特优势

习近平总书记在学校思想政治理论课教师座谈会上强调,"要坚持显性教育和隐性教育相统一,挖掘其他课程和教学方式中蕴含的思想政治教育资源,实现全员全程全方位育人",为新时代学校思政课建设指明了方向,给广大思政教师提出了殷切期望。浙江省思政课"重要窗口"建设立足于"三地一窗口"的政治资源,千鹤妇女精神的萌发、形成和提炼与浙江"三个地"的政治优势密不可分,其传承、发展、弘扬也与"一窗口"的殷切期待并轨同行。习近平总书记特别强调的这个"其他课程",蕴含着极其丰富的教育资源,"她"山之石,完全可以满足"全员全程全方位"攻玉成器的需求。由此,千鹤妇女精神的独特资源优势正是思政课"其他课程和教学方式"的题中应有之义,应充分发掘千鹤妇女精神与高校思想政治教育的内在联系,积极探析二者的融合路径。千鹤妇女精神在问题意识上因事而化,在务实实干上因时而进,在创新创业上因势而新,在各个方面都能为高校学生成长成才树立"窗口标准";它源源不断涌现的"画面故事"又提供了有冲击力、感染力、说服力的实践案例,为新时代思政课输送了营养丰富的"配方"、可行有效的"工艺"和现代元素的"包装",可以进一步推动思政课围绕"六个要"的新要求改革创新,切实增强思想性、理论性和有效性、针对性的融合统一,使其真正成为学生入脑入心的"金课"素材。

二、千鹤妇女精神的内涵底蕴:从更密维度契合千鹤妇女精神,为新时代高校学生破解思想"成长烦恼"

在对马克思主义科学真理教学的不断求索中,思政教师面对"培养什么样的人,如何培养人,为谁培养人"的自我叩问,如何交出一份满意的答卷,功夫在诗外。信仰问题、行动课题、立业难题都是时代答卷里的费解之题。千鹤妇女精神从田间地头走向课桌案头,是时代的呼唤,也是破解当下高校思政教育新问题、新挑战的现实需要。

(一)学习千鹤妇女因信而学、学而真信,处理好学和信的关系

引导学生在课堂上真学真懂真信马克思主义,自觉地将马克思人类解放的共产主义理想内化于心、外化于行,这是高校思政课根本要求,也是困难之处。时任建德妇联主任胡采薇等同志善于做群众思想工作,挨家挨户宣传男女平等观念,破除重男轻女的封建礼教。她们教育妇女"想想过去、比比现在、看看将来",千鹤妇女从心底坚信党的路线方针政策,妇女代表洪水花总结道:"以前马马虎虎过日子,今天听了报告后,叫人人都发急。"可见当时的教育效果之显著,教育信念之深入。信是前提,学是关键。要把千鹤妇女在田间地头学习贯彻毛泽东思想和在当下各行各业妇女学习贯彻落实习近平新时代中国特色社会主义思想的举措,与高校学生学习领会马克思主义哲学基本原理相结合、相对照、相促进,说事拉理,以理服人、以情动人,

把红色教育渗透进学生的思想与生活中，清除历史虚无主义的阴霾和精致利己主义等错误思潮的沉渣，引导学生自觉地做马克思主义坚定的信仰者、拥护者、传播者和实践者。

（二）学习千鹤妇女知行合一、笃行致远，处理好知和行的关系

千鹤妇女天天出勤，白天劳动晚上学习，积极学农技、比本领，广泛增强了"社会主义是靠大家齐心干出来的，坐在家等不来"的信心，"十包"大种试验田，"劈山拦河溪改田"，狠抓农业生产，同时在集体劳动生产中增进交往、开阔视野，更增添了生活的乐趣和信心。新时代，千鹤女子民兵连"红旗不倒、战旗不倒"，新千鹤妇女"她力量"在精品民宿、家庭农场、农村电商等新业态和"美丽经济"等乡村建设中大显身手。这些活学活用善用、苦干实干巧干的活教材都展示了知行合一的知性美和动态美，对于让思政课的理论走出阳春白雪，"飞入寻常百姓家"，有着启迪和促进作用。在思政课案例分析中，引导学生进入千鹤妇女精神的历史背景中去寻找温暖背影，有利于引导学生把握历史的脉络和走向，走出当下的迷茫和困境，更好增长学生用马克思主义观察时代、解读时代、引领时代的"真本领"；有利于把马克思主义基本原理与学生日常学习、社会实践、艺术创作相结合，鼓励学生把主旋律激荡为澎湃的创作、创业才情和干劲。

（三）学习千鹤妇女励志报国、立业为民，处理好励与立的关系

千鹤妇女精神萌发的土壤是伟大的群众实践，闪光的价值是人民宗旨。千鹤妇女在那个时代喊出了"自己也有一双手、不在家里吃闲饭""男女齐上阵，泥土变黄金""滚一身泥巴，炼一颗红心"等响亮口号，这些既是火红年代的战斗号子，也是永不过时的奋斗金句。实干爱民的养殖大户苏连珠、抗洪抢险的民兵队员钱海珍、"双抢"中连夜割稻的"无名"英雄朱云芳……这些是来自这块土地的普罗大众，也是脱胎换骨于这块土地的巾帼英雄。成功者励恒志而立业，失败者恒励志而废业。在思政课中植入这些正能量，对于引导学生践行党的初心和使命，牢固树立爱党爱国爱民的不变情怀和价值追求，有直入心田的功效；能更好地在思政课中讲清以人民为中心的根本理念，坚定主心骨、画好同心圆的决心与勇气，能更好地在价值观上引导学生

走好自我价值和社会价值相统一的择业、就业、立业之路。

三、千鹤妇女精神的时代气韵：用更新形式诠释千鹤妇女精神，为新时代高校思政课增添青春色彩

一代人有一代人的使命，一代人有一代人的传承。让千鹤妇女精神为新时代思政课堂注入新养分，焕发新生命，就需要以创新的精神，站在时代的前沿，坚持实践的开放性、多元性，在仪式体验中增进认同感、自豪感，在喜闻乐见中扩大参与度、欢迎度，用好课内课外、线上线下多个课堂，演绎好、宣讲好千鹤故事。

（一）丰富"千鹤之旅"，化线性展示为综合平台

千鹤妇女精神教育基地建设已经从 1.0 迈向 2.0 版本。可以为教育基地注入更多现代科技元素，创新整合为综合展示平台，以智能机器人导游、3D场景、4D打印、VR虚拟体验馆、全景汇动感影院电子书法签名互动等现代技术，集观、学、游、尝、购于一体，不断丰富和拓展展陈的内涵建设，增进仪式感，增强获得感，更加迎合当代高校学生的探索需求，激发他们的学习兴趣。

（二）开设"千鹤讲坛"，化溢出现象为蝴蝶效应

一方面，纵向发力，充分利用好"学习强国"、共青团中央视频、慕课、宣讲家等优质多媒体资源，开设"千鹤空间"，上传有关千鹤历史素材和当下题材，丰富上游精神高地。另一方面，横向同力，依靠高校妇联、思政教研室，引导社会力量参与和发动师生投入并举，让千鹤妇女精神与音乐、动画、短视频平台、微电影等元素结合呈现，让红色故事更加有血有肉、有氧有料，开拓正能量溢出的边界，放大千鹤翩舞的震磁。适当增加多形态的专题讲座、精神导读、翻转课堂、读书会、辩论会等学习形式，开展浸入式、互动式教学，坚持教师解析与学生讨论相结合、理论提炼和现实借鉴相结合，给足学生自觉学习和自发探索的空间。

（三）组建"新鹤艺吧"，化乡土情结为时尚热点

以浙江音乐学院为例，在抗疫防疫期间，学生们克服在不同城市线上合奏重奏、合唱重唱的困难，创作了自己的抗疫声音和抗疫故事。他们自编自导自演自制的音视频作品获点赞无数。千鹤妇女品牌具有传统性和直观性、秀美性和坚韧性、世界性和地域性相结合、相溢美的特点，将传统和现代糅合在一起，女性和地域耦合在一起，历史和未来结合在一起。千鹤的地名、物名和形名寓祝福和吉祥之意，可以增强外界对千鹤妇女的认知度、美誉度；曲线鹤翔之姿，又彰显了千鹤女性刚柔相济、吃苦耐劳、勇于奉献、善于创业的优良品格。这些美学元素、精神符号是艺术创作的灵感所在和无限丰富的创作素材。探索专题创作千鹤妇女精神的情景剧、现代越剧、芭蕾舞剧和交响乐等作品，让"千鹤印象"走进思政课堂，让学生风采飞出菁菁校园，走向更广阔的展演舞台，最终搬上荧幕，走出浙江，影响国内外，均有拔丁抽楔之势与大有可为之处。引领、介入和激励创作全过程，让千鹤妇女精神从田间地头走向炫丽舞台，让学生在践行"事必尽善"的校训中涌动新时代新青年的情怀担当；引导和激励思政课教师善于发现时代价值，勇于提供精神食粮，让高校思政课不断吸纳大课堂的汩汩原野清泉，汇聚新时代的澎湃思想潮流，传承历久弥新的时代精神。

高校党史教育的性别观照及创新理路

——基于A省四所高校的调查分析

龚迎迎[*]

摘　要：利用控制变量法分析A省四所高校800名学生的调查结果，发现男生与女生对党史兴趣的差异不大；男生对党史的了解程度比女生高；男生更偏好历史叙事教育方式和文本资料教育内容，女生则更偏好道德叙事教育方式和影像资料教育内容，且两者都愿意接受师生双向互动和教师单向滴灌的教育方式。可以看出，高校党史教育顶层设计对性别差异的考虑不足，其原因在于性别差异不被重视和"流动式"教室的环境制约，这就容易带来一些负面影响。因此，要创新教育理念、合理分配注意力，创新教育模式、设计有针对性的教育方法，创新教育环境、提高两种性别适应度，创新教育话语、提高学生对党史的兴趣，不断推动不同性别大学生都能在高校党史教育中得以成长。

关键词：大学生；思想政治教育；党史教育；性别；调查分析

习近平总书记指出："党的历史是最生动、最有说服力的教科书。"[1]高校应加强对大学生的党史教育，以发挥党史资政育人、以史鉴今的重要作用，帮助大学生树立正确的世界观、人生观与价值观。对于教育系统而言，除党员、干部学党史外，青年学生也是学党史的重要群体。对大学生学习党

---

* 龚迎迎，合肥工业大学马克思主义学院博士研究生，研究方向为马克思主义中国化与思想政治教育。

史知识,加强党史教育,并不是可有可无的问题,而是一个关系到为谁培养人、培养什么人和怎样培养人的大问题。学界对高校加强党史教育的必要性做出了较为深刻的论证,对加强党史教育的路径也做出了具有可行性的设计,但总体上看,鲜有基于教育对象的性别差异进行高校党史教育的针对性理路设计的研究。本文采用调查问卷法,分析不同性别大学生对高校党史教育的接受度,并试图设计对应的创新理路,以期为高校党史教育进一步发挥效用提供可能的理论遵循。

一、性别差异视阈下大学生接受党史教育的现状调查

　　笔者向 AS 大学、AG 大学、AL 大学和 QS 大学各发放了调查问卷 200 份,合计发放问卷 800 份,回收问卷 785 份,其中有效问卷为 764 份,有效率为 95.5%。为了保证数据的客观性,本文采用了控制变量法,尽可能以大学生性别差异作为影响高校党史教育向度的唯一变量。调查目标院校分别为两所理工科大学与两所师范类大学,且均为省属本科大学。另外,笔者向各院校的大一到大四各个年级的调查对象发放了数量相同的问卷,以避免年级差异带来的变量影响。调查对象的性别、院校与年级分布情况如表1所示。

表 1　调查问卷基本情况表(N=764)

项目	类别	人数(人)	占比(%)
性别	男	399	52.2
	女	365	47.8
院校	AS大学	196	25.7
	AG大学	189	24.7
	AL大学	191	25.0
	QS大学	188	24.6
年级	大一	199	26.0
	大二	190	24.9

项目	类别	人数（人）	占比（%）
年级	大三	189	24.7
	大四	186	24.3

（一）从对党史兴趣上来看，男生与女生差距不大

兴趣是影响被教育者学习效率的关键因素，这已成为教育学界的共识。苏珊·希迪从生物学和神经科学的角度论证了兴趣在教育过程中所占的重要作用。[2]因此，大学生对党史的兴趣大小，在很大程度上决定着高校党史教育的目标能否实现。（见表2）

表2　大学生对党史的兴趣

项目类别	非常感兴趣	比较感兴趣	一般	比较不感兴趣	非常不感兴趣
男生（人）	72	206	78	43	0
男生占比（%）	18.0	51.6	19.5	10.8	0
女生（人）	60	170	70	60	5
女生占比（%）	16.4	46.6	19.2	16.4	1.4

由于调查的男、女大学生人数并不完全相等，因此在分析数据差异性时，将 n 定值为100%，将不同兴趣的男、女大学生所占各自性别的比例作为数据分析对象，设置 $a=1.5$，进行单因素方差分析，分析结果如表3所示。

表3　性别差异影响中共党史兴趣程度的单因素方差分析

差异源	SS	df	MS	F	p	$F\ crit$
组间	1E-07	1	1E-07	3.12E-06	0.998635	2.535169
组内	0.256753	8	0.032094	—	—	—
总计	0.256753	9	—	—	—	—

$F\ crit$ 的值小于 F 值，证明两组数据关系在参数 $a=0.15$，即在85%的可

靠性基础上，两组数据相似。由此可以证明，性别差异对大学生是否对党史感兴趣的影响并不明显。

（二）从对党史了解程度上看，男生普遍比女生高

对党史的兴趣影响高校大学生学习党史的意愿，但兴趣与学习成果并不呈现简单的正向相关关系。对毛泽东、邓小平等重要人物及思想的认知深度和对新民主主义革命时期、社会主义建设时期和改革开放以来的党史大事件的知闻程度是测试男生与女生大学生对党史的了解程度的重要指标。为此，笔者在问卷上设计了10道党史知识判断题与选择题，题干以中国共产党创立至今的历史大事记和中国特色社会主义理论体系为主要内容。调查对象的正确率分布情况如表4。

表4　男女大学生对中共党史知识了解情况

题目编号	题干内容	男生答对人数（人）	男生正确率（%）	女生答对人数（人）	女生正确率（%）
1	判断题：毛泽东和周恩来都是党的一大的代表	389	97.5	233	63.9
2	判断题：中国共产党成立于1921年7月1日	360	90.2	300	82.2
3	判断题：1959年4月以后毛泽东不再担任中华人民共和国主席	263	65.9	199	54.5
4	判断题：十一届三中全会讨论了要将全党的工作重点转移到经济建设上来	388	97.2	280	76.7
5	判断题："三个代表"重要思想是中国特色社会主义理论体系的开端	398	99.7	321	87.9
6	选择题：南昌起义这一历史事件发生于哪一年？（选项略）	341	85.5	203	55.6
7	选择题：哪一历史事件标志着我国开始建立起了社会主义制度？（选项略）	243	60.9	126	34.5

题目编号	题干内容	男生答对人数(人)	男生正确率(%)	女生答对人数(人)	女生正确率(%)
8	选择题:抗美援朝战争持续了几年?(选项略)	295	73.9	199	54.5
9	选择题:香港与澳门分别于哪一年回归祖国?(选项略)	395	99.0	331	90.7
10	选择题:习近平总书记于哪一次会议上提出"中国特色社会主义进入新时代"?(选项略)	399	100	355	97.3

题干均为党史基础知识,从调查对象的正确率来看,每一题的男生正确率均大于女生正确率。总体上看,男生正确率要比女生整体高出24.65个百分点。由此可以看出,在调查对象中,男性大学生对党史知识的了解程度普遍高于女性大学生。

(三)从对党史教育方式的看法上看,男生与女生存在明显差异

党史蕴含着丰富的中国精神与道德内涵,但要将这些价值观念传递给学生,仍要借助以党史事件和人物为主体的叙事过程。党史叙事既可以从阐述性史学叙事,即历史叙事出发,也可以从道德叙事出发。随着互联网技术的进步和新媒体技术在高校课堂上的普遍应用,文本资料和影像资料都能够成为高校党史课堂教育的实用教材。从教育方式上看,既有教师与学生双向互动的方式,也有教师对学生进行单向滴灌式教育的方式。

本调查以叙事方式、表现形式和师生向度三个层面为调查内容,测试不同性别的大学生对党史教育方式的偏好(见表5)。

表5　对党史教育方式偏好的分性别统计

项目	党史教育叙事方式		党史内容表现形式		党史教育师生向度	
	偏好历史叙事	偏好道德叙事	偏好文本资料	偏好影像资料	偏好双向互动	偏好单向滴灌
男生人数(人)	306	93	287	112	198	201

续　表

项目	党史教育叙事方式		党史内容表现形式		党史教育师生向度	
	偏好历史叙事	偏好道德叙事	偏好文本资料	偏好影像资料	偏好双向互动	偏好单向滴灌
男生占比(%)	76.7	23.3	71.9	28.1	49.6	50.4
女生人数(人)	119	246	122	243	153	212
女生占比(%)	32.6	67.4	33.4	66.6	41.9	58.1

据统计,男大学生明显更偏好历史叙事教育方法(76.7%)和文本资料教育内容(71.9%),女大学生则恰恰相反,更偏好道德叙事方法(67.4%)和影像资料教育内容(66.6%)。而在双向互动和单向滴灌的偏好上,男、女大学生的差距不大,可见性别差异不宜作为党史教育师生向度的影响变量。

二、高校党史教育的性别观照

高校党史教育是思想政治教育工作的重要内容,以党史史实与党史精神塑造时代新人,是我国思想政治教育工作的目标之一。匡宁、王习胜指出,"思想政治教育基本矛盾是一定社会的思想政治要求与受教育者的思想政治需求之间的矛盾"[3]。因此,基于受教育者的性别差异所导致的不同需求考量高校党史教育的指向针对性,有助于反思当前高校党史教育重教育内容的丰富性及教育方法的趣味性、轻教育对象的特殊性的不良趋势。

(一)高校党史教育顶层设计中存在性别视角缺位

调查表明,不同性别的大学生对高校党史教育的认识不尽相同,且男女大学生对党史基本知识的把握情况和党史教育方式的偏好情况差异明显。而令人担忧的是,高校党史教育顶层设计明显缺乏对大学生性别差异的针对性考量。

事实上,高校党史教育进行具有针对性的教育模式顶层设计时并未充分考虑到大学生的性别差异。在"您是否觉得学校正在有意识地强化中共党史教育?"一项中,93.5%的男大学生和87.7%的女大学生均选择了"是",证明高校对党史教育的重要性认识较深;但在"您是否觉得学校进行中共党史教育的过程中考虑到了您的性别特殊性?"一项中,选择"不是"选项的男、女大学生占比均为惊人的100%。由此可见,高校党史教育顶层设计充分考虑了党史教育的重要地位,但没将教育对象的性别差异作为考量因素。

从理念上看,高校教育充分考量性别差异要与教育中的性别歧视区分开来。从人们固有的认知习惯来看,性别差异在教育内容、就业方向上具有"性别适合"的特点,这一有失偏颇的观点是造成教育中性别歧视的重要原因之一。然而,如果对这一观点矫枉过正,无视性别差异而企图制定一系列适用于所有性别的教育方案,也是一件不现实的事。诚然,"性别平等教育,属于文明社会的人文教育范畴,是性别启蒙教育,目的是培养现代公民责权分明的主体精神,促进男女两性的人格完善"[4],但要"尽力避免使用基于性别刻板印象的教学语言,避免基于特定的性别价值观念、思维方式或行为规范开展学科教学"[5]。充分考量性别差异,完善高校党史教育的顶层设计,才是推动每一个人自由而全面发展的必由之路。

(二)高校党史教育中性别视角缺位的原因

从目前的调查对象来看,高校十分重视党史教育,并且为党史教育目标的实现做出了相当多的努力。而性别差异未能成为高校党史教育过程中所考虑的重点,其原因是多方面的。

从主观层面上看,性别视角难以在教育过程中得到重视。党史教育作为思想政治教育的重要领域,其教育内容和教育成效是教育制度制定者和一线思政课教师所考虑的首要方面。而被教育者,即高校大学生,在性格、家境和政治素养等层面上并不相同,按照巴甫洛夫的气质分类理论,在教育者眼中,性别差异往往被掩盖在了气质差异之下,即使前者在很大程度上决定了后者。

从客观层面上看,高校大学生接受课堂教育往往是在"流动式教室"的环境中进行的,而公共课一般是以班级或专业为单位而非以性别为单位进行教室安排的。由此,不同性别的学生所接受的是同一种风格的教育。但必须要注意的是，尊重性别差异性并不意味着性别隔离，高校不必要也不可能为了男女大学生对党史教育接受度差异而单独为他们安排单一性别教室。

（三）高校党史教育性别视角缺位的潜在影响

调查表明，男、女大学生对党史感兴趣的程度差异不大，但与此同时，男大学生对党史基本知识的了解程度却普遍高于女大学生。高校党史教育不充分考虑性别差异，有可能带来一些问题。

首先，女性大学生对党史的了解程度落后于男性大学生。调查显示，超过一半的男女大学生对党史的兴趣处于"比较感兴趣"和"非常感兴趣"的层次，且两者所占比例相近（分别为69.6%和63.0%），但在高校党史教育性别视角缺位的情况下，女生对党史基本知识的掌握程度比男生要低得多。

其次，高校党史教育的方式相对不利于女性大学生学习党史知识。据调查，女性大学生对党史的道德叙事方式与影像资料内容的接受程度更高，但是高校采取历史叙事教育方式和文本资料内容的频次明显更高。高校党史教育在具体的教育实践中无意识地采取了有利于男生的教育方式，这无疑违背了高校加强党史教育的初衷。

最后，党史教育中应然蕴含的平等教育难以得到贯彻。一部中共党史，也就是一部马克思主义中国化的生动教材。高校对学生进行党史教育，不仅是进行历史学意义上的史学教育，更重要的是进行思想政治层面上的精神教育，因此就必须重视马克思主义价值观的教育。性别平等是马克思主义题中应有之义，也是中国共产党追求的目标，而高校党史教育缺乏对被教育者性别差异的针对性考量，则不利于党史教育发挥其立德树人的重要作用。

三、性别观照下高校党史教育的创新理路

习近平总书记指出："全面宣传党的历史，充分发挥党的历史以史鉴今、资政育人的作用，是党和国家工作大局中一项十分重要的工作。"[1]基于被教育者的性别差异为高校党史教育设计具有可行性的创新理路，有助于发

挥党史以史鉴今、资政育人的功能。

(一)创新教育理念,合理分配注意力

高校党史教育的注意力配置,是指高校教育制度顶层设计者和思想政治理论课一线教师对于被教育者的各类特性的注意力分配情况。教育部在2020年1月7日审议通过的《新时代高等学校思想政治理论课教师队伍建设规定》指出,思政课教师应当深化教学改革创新,并且高等学校应当根据全日制在校生总数,严格按照师生比不低于1∶350的比例核定专职思政课教师岗位。高校党史教育的注意力总和不断得到提升。

与此同时,高校党史教育也应当针对大学生性别差异合理分配注意力,高校思政课教师尤其要注意这一点。已有学者从心理学、社会学等角度对高校男、女大学生的知识兴趣向度进行了充分分析,高校党史教育进程中,一方面要根据已有的调研成果将注意力分引至专业差异、城乡差异以外的区域,其中性别差异就理应成为高校党史教育必须注意的变量,另一方面要克服思维惯性,以实事求是的原则尽可能地扩大调查样本,分析性别差异对党史教育接受度的实际影响。

(二)创新教育模式,设计针对性教育方法

调查显示,高校现有的党史教育模式仍以历史叙事和文本资料为主,更偏向于男性大学生的兴趣向度。因此,高校党史教育模式的创新关键,就在于提升道德叙事与党史影像资料的使用比例。道德叙事强调通过激励的方式,让每个人都感到自己是德育过程中不可缺少的,从而竭尽全力达成德育目标。道德叙事更符合女性大学生的兴趣向度,其比重应有所提升,这就要求思政课教师进行党史教育时做到史论结合,将党史史实与中国共产党一以贯之坚持的精神信仰结合起来。

与此同时,新媒体技术也应当成为高校党史教育的常用工具。新时代大学生的成长过程伴随着网络信息技术的高频更新和进步。科技的快速发展推动了文化与科技的深度融合,高校要积极运用网络技术和平台宣传弘扬中国特色社会主义文化。影片在影院的传播对象是大众,而党史在高校的教育对象是全体大学生。高校应充分利用新媒体技术与党史影像资料,

增强女大学生对党史教育的接受度，提高女大学生的党史学习效率。

（三）创新教育环境，提高两种性别适应度

教育环境的创新方向，就是创造一个在学生固有的性别差异背景下，仍能够满足男、女大学生的共同适应趋向。思想政治理论课的课堂环境是党史教育的主要环境，在课堂教育中，既有从"教师—学生"式的单向滴灌教学环境，也有"教师—学生—教师"的双向互动教学环境。调查表明，男、女大学生对这两种环境的喜好程度均不相上下，因此，教师在进行党史教育时，既要维持传统的单向滴灌式教学环境，发挥党史教育"润物细无声"的作用，也要创造一个师生互动的教学环境，让学生参与讨论。

除此之外，高校党史教育环境不仅指思政课的课堂环境，也包括传统教室之外的环境。一方面，以特色党课为引领，应用党史档案构建理想信念教育基地，开辟独具特色的党校思想政治教育课堂，创造红色资源与高校党史教育相融合的环境。另一方面，充分发挥"第二课堂"作用，创造一个更易为不同性别的大学生所接受的党史教育校园环境。

（四）创新教育话语，提高学生对党史的兴趣

创新党史教育话语的第一主体，是思想政治理论课一线教师。正如一些学者所指出的，思想政治教育话语范式需要顺应文化发展"不忘本来、吸收外来、面向未来"的总体趋势，同时密切结合人民群众不断增长的美好生活需要，给予高效有力的情感关怀、人文关怀。高校思政课一线教师既要响应塑造时代新人的时代要求，同时考虑性别差异，有的放矢地创新教育话语，以年轻化、多样化的教学话语引领不同性别的大学生积极主动地投入中共党史的学习。

创新党史教育话语的第二主体，是高校辅导员。作为高校开展大学生思想政治教育的骨干力量，辅导员站在为党育人、为国育才的最前线，肩负着立德树人、铸魂育人、培养担当民族复兴大任的时代新人的神圣使命。高校辅导员与大学生接触密切，担负着极为重要的思政教育责任。高校辅导员以党史为教育内容，以性别为考察要素，以话语为创新载体，有助于不断提高学生对中共党史的学习兴趣。

总之,高校党史教育对被教育对象的性别差异进行科学考察和针对性设计,是提高大学生学习党史效率、更好发挥党史德育功能的必要考虑。本研究从大学生的性别差异入手,给出了可能的创新理路,为拓宽高校党史教育的适用对象提供了新思路。本研究以四所省属的师范类和理工科本科院校的学生为调查样本,尽可能地排除年级差异和院校类型带来的变量影响,但由于并没有对综合类高校和专科院校的学生进行广泛调查,且调查过程中可能存在"答非所愿"的情况,因此,要更加精准地把握性别差异对高校党史教育的影响,仍须做进一步的更为广泛深入的调查研究。

参考文献

[1]习近平.在党史学习教育动员大会上的讲话[J].求是,2021(7).

[2]HIDI S. Interest：a unique motivational variable[J].Educational research review,2006(2).

[3]匡宁,王习胜.思想政治教育基本矛盾新论[J].思想教育研究,2019(6).

[4]李慧英.性别平等教育的理念与实践[J].中华女子学院学报,2021,33(3).

[5]陈晓雨.德国职业教育与培训中性别刻板印象及应对[J].比较教育研究,2021,43(1).

百余年来女子教育事业的发展与繁荣

——以嘉兴市为例

诸　萍[*]

摘　要：在建党百年之际，回望嘉兴市女子教育一百多年的发展历程，可以发现，女子教育事业随着社会的巨变发端、发展，在风云多变、极其曲折的道路上蹒跚前进，虽过程曲折，但成绩瞩目。女子教育事业的发展与国家同命运，与时代共成长，具有四个鲜明的基本特征。女子教育在社会转型过程中担当起了时代所赋予的多项使命，推动了社会文明的进程。

关键词：女子教育；女子学校；百年发展；嘉兴

女子教育是近代以来才出现的概念。尽管在中国古代社会便有"女学"之说，但其教育大多属于道德教化的范畴。能够接受这类教育的女性大多出身于富裕家庭，而绝大多数平民女子则被排除在传统教育体系之外。直到近代，女子教育才有了质和量的突破，这一点在嘉兴一百多年的女子教育事业发展历程中清晰可见。

在20世纪以前，嘉兴没有专门的女子教育机构，名门闺秀大多聘师在家学习，其教育目的在于培养以封建伦理纲常为做人原则的、善于做家务女红的"贤妻良母"。清末，受到西方教育科学的影响，新学渐起。嘉兴紧邻上海、杭州、苏州等大都市，较早接受了进步思想。1904年，嘉兴便出现了第一

---

* 诸萍，浙江红船干部学院讲师，中共嘉兴市委党校讲师，研究方向为妇女问题研究和人口流动与迁移研究。

所女子学校,出现了王婉青、方英、丰瀛等女教育家,而老一辈无产阶级革命家张琴秋、中共"一大"会议工作人员王会悟等也都是嘉兴女子学校的毕业生。[1]在过去一百多年的历程中,嘉兴女子教育事业随着社会的巨变发端、发展,在风云多变、极其曲折的道路上蹒跚前进,虽过程曲折,但成绩瞩目。

嘉兴女子教育事业的发展与国家同命运,与时代共成长。从教育发展的基本特征来看,大致可以把百余年来嘉兴市女子教育事业的发展划分为以下三个时期,即1904—1911年的快速兴起时期,1912—1948年的曲折前行时期,以及1949年至今的欣欣向荣时期。

一、嘉兴女子教育快速兴起期(1904—1911年)

近代以来,一场场惨败于西方列强的战争,一次次不平等条约的签订,使得中国深陷严重的民族危机之中,救亡图存成为中华民族的历史使命。一些有识之士经过中西比较后发现,女子教育是强国的一个重要因素。20世纪初,在官办新学堂兴起的同时,民间办新学蔚然成风,而嘉兴女子学堂也于其时创设。1904年,尤季良独资创办嘉兴启秀女子两等小学堂;次年,工婉青创办道前街女子小学堂,朱宝瑨等创办海宁州城正蒙女学堂;1906年,沈文华创办余贤镇女子小学堂。[2]717-718这些都是嘉兴早期的女子学堂。1907年正月,清政府学部颁布了中国最早的官办女学章程,即《奏定女子师范学堂章程》和《奏定女子小学堂章程》,首次确认了女子学校教育的合法地位,将女子教育纳入学制体系之中。[3]此后,嘉兴女子学堂又有增设,较有名的有开明女子学堂、德馨女子初等小学堂等。至清末,嘉兴府各县及海宁州的女子小学堂数量已达17所。[2]2-4 1905年,嘉兴还创办了嘉兴府女子师范学堂,以培养女子小学堂师资为宗旨,此为嘉兴女子师范教育之始。

在全国各地大兴女子教育的氛围下,晚清的嘉兴女子教育发展取得了很大成就,而其中民间的先进分子更是发挥了尤为关键的推动作用。[4]在这一阶段,女子获得了一定的受教育权,女子学校也获得了更多的社会认可。女子学校的兴办,事实上打破了两千多年来传统教育把女子排除在学校教育之外的局面,使女子第一次有机会走出闺房、走入学校,开启了中国近代女子入学受教的历史。

但正如田德荣等学者所言，兴办"女学"仅是晚清政府内忧外患下的无奈之举，那时并未真正想要发展女子教育、提升女性地位。[5]所以，该时期女子教育所追求的"男女平权"并未真正实现。一是女子教育依旧受到非议。女子读书本是好事，但在当时社会上依然有不少反对甚至诋毁的声音。有史料记载，当时不少守旧人物极力诋毁，认为姑娘在外抛头露面很不雅观，故意把校名"嘉秀公立女子学堂"（其前身为道前街女子小学堂，后于1906年更名）中的"立女"二字合为一体，组成"妾"字，以此嘲讽女子上学。因此，嘉兴的女子学校基本都是由当地热心办学人士倡导兴办的私立学校，其办校经费都要自行筹措，几乎得不到官方资助，这也使得女子教育的发展相对缓慢。二是教学内容仍以旧式为主。尽管《女子师范学堂章程》和《女子小学堂章程》的颁布将女子教育推上了新的阶段，但当时女子学校在课程设置、教师培养、经费来源、管理体制等方面仍以旧式为主。例如，《女子小学堂章程》规定，男女小学分设，不得混合。其"教育总要"还明确规定："中国女德，历代崇重，今教育女儿，首当注重于此，总期不悖中国懿嫩之礼教，不染末俗放纵之避习。"[7]801因此，女学生在传统的教学科目之外，还要学习缝纫、女红、修身等家庭事务课程，现代课程内容在女校的修习程度依然较低。三是女子教育普及程度和文化程度双双偏低。一方面，清末嘉兴女子学校的数量十分有限，其比重不足全部学校数量的十分之一，且学校整体分布不甚均衡，大部分学龄期女童并没有获得与男童同等的就学机会。另一方面，该时期创办的女子学校几乎全是小学堂（仅嘉兴府女子师范学堂除外），而彼时嘉兴已建立数所面向男子的中学堂（如嘉兴府学堂、秀州中学、海宁州中学堂等），故客观而言当时女性所能接受的教育基本止步于小学段。加之女学生的入学年龄受到较大限制，女子初等小学堂使7岁至10岁者入之，女子高等小学堂使11岁至14岁者入之，后期又由于结婚、经济困难等因素大多面临辍学，因此在能够进入女子学校的学习者中，能顺利完成全部学制者少之又少，文化程度大多止于小学初级水平。

二、嘉兴女子教育曲折前行期(1912—1949年)

1911年,孙中山领导的辛亥革命推翻了清王朝。民国时期,社会变革不断加剧,嘉兴的女子教育也无可避免地被裹挟着进入了这段历史洪流之中。嘉兴的女子教育事业在风雨飘摇中曲折前行,既经过"高潮",也走过"低谷",最终实现了女子教育的近代化转变。

(一)发展高潮期(1912—1936年)

1912年,南京临时政府教育部颁布"壬子癸丑学制",该学制规定,初等小学,可以男女同校。第一次以教育法令形式确定了男女同校的合法性,为男女受教育平等的真正实现奠定了基础。1922年,受到"五四运动"、新文化运动、新教育运动的影响,国民政府又颁布了《学校系统改革案》,即"壬戌学制"。按照新学制,除大学不设女校外,其他学校均可设立女校。官方学制的制定与修改,极大地推动了女子教育的发展。嘉兴女子教育也在1912至1936年期间迎来了一次发展高潮,女子师范、女子职业学校、女子中学相继涌现。

民国初期,女子师范教育率先起步。1912年,方英在方於笥、计仰先等人的支持下,选定嘉兴南门范蠡湖畔吴公祠为校址,创办嘉兴女子师范学堂。1914年,崇德办起了崇德女子师范讲习所,校长为徐小淑。此外,为培养小学堂教员,德馨女校于1916年暑假举办了女子体育传习所,学员经培训可充当小学体育教员;县立女中高中师范科也于1929年改为师范训练班,将初中一年级的一个班改为师范讲习班,充任小学教员。[6]女子师范教育的兴起,恰好说明这一时期嘉兴女子教育得到了较快发展,因而产生了较大的女性师资需求。

女子职业教育也开始兴起。民国初期,嘉兴城内报忠埭设立女子手工传习所;1920年,由童文彩筹备改办为嘉兴私立乙种女子职业学校;1921年,嘉兴基督教交际社举办英语夜校;1921年,鉴于失学妇女无处就学,陈韫玉等人在嘉兴城区创设妇女文算传习所;1931年,胡学祺创办商业补习学校,教授商业实用技术；1923年和1933年，分别设立浙江省立女子蚕业讲习所和嘉兴县立女子蚕业讲习所，培养女子蚕业技术指导人才，以适应改良蚕种之需。不难看出，嘉兴女子职业学校的创办，不仅为女子就业创造了有利条件，使得女性开始享有社会生存的权利和能力，而且也与区域经济发展相适应。

这一时期，女子小学继续保持较快发展。至1918年，新设的女子小学就有20所。而伴随女子小学教育入学率的提升，女子中学教育的发展成为必然趋势。20世纪20年代初，女子中学开始蓬勃发展。1923年，省教育厅根据新学制制订省立各校改组办法，将省立女子师范学校改称省立女子中学；同年，平湖私立茂修女子初中创办；1925年，嘉兴女师改为嘉兴县立女子中学，成为嘉兴城区第一所女子中学；1926年，平湖私立诒谷女子初级中学创办；1927年，嘉兴县私立中山女子初级中学创立；1927年，天主教意大利圣心会传教士白爱亚创立嘉兴私立明德女子初级中学。到20世纪20年代末，嘉兴兴办女校已形成风气。而伴随女子教育事业的蓬勃发展，1928年，嘉兴成立了县妇女协会，其宗旨之一便是"提倡女子教育"。

（二）发展低谷期（1937—1948年）

1937年，日本侵略军侵占嘉兴，时间长达8年之久。嘉兴沦陷后，女校发展受到巨大冲击，学校数量骤降。嘉兴的女子小学、女子中学大多在抗日战争时期停办。嘉兴县立女子初级中学校舍被日机炸毁，夷为平地；平湖私立诒谷女子初级中学、嘉兴中山女子初中、碤石女子初中补习班等均于1937年停办；嘉兴县小学校舍被日寇炸毁的就有4所，规模较大的小学大多被焚，包括女子小学在内。

尽管如此，嘉兴女子教育并未完全终止。嘉区人民为培养子弟，想方设法维持办学，并和敌伪推行的奴化教育进行不懈的斗争。一是前方办学。抗日战争期间，天主教会创办的嘉兴私立明德女子中学仍在嘉兴办学。二是后方办学。1937年11月，省立嘉兴中学师生与嘉兴县立女中部分学生长途跋涉，在丽水并入浙江省临时联合中学。此外，在后方创立的浙西第一临时中学、嘉属七县联立临时中学、浙江省第一区小学师资训练所等也招收了一批女学生。三是游击区的教育。据当时的嘉兴县政府统计，1943年全县有小学生4348人,民众教育成人班554人,妇女班355人。

从历史角度来看,这一时期的嘉兴女子教育发展是令人钦佩的,即便是在中华民族最为困顿的时期,在山河破碎、浴血抗战的时期,嘉兴的女子教育事业依然在风雨飘摇中顽强地成长起来,肩负起了培养人才的时代重任。尤其值得关注的是,嘉兴女子教育在该时期内也顺利完成了近代化转变,主要体现在以下三方面。

一是近代女子教育体系基本建立。至抗日战争爆发前夕,嘉兴所办女学基本适应当时经济社会的发展需求,各级各类学校不断发展,并逐渐构建起了包括小学、中学、师范学校、职业学校等在内的嘉兴近代女子教育体系。这也使得嘉兴女子教育的总体成效较为显著。例如,据1929年出版的《嘉兴概况》,1928年浙江省内女童入学率最高的城市是杭州(29%),而嘉兴女童入学率也居全省前列。

二是男女教育平权初步得到实现。不同性别的学生在同一学校接受同等的教育,是男女平等教育权的重要体现,而后者的实现也是嘉兴女子教育近代化的一个重要成就。嘉兴的男女同校最早可追溯到1917年。1917年,崇德县模范小学率先实行男女同校制度,当时还成为崇德县城新闻。随着教育改革的推进和女子教育的发展,男女同校逐渐被人们接受,中小学纷纷实行男女同校。1927年,省立二中卅始兼招女生,私立秀州中学也于1932年兼招女生。1940年以后,浙江省初等教育进入国民教育时期,女子小学解体,小学学龄女童进入中心学校或国民学校就读。男女同校标志着两性双轨制教育的终结,也标志着嘉兴女子教育近代化的完成。当然,男女同校只是男女教育平权的第一步,要真正实现男女教育平等,嘉兴女子教育事业还有很长的路要走。毕竟,该时期嘉兴的女子教育还无法与男子教育同日而语。例如,女子接受学校教育的比例仍明显低于男子。根据1930年《嘉兴教育》第6期的报告,嘉兴县学龄儿童入学者共11291人,其中男生8683人,女子仅3628人。

三是培养具有现代素养的女性。在民国期间,受到进步思想的影响,嘉兴各地女校师生关心国事,踊跃参加爱国活动。例如,1919年"五四运动"爆发,6月30日下午,嘉兴秀州女校师生与秀州书院、省立二中学生一起游行街市;1925年上海发生"五卅"惨案,嘉兴女师学生与省立二中学生向商界劝募以支持上海工人;1937年淞沪会战爆发,王婉青利用庙会登上戏台向群众演讲,号召大家保卫祖国,抵抗日寇,当即有不少人捐款。同时,这批具有现代素养的女性,也愈发意识到并努力发挥教育的作用来推动社会的转型。

三、嘉兴女子教育欣欣向荣期(1949年至今)

新中国成立至今,嘉兴女子教育又取得了很多新的成就,并形成了自己的特色(见表1)。1951年,嘉兴明德女子初级中学校长沈宠娟辞职,嘉兴市人民政府于次年接管了明德女中,并将其改造为男女合校的公立中学,即嘉兴第三中学。至此,嘉兴女子学校正式退出了历史舞台。这就说明女子接受学校教育已被全社会所公认,女子终于获得了与男子同等的接受学校教育的权利,男女已基本实现教育平等。

表1 2019年嘉兴市教育事业发展状况

项目名称	幼儿教育	小学教育	普通中学		中等职教			高等教育		
			初中教育	高中教育	普通中专	职业高中	成人中专	普通高校	成人高校	高职学院
招生人数/入园人数(人)	51394	50344	37283	18160	9296	7158	128	20006	15932	6908
女生占比(%)	47.5	47.0	47.6	52.2	51.4	41.7	75.0	—	—	41.6
男生占比(%)	52.5	53.0	52.4	47.8	48.6	58.3	25.0	—	—	58.4
在校生人数/在园人数(人)	145835	269463	110710	52771	28487	20320	391	56656	33301	15709
女生占比(%)	47.4	46.9	47.6	53.1	53.6	40.6	78.5	—	—	42.2
男生占比(%)	52.6	53.1	52.4	46.9	46.4	59.4	21.5	—	—	57.8
毕业生数/离园人数(人)	45440	39803	34091	18035	7955	6421	211	12853	5761	4417
女生占比(%)	47.7	46.9	47.7	53.9	54.6	34.8	71.1	—	—	46.9
男生占比(%)	52.3	53.1	52.3	46.1	45.4	65.2	28.9	—	—	53.1

项目名称	幼儿教育	小学教育	普通中学		中等职教			高等教育		
			初中教育	高中教育	普通中专	职业高中	成人中专	普通高校	成人高校	高职学院
学校专任教师数（人）	9739	12078	9334	5068	1471	1617	150	3302	347	644
女性占比（%）	98.5	71.8	57.6	55.1	54.9	58.8	48.0	—	—	55.7
男性占比（%）	1.5	28.2	42.4	44.9	45.1	41.2	52.0	—	—	44.3

注：数据来源于《嘉兴市2019年教育事业统计资料》。

新中国成立之初，嘉兴的现代教育基础还较为薄弱，教育资源稀缺、教育知识贫乏、教育组织松散、教育观念落后、教育选择狭窄，难以满足广大人民群众和各项社会主义事业发展的需要。但随着我国扫盲教育、高考制度恢复、九年义务教育普及、科教兴国战略等各项工作的开展及系列教育法律法规的颁布，嘉兴教育事业取得了巨大成就，各级各类学校培养了数以千万计的人才，提升了广大民众的知识文化水平。其间，嘉兴女子教育已得到了巨大发展，这一点由当前嘉兴市教育事业的发展现状清晰可见。

截至2019年，除成人中专外，幼儿园、小学、初高中、普通中专、职业高中、高职学院等各类学校的学生性别构成总体上较为均衡，性别比维持在50%左右。相较之下，成人中专教育中女性学员的比重明显高于男性，这在某种程度上也展现了当代女性积极向上、锐意进取的精神风貌。从嘉兴市各类学校专任教师队伍的性别构成中可以发现，女性在教育事业发展中扮演着极其重要的教书育人的角色。其中，幼儿教育中女性专任教师的占比最高（达98.5%），小学教育次之（占比为71.8%），而其余各阶段教育中女性专任教师的比重也均高于男性（成人中专除外）。换言之，嘉兴市女性教育事业不仅实现了男女教育平权，而且教师队伍建设还存在较为明显的女性偏好。

四、结语

在建党百年之际,回望嘉兴女子教育百余年的发展历程,不难发现,女子学校在创办之初便打破了几千年来男子独享学校教育的特权,而女子教育自兴起以来,也成为嘉兴市国民教育体系中不可缺少的组成部分。嘉兴市女子教育的发展具有四个鲜明的特征:第一,民间办学在女子教育中占有重要地位,有力推动了女子初等教育的大众化。第二,接受过新式教育的女性,也热衷于创办女子学校或投身于教育事业,为地方教育事业的发展做出了巨大贡献。第三,女子教育事业的发展与国家的社会变革密切相关,与社会长久稳定密切联系。第四,女子教育的出现和发展,不仅改变了女性的生存状况,而且推动了女性自由、独立与平等的实现。不可否认,女子教育在社会转型过程中,担当起了时代赋予的多项使命,推动了社会文明的进程。

当前嘉兴市男女在教育起点上的平等权利已基本实现,但由于教育近代化进程中男女起点不一,女子教育的发展在整个进程中速度要慢很多。从教育的过程和结果来看,女性仍然处于相对弱势地位,如家庭教育优质资源的男孩偏好、毕业求职中的男性偏好等现象依然存在。未来各地要以构建完善的现代国民教育体系为目标,坚持全面发展,坚持问题导向,坚持改革创新、精准发力、凝心聚力,为推动女子教育实现现代化提供有力保障。

参考文献

[1]《嘉兴市志》编纂委员会.嘉兴市志:中[M].北京:中国书籍出版社,1997.

[2]《嘉兴市教育志》编纂委员会.嘉兴市教育志[M].杭州:浙江大学出版社,2001.

[3]王震.略论晚清女子教育问题[J].传承,2008(6).

[4]杨媛媛.近代化进程中嘉兴地区望族家庭的教育转型[J].大众文艺,2019(23).

[5]田德荣,高天悦,王计永.从"兴女学"看晚清女子教育[J].兰台世界,

2019(6).

[6]黄佩芳.兴办女学高潮与浙江近代女子教育体系的建立[J].台州师专学报(现台州学院学报),2001(2).

[7]舒新城.中国近代教育史资料:下册[M].北京:人民教育出版社,1961.

女性发展与共同富裕

建设共同富裕示范区的时代使命与路径探索

——兼论女性"半边天"作用的发挥

姜佳将[*]

摘 要:妇女能顶"半边天",理应成为高质量发展建设共同富裕示范区的参与者、贡献者和受益者。建设共同富裕示范区,从性别平等维度看,其重点难点是缩小收入、城乡、地区、权益等方面的性别差距。新时代妇联推动共同富裕的新定位包括:第一,以妇女满意为起点和终点,全方面构建了解妇女诉求的"气象站";第二,以缩小收入、城乡和地区差距为抓手,全方位构建创业创新的"孵化器";第三,提高社会保障和公共服务水平,全周期构建工作—家庭平衡的"护航者";第四,推动家庭家教家风建设,全领域构建性别平等的"领头雁";第五,数字赋能推动应用场景建设,全主体构建全面发展的"共同体"。

关键词:性别平等;共同富裕;"半边天"

历经改革开放40余年的发展,共同富裕成为更高水平的全面小康的赓续,成为中国式现代化的一个基本特征。当前,我国已经历史性地解决了困扰中国千百年的绝对贫困问题,为高质量推进共同富裕奠定了扎实基础,但发展不平衡不充分问题仍然突出,城乡、区域发展和收入分配差距较大。在

---

* 姜佳将,浙江省社会科学院智库建设和舆情研究中心副主任、副研究员,研究方向为社会性别和舆情研究。

新的历史起点上,人民日益增长的美好生活需要和不平衡不充分的发展之间的矛盾成为当前我国社会的主要矛盾,为了满足人民日益增长的美好生活需要,党和政府尚需大力解决诸多共同富裕实现道路上的难题。

习近平主席在联合国大会纪念北京世界妇女大会25周年高级别会议上指出:"妇女是人类文明的开创者、社会进步的推动者,在各行各业书写着不平凡的成就。"我国妇女波澜壮阔的奋斗历程雄辩地证明,我国发展进步的历程同促进男女平等发展、妇女"半边天"作用发挥紧密融合在一起,广大妇女是推动经济社会发展的一支伟大力量。在共同富裕的路上,应进一步发挥妇女"半边天"作用,支持妇女建功立业、实现人生理想和梦想,扎实推动高质量发展建设共同富裕示范区,真正做到在共同富裕的道路上"一个都不能少",让更多妇女的获得感、幸福感、安全感、认同感不断提升。

一、时代使命:妇女能顶"半边天",理应成为共同富裕的参与者、贡献者和受益者

改革开放以来,浙江在不断"做大蛋糕"的基础上,更重视"分好蛋糕"。2020年,浙江居民人均可支配收入首次踏上5万元台阶,其中城镇居民收入和农村居民收入分别连续20年和36年居全国各省区之首,城乡居民收入比降至1.96∶1。正是基于浙江发展的均衡性、共享性和先进性,在我国进入新发展阶段、贯彻新发展理念、构建新发展格局和促进高质量发展的关键时期,《中共中央 国务院关于支持浙江高质量发展建设共同富裕示范区的意见》(以下简称《意见》)指出,浙江在新发展阶段承担起在共同富裕方面探索路径、积累经验、提供示范的重要历史使命。高质量发展建设共同富裕示范区是习近平总书记和党中央赋予浙江的光荣使命,也是浙江省妇女发展的时代主题和光荣使命。

《意见》明确,共同富裕具有鲜明的时代特征和中国特色,是全体人民通过辛勤劳动和相互帮助,普遍达到生活富裕富足、精神自信自强、环境宜居宜业、社会和谐和睦、公共服务普及普惠,实现人的全面发展和社会全面进步,共享改革发展成果和幸福美好生活。共同富裕的丰富内涵,至少包括四个方面。

（一）就主体范围而言，共同富裕是全民共富

妇女作为权利和发展的主体，理应成为共同富裕的参与者、贡献者和受益者。就主体范围上的"共同"而言，共同富裕涵盖全体人民，是全民共富，即全体社会成员既是参与"做大蛋糕"的主体力量，又是"切好蛋糕"成果共享的主体对象。作为历史的共同书写者，妇女是权利和发展的主体，理应成为共同富裕和共同富裕示范区的参与者、贡献者和受益者。发展离不开妇女，发展要惠及包括妇女在内的全体人民。浙江女性创办的市场主体占市场总量的29%，平均每16个浙江女性就有一个创业者，新兴产业女性创业群体不断扩大，互联网创业女性占比高达70%以上。因此，应充分发挥妇女潜力，在继续做好"富裕"文章的基础上，同时做好"共同"的文章，通过不断完善收入分配制度，不断完善先富带后富机制，实现全体人民都走上共同富裕的道路，过上幸福美好的生活，使发展成果能够惠及全体人民，切实做到共同富裕道路上"一个都不能少"。

（二）就内涵而言，共同富裕是全面富裕

共同富裕的最终目标是实现妇女在物质、精神、文化、生态、社会、公共服务等维度的全面发展。从共同富裕的内涵来看，共同富裕的奋斗目标不仅指物质层面的生活富裕富足，还包括精神层面的自信自强、环境层面的宜居宜业、社会层面的和谐和睦以及公共服务层面的普及普惠，最终实现人的全面发展和社会的全面进步。共同富裕的最终目标不仅仅是简单的物质财富的极大丰裕，而是涵盖物质、精神、文化、生态、社会、公共服务等相关领域的多维度的富裕，是人的全面发展。同时，也要实现妇女在物质、精神、文化、生态、社会、公共服务等维度的全面发展，实现妇女在物质文明、政治文明、精神文明、社会文明、生态文明等领域的全面提升。

（三）就实现路径而言，共同富裕是共建共富

最大限度地发挥包括妇女在内的不同群体的积极性、主动性、创造性、彰显公平性、有效性、协同性和共享度，是共同富裕的关键所在。其一，实现共同富裕从根本上需要各个主体的协同共建。通过全体人民辛勤劳动

和相互帮助，人人参与，人人尽力，人人享有，共建美好家园，实现共享美好生活。因此应最大限度地发挥妇女等各社会群体的积极性、主动性、创造性。其二，协同共建之下应强调"共享"的公平性、有效性和共享度。"共建共享共富"反映的是社会成员对发展成果和幸福美好生活的共享度，以及在机会、地位、权利、发展等方面的公平性、有效性和协同性，是社会发展协调、均衡、全面的重要表现。彰显共享度和公平性，也是共同富裕的关键所在，有利于形成效率与公平、发展与共享有机统一的富裕图景、均衡图景。

（四）就发展进程而言，共同富裕是逐步共富

实现全体人民共同富裕是一项长期艰巨的任务，是一个逐步推进的过程，不可能一蹴而就。在推进共同富裕建设的进程中，既要遵循规律、积极有为，又不能脱离实际、吊高胃口，要尽力而为、量力而行，注重防范化解重大风险，使共同富裕示范区建设与经济发展阶段相适应、与现代化建设进程相协调，不断形成推动共同富裕的阶段性、标志性成果。广大妇女担当作为、奋发有为，在政治、经济、科技、教育、文化、卫生等各条战线施展才华，在人民创造历史的伟大奋斗中实现出彩人生，发挥了"半边天"的重要作用，接下来更需脚踏实地、久久为功，探索具有创新性、普遍性的共同富裕新路子。

在高质量发展建设共同富裕示范区的道路上要做到以下方面：一是相信妇女、团结妇女、依靠妇女，凝神聚力推动发展；二是调动广大妇女群众参与共同富裕示范区建设的积极性、主动性和创造性，尊重妇女主体地位、发挥妇女主人翁精神，让广大妇女成为共同富裕的直接参与者、积极贡献者和共同受益者；三是充分尊重妇女的首创精神，通过大众创业、万众创新，最大限度地释放妇女群体的创造潜能；四是在这一过程中实现妇女的全面发展和社会的全面进步。

二、重点难点：缩小收入、城乡、地区、权益等方面的性别差距

共同富裕的推进程度事关全体人民美好生活需要的实现程度，需要落

到实处。要扎实推动共同富裕,促进人的全面发展和社会全面进步,就要把握其破解难点,以解决地区差距、城乡差距、收入差距和社会保障为主攻方向,从性别平等维度,发现制约共同富裕实现的重点、难点因素并探寻其实施路径。

(一)破解分配结构不平衡,促进收入分配的性别公平

分配结构不平衡的主要表现为:一是男女两性收入差距大。由于性别隔离、母职/亲职、照料负担等原因,妇女主要集中在收入低的服务业、制造业、农业等领域,灵活就业比例较高,且职级较低,男女两性的劳动收入差距始终较大。实现共同富裕,要重点关注农村妇女、城市低收入妇女、流动妇女和特殊需求妇女(因病致贫因病返贫妇女、残疾妇女、丧偶妇女、单身妇女、老年妇女、困境女童)等群体。二是妇女就业率比男性低,就业质量低。女性非正规就业比重高,多集中在平均收入水平较低的服务类行业,就业层次、职业稳定性和收入水平相对较低。城镇就业中,也存在性别职业隔离,女性在批发和零售、教育、卫生、农业、住宿餐饮、居民服务、金融、文娱行业的就业比重高于男性。农村就业中,绝大多数农村在业女性被农林牧渔、水利、制造、批发和零售等行业吸纳,多是灵活就业,高质量就业机会有限。关于男女不在业的原因,性别差异非常显著。妇女是因为更多地承担家庭责任,而男子更多的是因为个人原因而不在业。这表明在继续努力增加就业容量的同时,还特别需要提高就业质量,真正让妇女劳动者能够安居乐业。三是妇女就业能力素养仍需提升。浙江省在经济建设的大潮中不断进行产业转型升级,女性职工的就业结构发生较大变化,已由传统的纺织、服务等技术含量较低的行业部门,向高技能、高知识含量的行业转变。但女职工就业竞争力不强、城镇和农村就业不均衡、择业培训针对性不强等问题依然存在。女职工总体技能素质与经济高质量发展的要求有一定的差距,在参与企业管理、技术改造、科研创新及经营和决策中的作用发挥还不够明显。女职工中高技能人才的培养力度仍待加强。

(二)破解城乡、地区发展不平衡,促进城乡、地区间的性别平等

从性别角度看,农民、农村、农业的生存状况较差和发展不足在较大程

度上表现为女农民、以妇女为主要居住者的农村和以妇女为多数从业者的农业的生存状况较差和发展不足。城乡妇女间存在着"城高乡低""城多乡少""城强乡弱""城优乡劣"的城乡差距。也正是在"三农"问题的性别化和性别问题的"三农化"这一结构及结构性过程中,农村妇女落到了弱势的境地。农村妇女在涉及妇女地位的多数领域和多数层面均处于弱势和不利的境地,而人口高流动性和人户分离现象常态化更容易带来流动妇女/儿童、留守妇女/儿童、家庭离散化、妇女土地权益等问题。城乡、地区妇女间发展的不平衡已经成为制约妇女整体发展的关键。

（三）破解女性权益保障制度的不利影响,促进妇女工作—家庭平衡发展

一是缺乏化解妇女生育和家庭责任方面成本的制度安排。托幼设施缺乏,生育成本、养育成本、教育成本居高不下;社会化养老服务供给不足、费用高,致使高龄、空巢、失能老人因难以得到相关服务而导致生活质量下降,导致很多妇女因育幼和养老被迫退出职场。在改革开放进程中,人口再生产的责任更多地回归家庭,且主要落在女性肩上。少子化时代的到来加剧了家庭的照护负担,导致家庭责任与职场要求之间形成巨大的张力,导致"母职/照护惩罚"。

二是妇女身份的多样性决定了她们不仅因为性别,而且有时还会因为身体状况、社会身份、地区、城乡、年龄和身份认同而在社会发展和权利保障中受到更为不利的影响。如性与生殖健康、因病致贫因病返贫妇女的权益保护、丧偶妇女权益保护、单身妇女权益保护、老年妇女权益保护、防止针对妇女和女童的暴力等诸多领域,需要政策制定者特别关注多重交叉性不利处境群体的生存状况、困难和需求,并提出相应的政策建议,落实"不让任何一个人掉队"原则。

（四）破解性别与技术发展的问题,弥合性别数字鸿沟

数字平台和电子商务的蓬勃发展,无疑为妇女创业者提供了平台和机会。但数字化变革也给那些数字设备、技能、资源不足的人群（尤其是农村妇女）带来了难以跨越的屏障;同时,互联网本身存在的算法黑箱和互联网使用对不同群体就业、收入等的影响各不相同,已成为推动收入不平等、性别不平等上升的新型力量,由此形成了不容忽视的"数字性别鸿沟"现象。因此,应重点关注新技术革命和数字化转型对不同群体发展机会的影响,积极应对机器换人、零工经济、数字鸿沟等新发展问题引发的社会保障需求。在城乡妇女创业时借助互联网方面,浙江省有33.8%的城镇妇女和18.1%的农村妇女借助互联网创业,妇女创业时借助互联网的城乡差异显著,农村妇女更容易陷入"数字性别鸿沟"。

三、路径探索:着力抓好创新性突破性的重大举措

创新理念、破解难题,应着力在重点、难点和关键点上突破,破解收入分配、社会保障、公共服务和精神文化生活等短板问题,努力探索推动性别平等、妇女发展和共同富裕的新思路和新举措,贡献"浙江智慧"和"浙江实践"。

(一)以妇女满意为出发点和落脚点,全方位了解妇女需求和诉求

妇联需要做好深入调研,坚持问题导向,建立民众获得感、幸福感、安全感和认同感评价反馈机制,了解妇女群众需求,监督重大侵权事件和舆情热点,及时反映并联动相关主体查处侵权行为,保障妇女权益。如在重建3岁以下婴幼儿托育服务、消除就业性别歧视、保障农村妇女土地和宅基地权益、遏制对女性和女童的性侵害和性骚扰、解决女性离异被负债和正确认识与性别相关的社会热点方面,妇联既是最早发现问题、开展调研、反映问题的吹哨人,又是联动多部门合作的发起者和持续不断促进问题解决方案出台的推动者。妇联干部要对广大妇女充满感情,真诚倾听妇女呼声,真实反映妇女意愿,真心实意为广大妇女办事,在广大妇女中产生强大感召力,提升妇联的影响力和认可度。

(二)助力创业创新,加快缩小收入差距,全面拓展就业、增收渠道

创造公平就业环境和创业创新氛围,消除性别与户籍、地域、身份等影

响就业的障碍,有助于深化构建和谐劳动关系,推动实现妇女更加充分和更高质量就业,从而提高生活品质。

一是千方百计拓宽妇女增收渠道,完善多渠道灵活就业的保障制度,支持和规范发展新就业形态。提高灵活就业妇女的就业质量。创新金融、保险产品和服务模式,拓宽妇女创业融资渠道。完善终身职业技能培训制度,大力培育知识型、技能型、创新型女性劳动者。加强对妇女的新技术技能培训,促进妇女在数字经济新领域就业创业。二是探索稳定和扩大中等收入群体的新机制。促进中等收入群体稳定增收,减轻教育、医疗、养老、住房等方面的支出压力和焦虑感,持续提升中等收入群体生活幸福感。激发技能人才、科研人员、小微创业者、高素质农民等女性群体增收潜能,推动更多劳动者通过自身努力跨入中等收入群体行列。三是推动低收入妇女群体持续较快增收。高度关注"平均数以下"问题,多管齐下推动低收入群体收入增长快于居民收入平均增长。加强扶志扶智,强化"造血""换血",进一步完善最低工资制度,全面提升低收入群体增收能力、生活品质和社会福利水平。完善灵活就业人员社会保险制度,保障新就业形态从业妇女的权益。将灵活就业妇女纳入失业保险、工伤保险制度,确保工伤保险待遇的落实。四是鼓励农村转移劳动力家庭式的新型城镇化,促进农村女性转移就业。加快推进乡村振兴战略,振兴乡村经济,创造更多适合农村妇女的高质量就业机会。五是完善重点群体就业支持体系,加大帮扶力度,多渠道帮助就业困难妇女实现就业,确保零就业家庭动态清零。开发覆盖城乡、多跨协同、政策集成的低收入群体持续增收数字化应用场景,实现人群精准识别、情况动态监测、政策综合集成、帮扶直达到位。六是发挥先进典型潜力,注重在各领域培树一批致富女带头人,引领带动更多妇女在创业创新中大展英姿。

（三）缩小城乡、地区间收入的性别差距,全领域加快城乡一体化

加快缩小城乡发展差距,提升农村妇女、受流动影响妇女的经济社会地位。一要深入实施新一轮乡村集成改革,将乡村优势转化为共同富裕的全局胜势。如通过土地、资本等要素使用权、收益权增加中低收入妇女群体要素收入。保障农村妇女土地承包经营权、宅基地使用权权益。完善征地安

置补偿分配等收益分配机制,保障农村妇女的村集体土地收益权。二要支持妇女参与农村一二三产业融合发展和农业农村现代化建设。深入实施乡村振兴巾帼行动,发挥农村创新创业园区(基地)的平台作用,鼓励支持妇女创办领办新型农业经营主体和社会化服务组织。加强高素质女农民培育,引导女农民争做乡村工匠、文化能人、手工艺人、农技协领办人和新型农业管理经营能手。三要大力实施强村惠民行动。完善"两进两回"机制,畅通城乡要素双向流动通道,推动人才上山下乡、科技汇聚乡村,使乡村成为科技、资金与人才等要素"进得来、稳得住、干得好"的创业创新乐园。四要提高公共服务中数据治理与数据服务能力,丰富数字化在公共服务的应用场景。

推动浙江山区26县跨越式高质量发展,推动26县妇女全面发展。按照分类引导、"一县一策"的思路,系统性推进数字赋能、创新赋能、改革赋能、开放赋能、生态赋能、文化赋能,实施做大产业扩大税源行动和提升居民收入富民行动。持续缩小基础设施差距,加快构建内畅外联山区交通基础设施和新型基础设施体系,推动26县全面融入全省一体化。促进山区大力发展生态工业、生态高效农业和生态服务业,持续缩小产业发展差距,加快构建特色现代产业体系,探索建立跨山统筹产业平台。持续缩小公共服务差距,以教育共同体、医共体、帮共体和"互联网+"等方式,推进教育、医疗卫生等优质公共服务资源共享。

(四)提高妇女社会保障制度覆盖面和保障水平,全生命周期公共服务优质共享

强化均等、普惠、便捷、可持续的理念,以数字赋能、制度创新为动力,迭代升级为民办实事长效机制,在打造民生"七优享"金名片中发挥妇女力量、减轻妇女负担,推动妇女家庭工作平衡。一要构建育儿友好型社会,打造"浙有善育"名片。完善生育保障政策,多渠道降低生育、养育、教育成本,研究制定三孩生育配套支持政策,加快婴幼儿照护服务体系建设。大力发展普惠托育服务体系,支持政府、用人单位和社区提供托育托管服务,不断增强托幼园所建设尤其是社区托幼等公共服务支持,建立支持妇女就业的工作与家庭平衡机制。加快补齐学前教育发展短板,推动普惠性幼儿园扩容,

形成生得起、养得好的育儿友好环境。二要办好人民满意教育，打造"浙里优学"名片。破解教育内卷困境，努力领跑未来教育。三要推进劳动者职业技能大提升，打造"浙派工匠"名片。构建面向全体劳动者的终生职业技能培训体系，深入实施新时代浙江工匠培育工程和"金蓝领"职业技能提升行动，实施技工教育提质增量计划，打造技能浙江，全面提升女性劳动者的创业就业致富本领。四要加强全民全生命周期健康服务，打造"浙里健康"名片，提升妇女身心健康水平。五要构建幸福养老服务体系，打造"浙里长寿"名片。创新家庭养老支持政策，促进照料、保洁等家务劳动社会化，推动家政服务业提质扩容增效，发展失能失智老年人长期照护服务，减轻妇女照护负担。六要健全住房市场和保障体系，打造"浙里安居"名片。多途径解决新市民、低收入困难群众等重点群体住房问题。七要构建弱势群体公共服务普及普惠幸福清单，打造"浙有众扶"名片。推进分层分类精准救助，动态排摸、及时发现、及时纾困。面向低保、低保边缘和特困人群等女性弱势群体，建立集成化、标准化、清单化服务制度。

（五）推动性别平等文化建设和家庭家风家教文化建设，全方位推动全社会文明素质

构建以文化力量推动社会全面进步新格局。弘扬和营造共同富裕、性别平等的文化理念和文化氛围，注重以文化人、成风化俗，推进基层文化建设，在创新社会治理中发挥妇女力量，促进更高水平的社会和谐。打通文化与经济、政治、社会、生态文明建设深度融合的通道，深化"最美浙江人"品牌培育行动，培育"浙江有礼"省域品牌，营造人与人之间互相尊重、互相关心、互相帮助、和睦友好的社会风尚。推动性别平等文化和促进男女平等分担家务。倡导夫妻在家务劳动中分工配合，共同承担照料陪伴子女老人、教育辅导子女学业、料理家务等家庭责任，缩小两性家务劳动时间差距。

书写时代华章，撑起高质量发展建设共同富裕示范区"半边天"，在美好生活需要得以满足的同时，女性的创造力也得到了极大发挥。相信妇女在撑起共同富裕示范区建设"半边天"的同时，也能达致新时代共同富裕的最终目标——在自主、自由、自立的前提下促进妇女的全面发展。

新时代妇女助力共同富裕美好社会建设的实践路径[*]

应若葵^{**}

摘 要:《中共中央 国务院关于支持浙江高质量发展建设共同富裕示范区的意见》和《浙江高质量发展建设共同富裕示范区实施方案(2021—2025年)》明确提出浙江要建设共同富裕美好社会,为实现共同富裕提供浙江示范。本文从家庭建设、经济发展、社会治理三个方面,探讨妇女如何在建设共同富裕中发挥作用,为建设共同富裕社会提供实现路径,从而助力浙江高质量发展建设共同富裕示范区。

关键词:妇女;家庭建设;经济发展;社会治理;共同富裕

进入新时代以来,党和国家始终坚持走新时代中国特色社会主义妇女发展道路,广大妇女的社会地位不断提高,她们在家庭建设、物质文明建设、精神文明建设领域发挥着重要作用。2021年6月,《中共中央 国务院关于支持浙江高质量发展建设共同富裕示范区的意见》发布,支持鼓励浙江先行探索高质量发展建设共同富裕示范区,为全国实现共同富裕先行探路,这为浙江的高质量发展、竞争力提升和现代化先行注入了强劲动力。浙江省委十四届九次全体(扩大)会议审议原则通过《浙江高质量发展建设共同富裕示范区实施方案(2021—2025年)》,提出要率先探索建设共同富裕美好社会,

---

* 基金项目:浙江省妇联、浙江省妇女研究会课题"家庭文明建设助力共同富裕示范区的路径研究"(项目编号:202108)阶段性成果。

** 应若葵,浙江师范大学马克思主义学院副教授,研究方向为德育和妇女问题研究。

为实现共同富裕提供浙江示范。

实现浙江高质量发展建设共同富裕示范区，实现共建共治共享的共同富裕美好社会，需要全社会人人动手，人人尽力，人人参与。作为"半边天"的新时代妇女，更需要积极行动起来，增强助力示范区建设的责任感和自觉性，发挥在家庭和社会中的独特作用，成为示范区建设的参与者、实践者、推动者，助力人的全面发展和社会全面进步，共同建设美好家园，共同建设共同富裕社会，共同享受美好生活。

一、强化家庭建设，奠定共同富裕美好社会之根

习近平总书记在2015年春节团拜会上指出，家庭是社会的基本细胞，是人生的第一所学校，不论时代发生多大变化，不论生活格局发生多大变化，我们都要重视家庭建设，注重家庭、注重家教、注重家风。家庭是人类社会生活的最基本、最亲密的社会关系形式，家庭的稳定关系到社会的稳定，家庭的和谐关系到社会的和谐。新时代共同富裕美好社会的建设，根基在家庭。首先，家庭是个人在竞争激烈社会中的避风港和减压仓。人的一生有三分之二时间在家庭中度过，良好的家庭生活环境和生活质量，能增强家庭成员满意度和幸福感，是建设美好社会的重要基石。其次，家庭成员在家庭中生活，潜移默化地受到其他家庭成员的影响，家庭建设对青少年的成长成才起着深远持久的作用，对领导干部养成优良作风，涵养优良党风同样具有重要的现实意义。最后，每个家庭在遵守法律底线的同时，积极弘扬社会主义核心价值观，努力向上向善，向社会传递精神文明正能量。

妇女自身的身心特点、特有的生育和哺育功能，使得妇女在促进家庭和谐、科学养育后代、促进社会和谐发展中具有独特作用。古代家庭教育有"杀豚不欺子""孟母三迁""断织劝学""岳母刺字"等故事，无不彰显了妇女在家庭教育中作为母亲对子女成长成才起到的重要作用。同时，妇女身兼妻子、母亲、女儿等多重角色，使得她们成为家庭福祉的重要贡献者，优良家风的传承者与弘扬者，严正家教的组织者和实施者，维系家庭和谐稳定的关键人物。妇女对家庭往往有更强的责任担当和守土意识，是促进新时代家

庭建设,推动共同富裕美好社会建设的重要力量。

因此,建设新时代美好家庭,共促共同富裕美好社会建设,应通过搭建平台,采取行之有效的做法举措,打好组合拳,充分发挥妇女在家庭建设方面的特色和优势。在家庭层面,倡导妇女积极参加"最美家庭""五好文明家庭""礼貌家庭""绿色家庭""平安家庭""学习型家庭""廉政文化家庭"等创建活动,在促进妇女自身发展的同时形成代际传承,促进下一代健康成长,建设新时代美好家庭,促进社会和谐共同富裕协调发展。在家社关系层面,联合社区、社会组织开设"家庭建设"系列课堂,针对刚步入婚姻关系的青年人,就如何处理好家庭和婚姻关系、如何顺利完成初为父母的角色转变、如何让家庭成为培养时代新人的新时代家庭等进行指导。在学术研究层面,通过开展家庭社会学研究,使更多家长成长为家庭教育指导师、婚姻家庭咨询师等,完善家庭教育功能;使更多妇女拥有更高层次的心理健康、人际关系和社会适应能力,实现个人全面发展、家庭幸福稳定、社会和谐美好。

二、参与经济建设,夯实共同富裕美好社会之基

妇女事业是中国特色社会主义事业的重要组成部分,经济发展需要妇女发挥积极作用。中国共产党自成立之日起,就始终密切关注妇女在经济方面的解放与发展。社会主义制度的确立,从根本上保障了妇女在经济领域享有平等机会和权利。而改革开放的深入,进一步释放了妇女的创造潜能和活力,妇女参与经济发展的机会越来越多,促进经济发展的作用越来越大。

从历史维度看,新中国成立以来我国经济发展的历史,就是妇女在参与经济建设中不断夯实共同富裕美好社会之基的历史。新中国成立初期,广大妇女积极投身恢复国民经济和发展社会生产热潮,成为新中国工业化建设的重要力量。改革开放40多年来,随着国家经济的快速发展,妇女就业选择更加多元,创业之路更加宽广,就业和创业人数大幅增加。2015年以来,女性在全社会就业人员比重持续保持在4成以上;2017年全国妇联举办中国妇女创业创新大赛,吸引56万名妇女参与,妇女成为大众创业、万众创新的

重要力量。各行各业优秀女性大量涌现，妇女参与经济社会发展的能力显著增强，在政治、经济、科技、教育、文化、卫生等各条战线展现巾帼风采，许多女性担任领导职务，联合国等国际组织中也不乏中国女性的身影。中国妇女还积极参加科技研发事业。屠呦呦研发出能有效治疗疟疾的青蒿素，每年挽救全球数十万患者的生命，为中药和中西药结合研究做出了卓越贡献。陈薇院士研制出我军首个SARS预防生物新药"重组人干扰素ω"、全球首个获批新药证书的埃博拉疫苗；她带领团队研发的腺病毒载体重组新冠疫苗成功上市，为疫情防控做出重大贡献，荣获"人民英雄"国家荣誉称号。在全国驰援湖北抗击新冠肺炎疫情的医务人员中，女性有2.8万人，约占2/3；在疫情防控的后方，各级妇联干部、巾帼志愿者和女性社区工作者坚守岗位，共同凝聚起抗击疫情的坚强力量。实践证明，面对全面建成小康社会后建设共同富裕美好社会这一伟大社会变革，广大妇女完全有能力投身新发展跑道，实现自我价值，成就出彩人生。

建设共同富裕美好社会，就是进行一场缩小地区差距、城乡差距、收入差距为标志的社会变革。面对这场变革，需要我们充分认识妇女的地位和作用，不断探索发挥妇女作用的途径和道路，促进社会效率与公平、发展与共享，实现社会由低层次共同富裕向高层次共同富裕、局部共同富裕向整体共同富裕迈进。一是开展来料加工、手工制作等居家灵活就业，积极就地就近就业增收，拉伸产业链条，增加农业附加值；发展文创、乡村旅游、养生养老等村庄经营活动，发展"美丽"经济。二是顺应数字化发展潮流，强化数字赋能，开展电脑、手机等智能产品的使用培训，提高农村妇女的信息化水平、消除"数字贫困"。妇女可以结合自身优势，适应地方产业发展，成为电商巾帼致富带头人，组建女性电商联盟，发展"云端"农村经济、绿色低碳经济，做到产业兴农、富农强村。三是依托各地助农创业基地，搭建发达地区和欠发达地区合作桥梁，两地女性在创新创业、电商助农、营销推广、消费合作等领域深度合作，推广欠发达地区自然生态、民俗文化、优质农产品。四是在地区之间、城乡之间实行共建合作，开展品牌共创、项目共推、活动共办、资源共享，女性携手推进"共同富裕"，发展"飞地经济"。五是女性创业能手、女企业家发挥领航、引航、护航作用，指导其他女性创业者正确有效利用政府优惠政策，开展各类实用技术培训，提高从业女性整体素质，进行创业就业人才孵化,将优势项目资源赋能乡村产业,提升农村女性创业创新能力。

三、参与基层社会治理,壮大共同富裕美好社会之力

党的十九届五中全会坚持以人民为中心的发展思想,明确了"十四五"时期经济社会发展指导思想,强调要改善人民生活品质,提高社会建设水平,健全基本公共服务体系,完善共建共治共享的社会治理制度,扎实推动共同富裕。可以说,现代化的社会治理体系是扎实推进共同富裕美好社会的重要保障。

面向美好生活,面向现代化,面向未来,浙江省委省政府因地制宜,提出将共同富裕示范区建设目标任务转化为未来社区、未来乡村的功能场景,落实到生产生活基本单元,让共同富裕惠及每一个人。可以说,未来社区、未来乡村是共同富裕美好社会的基本单元,是建设人人有责、人人尽责、人人享有的社会治理共同体的重要抓手,是包括妇女在内的广大人民群众参与基层社会治理的实践平台。

实际上,在城市社区,女性在社区建设和社区安全领域已经发挥着重要作用;在乡村社会,女性发挥柔性治理的优势,在维护乡村社会安全稳定方面也扮演着越来越重要的角色。在新时代高质量发展建设共同富裕美好社会的进程中,应进一步发挥广大妇女在基层社会治理中的独特优势,最大限度地发挥女性参与社会治理的独特作用,为实现基层治理体系和治理能力现代化贡献巾帼力量。

第一,加强党建引领,充分发挥女党员作用,为广大妇女参与基层社会治理提供更好的外部环境。其一,女党员要带头践行社会主义核心价值观,弘扬优秀传统文化,加强农村思想道德建设,推动形成文明乡风、良好家风、淳朴民风,打造精神文明高地,提升全社会文明素质,促进新时代文化浙江工程建设,努力建设善治乡村。其二,女党员要积极投入育儿、心理、法律、礼仪、健康咨询社区志愿服务活动,有效服务群众,共建美好社区。其三,女党员要带领广大妇女积极宣传和遵守《民法典》《妇女权益保障法》《反家庭暴力法》《就业促进法》等法律法规,使法治观念深入人心,为建设文明家庭、

维护家庭安全,提高家庭生活品质提供保障,为妇女参与基层社会治理提供良好法律环境。

第二,通过搭建、利用各种平台,使妇女参与基层社会治理具备更好的现实支持。其一,充分利用议事平台,让有能力的妇女议事骨干参与乡村中心工作,在乡村振兴中发挥"半边天"作用。其二,参加宣传、推广平安建设活动,打造平安家庭,以家庭"小平安"构筑社会"大平安",促进平安浙江建设。其三,利用"妇女之家""儿童之家"等组织,开展暑期儿童关爱服务项目,如暑期公益夏令营、儿童职业体验营、暑期公益辅导班等,解决托管难题,为促进教育公平做贡献。其四,积极参与人居环境整治、防疫执勤、精准扶贫、矛盾化解等乡村重点工作,建设美丽庭院,在农村治理中展现巾帼风采。其五,积极应对人口老龄化,提高家政服务能力,弘扬孝德文化,更好地为老弱群体、困难群体、特殊人群提供关爱照护,为全民全生命周期健康贡献力量。最后,利用"党员先锋站""妇女微驿站""网格工作站"等组织,充分发挥新经济组织、新社会组织、新媒体行业中的女性力量,凝聚社会治理合力。利用现代信息技术,探索数字化改革,建立社会治理的智慧治理新平台、新机制、新模式,促进基层社会治理体系和治理能力的现代化。

在我国开启全面建设社会主义现代化国家新征程、向第二个百年奋斗目标进军的新发展阶段,党和国家凝聚民心,提出共同富裕这一奋斗目标。广大妇女要深刻理解高质量发展建设共同富裕示范区意义,充分发挥独有优势和作用,为新发展阶段浙江的高质量发展、竞争力提升和现代化先行注入强劲动力。

妇女推动共同富裕的实践、经验与启示

——以蚂蚁岛为例

于海腾*

摘　要:广大妇女作为重要的人力资源,是共建共同富裕美好社会的重要主体。蚂蚁岛人民在艰苦创业过程中,始终坚持集体至上的根本原则,在共同富裕进程中取得很大成就,其中,蚂蚁岛妇女充分发挥了"半边天"的巾帼力量。作为浙江的"红色根脉"之一,蚂蚁岛精神与红船精神、大陈岛垦荒精神、浙江精神共同构筑起引领浙江发展的精神丰碑,也是中国妇女自尊、自信、自立、自强的生动体现。蚂蚁岛妇女在推动共同富裕进程中的实践与经验,给我们以深刻的时代启示。

关键词:妇女;共同富裕;蚂蚁岛

马克思主义认为,共产主义社会是人们共同的社会生产能力成为他们的社会财富的社会。共同富裕不是同步富裕,也不是均等富裕,而是共同建设、共同享有社会发展的机会及成果。广大妇女作为重要的人力资源,是共建共同富裕美好社会的重要主体。

蚂蚁岛位于舟山群岛东南部,曾经是一个贫困小岛。新中国成立初期,在落后条件下建设美丽海岛家园的创业实践中,蚂蚁岛人民孕育了"艰苦奋斗、敢啃骨头、勇争一流"的蚂蚁岛精神。在艰苦创业过程中,蚂蚁岛人民始终坚持集体至上的根本原则,践行"一人富不算富,大家富才算富"的理念,

---

* 于海腾,舟山市委党校讲师,研究方向为党史党建及地方红色文化。

在共同富裕进程中取得了很大成就。1958年,《人民日报》刊登题为《第一个人民公社——访五年来乡社合一的蚂蚁岛》的文章,其中写道:"全岛渔民摆脱贫困,走向富裕。现在蚂蚁岛已经是社有百万收入、户有三个一千:全社公共积累平均每户超过一千,纯收入每户平均达到一千,投资存款累计平均每户也有一千。"1958年12月,蚂蚁岛荣获国务院颁发、周总理亲笔签名的奖状——"农业社会主义建设先进单位",成为社会主义建设时期全国闻名的渔业生产和艰苦创业先进典型。在推动共同富裕的进程中,蚂蚁岛妇女充分发挥了"半边天"的巾帼力量,对于新时代妇女助力共同富裕的新征程有着重要意义。

一、蚂蚁岛妇女在推动共同富裕进程中的生动实践

2005年6月13日,时任浙江省委书记习近平在蚂蚁岛考察时指出,"蚂蚁岛妇女跟共产党走,艰苦奋斗、自力更生、刻苦耐劳,一定会过上小康生活",充分肯定了蚂蚁岛妇女在推动共同富裕进程中的巨大作用,赞扬了蚂蚁岛妇女在推动共同富裕进程中的生动实践。

(一)跟共产党走,忠诚奉献

新中国成立后,蚂蚁岛妇女翻身做主人,怀着感恩之情,在党引领的合作化发展道路上,坚定跟党走,舍小家顾大家,坚持集体至上、忠诚奉献的原则,以极大的热情投身社会主义生产建设。

20世纪50年代,为了打破亘古不变的近洋渔作模式,蚂蚁岛300多名妇女发出"要打两只机帆船,妇女促进生产"的誓言,显示出鲜明的集体主义精神。从1954年11月到次年1月,她们夜以继日、奋战严寒,用一双双手搓了12万斤草绳,换回了钱,又把家里的铜火囱、铜盆、金银首饰等值钱的东西捐出换钱,打了两艘机帆大捕船,分别取名为"草绳船"和"火囱船"。

(二)艰苦奋斗,改造山河

从新中国成立开始,蚂蚁岛妇女便以"创造奇迹"而闻名,成为开拓创业

的急先锋。由于蚂蚁岛是悬水小岛,土地资源匮乏,1972年腊月,蚂蚁岛人民公社党委发出"苦战三年,围塘造田"的号召,得到了广大妇女的热烈响应。300多名妇女组成"三八妇女突击队",抢时间、赶潮水、冒严寒、顶烈日,用肩挑用手扛,夜以继日地奋战在海塘建设工地,历时1年零4个月(比预计工期缩短了一半),筑起一条长1300多米、宽12米、高5米的海塘,围海造田350多亩,集中体现了蚂蚁岛妇女艰苦奋斗的精神风貌,筑成后的海塘被命名为"三八海塘"。蚂蚁岛妇女还积极响应党中央绿化祖国号召,大力植树造林,将原本光秃秃的"癞头岛"变成了森林面积1700余亩、覆盖率超70%的生态绿岛,为提升生态文明与生活质量做出了贡献。

(三)自力更生,打破旧俗

在几千年的旧制度背景下,海岛妇女被诸多地方性色彩浓厚的渔业生产禁忌所束缚,长期处于从属地位。在党的领导下,蚂蚁岛妇女突破封建思想,打破"女人不上渔船"的千年旧俗,驾驶"妇女号"机帆船出海从事捕捞作业,昂首挺胸当起了第一代"女老轨""女老大",用自己的双手和智慧,自力更生发展渔业生产,以实际行动证明男女平等。

(四)刻苦耐劳,勤俭办社

刻苦耐劳、勤俭持家是中国妇女的优良传统。20世纪50年代,在办生产合作社过程中,蚂蚁岛妇女组织起24个勤俭持家小组,562名妇女以勤俭持家小组为依托,认真遵守"强社爱家,增产增收,勤俭持家"公约,自觉制订"家庭节约计划",勉励妇女克勤克俭,当好家、管好家,监督、促进家庭成员崇俭尚俭,不少男社员在妇女的说服下戒烟戒酒,形成节约成风、户户储蓄、省吃俭用、积少成多的良好局面,为公社扩大再生产积累了大量资金。

二、蚂蚁岛妇女在推动共同富裕进程中的历史经验

蚂蚁岛妇女在推动共同富裕进程中发挥了巨大作用,这不是偶然,而是有着深刻的历史文化背景,是在党的领导下各方共同推动的结果,为我们提

供了宝贵的历史经验。

（一）党的领导，妇女解放

蚂蚁岛妇女之所以敢于移风易俗、主宰自己的人生，成长为名副其实的"半边天"，其根本原因在于中国共产党对于妇女主体地位的肯定与支持，在于"蚂蚁岛妇女跟共产党走"。一方面，新中国成立后，妇女翻身做主人，显示出极大的生产热情。正如《妇女自由歌》中所唱的："从前的妇女关进阎王殿，今天打断了铁锁链。妇女都成了自由的人，国家大事咱也能管。翻身不能翻一半，彻底解放闹生产。建设咱们新的中国万万年！"另一方面，在党的引领下，集体主义精神迅速勃发，妇女怀着对党的感恩之情，舍小家顾大家，捐火囱、搓草绳、当民兵、筑海塘，积极投身社会主义建设的伟大实践。

（二）政策务实，兼顾效率

蚂蚁岛人民在艰苦创业的过程中，很大程度上采取了务实灵活的政策，在壮大集体经济的同时，又切实提高了广大社员的收入，实现了"上下同欲者胜"的良性互动，为共同富裕的发展提供了持续动力。

蚂蚁岛人民创造性地开展分配制度的改革，正确处理积累与消费的比例关系。结合从"汛汛结算，汛汛分配"到"评定底分，按月预支，汛汛奖励，全年分配"的优化，努力实现"河水满了，井水也满了"的美好期盼，在不断增长公共积累，优先发展生产的前提下，逐步改善社员生活，极大刺激了社员的生产积极性，表现出强烈的务实作风。同时，在集体生产中，社员逐步树立起公有观念和集体主义思想，对前途充满了信心，纷纷把余钱投到社里作为发展资金，实现了公社与社员的双向良性互动。

（三）普及教育，提高素质

普及教育，加强宣传，提高素质，是促进男女平等的重要基础，也是充分发挥妇女作用的关键。通过宣传教育，蚂蚁岛群众深刻认识到"远洋机械化、近洋拖驳化、岛上电气化，离不开文化"，岛上不仅全面推动扫盲教育，而且提出培养渔轮、电器加工等全套技术人才250人的规划，支持学员半工半读。1958年下半年，合作社组织10名妇女到浙江水产学院学习轮机技术。

当她们掌握了轮机操作、管理技术后,被分别派往"妇女号"等机帆船机舱间工作。这不仅提高了妇女的文化素质与生产技术,而且还提高了她们的政治觉悟。

(四)良好家风,言传身教

在蚂蚁岛的艰苦创业过程中,有一个很大的特点,就是全员努力,共同奋斗,可以说是"人尽其才、物尽其用",没有一个闲人,也没有一只闲船。其中,良好的家风、父母的言传身教起到了关键作用,尤其是妇女在家庭中发挥了独特作用,与丈夫互相勉励,给孩子以正确引导,以家风带动社风。"三八海塘"建设中,"背靠背"夫妻及孩子给父母送饭的情景至今让人动容。

三、蚂蚁岛妇女在推动共同富裕进程中的实践启示

蚂蚁岛精神蕴含着与时俱进的精神品质与永不过时的时代价值,作为浙江的"红色根脉"之一,与红船精神、大陈岛垦荒精神、浙江精神共同构筑起引领浙江发展的精神丰碑,是中国妇女自尊自信、自立自强的生动体现。蚂蚁岛妇女在推动共同富裕进程中的实践与经验,给我们以深刻的时代启示。

(一)妇女推动共同富裕必须坚持党的领导这一根本保证

实现共同富裕,是社会主义的本质要求;中国共产党的领导则是中国特色社会主义最本质的特征。中国共产党是各项事业的领导核心,中国共产党的领导是实现共同富裕的根本保证。纵观蚂蚁岛妇女推动共同富裕的进程,党的领导不仅让妇女翻身得解放,而且保证了社会主义与共同富裕的方向,充分体现了集中力量办大事的制度优势,解放前贫困封闭的悬水穷岛被改造为"东海上的乐园"。因此,在推动妇女助力共同富裕的进程中,必须明确政治方向,引导广大妇女坚定跟党走,把感恩党、感恩新时代的真挚情感转化为接续奋斗的实际行动,更加自觉践行初心使命。

（二）妇女推动共同富裕必须坚持美好生活这一价值追求

实现人的全面发展，满足人民对美好生活的需要，是共同富裕的出发点、落脚点，这不仅包括物质生活需要，而且包括身体健康、生态文明、精神文化、社会环境等多方面的需要。蚂蚁岛妇女在创业过程中，不仅推动了生产力的发展、提升了物质生活水平，而且也积极参与兴办教育以满足人民群众精神文化需要，参与改造环境以提升人民群众美丽宜居水平，参与移风易俗以推动男女平等。因此，在新时代妇女推动共同富裕的征程中，要全面认识"中国的妇女是一项伟大的人力资源"这一重要论断，鼓励妇女不仅要积极推动经济发展，而且要做伟大事业的建设者、文明风尚的倡导者、美好生活的奋斗者，在推动高质量发展实现共同富裕的道路上展现巾帼风采。

（三）妇女推动共同富裕必须坚持共建共享这一基本原则

共同富裕不是同步富裕，也不是均等富裕，而是共同劳动、共同享有社会发展的机会及成果，要在公平与效率的协调中推进共同富裕进程。正是由于蚂蚁岛始终贯彻了兼顾效率与公平"共建共享"这一重要原则，才形成了集体与妇女的良性互动，得以持续推动共同富裕的进程。因此，在新时代妇女助力共同富裕的新征程中，既要鼓励广大妇女增强自主意识，促进社会发展，又要充分考虑到公平原则，充分保护妇女权益，促进男女平等，保证妇女共享社会发展成果及发展机会。

（四）妇女推动共同富裕必须坚持家风传承这一优良传统

习近平总书记指出，我们要重视家庭文明建设，努力使千千万万个家庭成为国家发展、民族进步、社会和谐的重要基点。以家风促进社风建设，在全社会形成崇德向善、集体至上、勤劳致富的观念，对于推动共同富裕有着重要作用。要继承和发扬蚂蚁岛红色家风，以社会主义核心价值观为统领，引导妇女既要爱小家，也要爱国家，带领家庭成员共同升华爱国爱家的家国情怀，体现共建共享的家庭追求，并通过"最美家风＋"活动，以好的家风支撑起好的社会风气，为建设共同富裕示范区提供精神动力与家庭支撑。

（五）妇女推动共同富裕必须坚持自立自强这一主体意识

妇女是物质文明和精神文明的创造者，是推动社会发展进步、促进家庭文明和谐的重要力量。妇女作用的发挥，建立在女性合法权益和人格尊严获得保障的基础之上，也建立在自尊自信、自立自强的精神品质与生动实践之上。蚂蚁岛妇女在推动共同富裕的进程中，用自己的双手和智慧，破除封建思想，自力更生发展生产，充分证明了男女平等，发挥了"半边天"作用。在新时代妇女助力共同富裕的进程中，广大妇女必须充分认识"妇女是一项伟大的人力资源"这一重要论断，积极发挥妇女的"两个独特作用"，坚定听党话、跟党走的理想信念，以自立自强、攻坚克难的斗争意志，为共同富裕注入强大巾帼正能量。

党的十九大报告指出，中国特色社会主义进入新时代，我国社会主要矛盾已经转化为人民日益增长的美好生活需要和不平衡不充分发展之间的矛盾。这标志着新时代我国的社会结构与分配格局发生了重大转变，先富带动后富的实现机制也势必要与时俱进，需要进一步探索与完善。尽管时代发生了巨大变化，但精神的力量永恒。曾经参与建设"三八海塘"，受到过习近平总书记亲切接见的原蚂蚁岛妇代会主任李雪浓说："当年我们蚂蚁岛妇女跟共产党走，一起建设蚂蚁岛。现在中国更强大了，妇女群众仍然要凝聚在党的周围，自力更生，创新发展！"在新时代实现共同富裕的过程中，艰苦创业、敢啃骨头、勇争一流的蚂蚁岛精神仍旧是广大妇女进行具有许多新的历史特点的伟大斗争的不懈动力与重要支撑。

全面建成小康社会背景下农村女性发展问题研究

朱晓佳　　宫佳宁*

摘　要：农村女性是家庭生产发展的主要推动力，在农村家庭建设中发挥着独特作用。多项全球性别和发展指标统计显示，尽管农村女性在家庭和乡村建设中做出了巨大贡献，但是其经济社会地位仍远远落后于农村男性和城市女性，甚至面临贫穷和遭受社会排斥等不良处境。本文通过对全面建成小康社会背景下我国农村女性的发展现状进行梳理，分析其在经济社会发展中面临的难题及其影响，剖析农村女性发展面临的难题的根源所在，并提出破解这一难题的方法，从农村女性就业、参政等方面促进农村女性发展。

关键词：农村女性；小康社会；问题；对策；协调发展

"十三五"时期，党和国家将女性发展作为脱贫攻坚事业的重要目标和内容，采取措施进行政策帮扶，有力地改善了农村贫困地区女性的生活状况，给农村女性的多方位发展打下了坚实基础。但我们也必须意识到，就农村女性的发展现状来看，仍存在帮扶政策不完善和女性发展面临多重障碍等问题。如何促使农村女性的发展，更好地帮助她们实现全面发展，是特别值得关注和探讨的一个重要问题。

---

* 朱晓佳，清华大学哲学博士，中华女子学院女性学系讲师，研究方向为女性主义伦理学研究。宫佳宁，中华女子学院研究生，研究方向为女性研究和老龄研究。

一、全面建成小康社会背景下的农村女性发展现状

(一)农村女性的政策帮扶状况

农村女性作为乡村建设的重要主体,其生存和发展关乎乡村建设的未来。近年来,国家和政府通过陆续出台政策多方面扶持和保障农村女性的发展。农村女性"小额贷"项目就是典型的帮扶措施之一,这一项目自试点实施以来,不断扩大实施的区域范围,是我国贫困女性帮扶的一项有效措施。农村贫困女性"小额贷"项目不仅为农村女性的生存发展提供了资金上的支持,还促进了其在创业过程中的自觉性和责任感,从经济和社会地位两个方面改善了农村女性的发展状况[1]。

国家还通过实施乡村振兴战略推动女性发展,如建立新型职业农民制度,为农村女性的职业教育、职业发展提供保障;通过促进城乡融合为农村女性的发展提供更多的可能性;同时国家倡导新时代社会主义农村文化,对推动农村女性的家庭建设和乡村生活质量的提升起到了积极作用。

(二)农村女性的经济地位状况

农村女性的经济地位得到大幅提升。农村女性的经济地位主要表现在家庭生活和社会生活两个领域,通常这两方面是相互促进的关系。农村女性的家庭地位往往由其在家庭生活中的参与度以及能为家庭带来的收入决定,而农村女性能为家庭带来的收入多寡很大程度上取决于其在农业劳动中的贡献大小以及从事非农工作的收入情况。第三期中国妇女社会地位调查报告显示,我国18—64岁农村女性的在业率达到了82%,是一个较高的比例。此外,农村女性的非农在业比率相较第二期中国妇女社会地位调查报告数据也得到了较为明显的增长,农村女性在选择自己所从事的劳动和职业方面有了更大的自主权。

农村女性的土地权益受法律保护。国家实行促进男女平等的土地政策,确保农村女性享有与男性平等的土地承包、宅基地分配、土地征收补偿分配和集体收益分配的权利[2]。国家对农村女性在就业和土地权益上的法

规和政策保护,积极有效地传播了男女平等观念,为进一步贯彻落实男女平
的基本国策打下了坚实基础。

(三)农村女性的政治参与状况

我国农村女性的政治参与现状可以从参政意识和参政情况两方面进行
评估。一直以来,国家都强调从法律和政策规定等多方面保障农村女性和
男性平等地享有参与乡村政治建设的权利。随着近年来农村人口的流动频
率增加,女性通常作为留守的一方,在乡村政治建设中发挥重要作用。第三
期中国妇女社会地位调查显示,近5年来,有83.6%的女性表示能参与村委
会选举等基层政治选举活动,表达自己的政治参与意见;有70.4%的女性表
示认真参与了乡村政治选举。这说明较高比例的农村女性的政治参与权得
到了基本保障。但相比于农村男性,农村女性在乡村政治参与中仍旧处于
弱势地位,这与政治选举的制度和规则未得到完全落实有很大关系[3]。要实
现全面建成小康社会的宏伟目标,农村女性的政治参与状况还需得到改善,
进一步实现农村地区女性和男性的平等参政。

(四)农村女性的受教育和医疗保健状况

我国农村女性的受教育和医疗保健状况是衡量其综合发展状况的重要
指标。我国农村女性的受教育状况不容乐观,亟待改善。第三期中国妇女
社会地位调查结果显示,18—64岁这一年龄段的农村女性平均受教育时长
为7.1年,且大多为"小学"或者"初中"学历,2.1%的农村女性接受了大学专
科及以上水平的教育,11.6%的农村女性接受了高中及以上水平的教育。调
查结果还显示,农村女性与城镇女性的受教育程度差距较大。农村留守女
性受教育的代际延续性已经成为提高农村女性整体受教育水平的关键掣肘
因素,亟须关注。

我国农村女性的医疗保健状况有待提升。第三期中国妇女社会地位调
查的结果显示,在2007—2011年,我国农村有29.9%的农村女性做过健康体
检,有46.5%的农村女性做过妇科方面的检查,两个比例都比较低。农村地
区的卫生条件相对有限、农村女性的卫生保健知识较为匮乏等,都是造成农
村女性医疗保健状况不容乐观的重要原因。在县乡医疗卫生体制一体化改

革持续推进的重要时期,这一状况应该会得到较大改善。

(五)农村女性的合法权益保护和社会保障状况

我国农村女性的合法权益保护需要进一步加强。农村女性的权益保护主要体现在土地权益保护和在婚姻与家庭中的法律保护这两个方面。在农村女性的土地权益保护方面,虽然国家实行积极的土地政策,但女性仍处于弱势的一方,土地权益得不到完全保护[4]。在婚姻和家庭中的权益保护情况,可以通过农村女性遭受家庭暴力和离婚时的权益保护现状来进行评估。相关研究表明,在离婚财产分割和离婚法律救济中仍存在对农村女性的间接歧视,在进行法律推理和法律适用中也存在性别歧视现象[5]。

我国农村女性的社会保障状况较好,尤其是在医疗保障方面。第三期中国妇女社会地位调查显示,在我国农村女性中,有近95%的女性可以享受国家的基本医疗保障,而近些年随着"产前优生检查""两癌筛查"等项目在农村地区的大范围推广,农村女性的健康权益得到了进一步保障。此外,我国享有基本养老保障的农村女性占比为31.1%,相比于基本医疗保障,这一比例明显低很多。随着老龄化程度加剧,农村老年女性成为弱势群体,其养老待遇的提高也成为国家应对和缓解紧张的老龄化发展态势的关键抓手。但不可否认的是,与第一期中国妇女社会地位的调查数据相比,我国农村女性的社会保障情况有了很大进步,这得益于我国农村社会保障体系的逐步发展和完善。

(六)农村女性的自主意识和家庭婚姻状况

农村女性的自主意识明显增强。随着农村男性外出务工人员的比例增加,留守的农村女性逐渐取代男性成为农村的主要生产力和家务照料的主要承担者,其家庭和社会地位也得到了进一步提高。同时,第三期中国妇女社会地位调查结果显示,农村地区有外出务工经历的女性有较高的个人事务自主决策权,尤其是在"决定自己外出学习或工作"的问题上,有近90%的女性可以"基本"或者"完全"以自己的意见为主。这一数据比第二期中国妇女社会地位调查结果高出5.1个百分点。

农村女性的家庭和婚姻状况良好。第三期中国妇女社会地位调查结果显示,有85.2%的农村女性表示对自身的婚姻关系和家庭环境"满意"或者"很满意",这表明农村女性大多能得到来自丈夫对其事务处理、个人发展等方面决策的理解和支持,夫妻关系较为和谐。

二、农村女性发展所面临的问题及其影响

(一)劳动力市场价值实现受挤压

受传统性别观念的影响以及用人单位对自身效益的考虑,在劳动力市场上存在着一定的"性别歧视"和"性别挤压",使得女性参与市场劳动的难度有所增加。一方面,企业和用人单位出于自身利益的考虑,不想为女性提供孕产期等特殊时期的保障支出及假期待遇,通常在用工时会选择男性求职者;另一方面,由于法律对"性别歧视"的约束无法触及社会各个角落,为达到自己的利益最大化,用人单位和企业往往选择牺牲一部分女性的平等就业权利。就其影响而言,这会压制农村女性的自主意识,使其无法充分发挥积极作用。

(二)土地权益保护缺失

国家就农村女性的土地权益保护出台了一系列法律法规,但农村女性的土地权益保障仍然存在一些有待解决的问题。首先,农村土地的产权化改革使得原先用来耕种、为生活提供蔬粮保障的土地可以租让出去,转化为获得财产增益的重要来源,这使得女性的价值难以通过参与农事劳动获得体现,使得其在土地权益中的价值贡献隐性化。其次,由于以户为单位承包土地,女性在出嫁"去到"夫家时,其土地归属问题容易引发家庭内部的利益争执,产生土地权益纠纷。最后,由于女性出嫁导致女性与土地的"人地分离",也增大了女性土地权益保护的难度。

(三)文化贫困状态

我国农村女性的文化贫困现象是相对于男性而言的,且农村女性的文化贫困具有很强的代际传递特征。由于贫困家庭所处的家庭与文化环境的

影响,农村贫困地区的女性很难真正有机会去接受基础教育,提高自己的文化认知水平,也很难通过自觉的文化学习和思想教育来唤醒自我意识。贫困本身具有一定的代际传递性,长期落后的文化观念同样也会导致生活方式、行为模式等的代际传递[6]。归根结底,农村女性要真正脱贫并得到更好的发展,就必须从思想上认识到自身的不利处境,唤醒自我意识和奋斗精神,激发自己获得更高发展的自觉性、自主性,尽力实现自由而平等的全面发展。

(四)帮扶政策不完善

农村女性的帮扶政策是多方面的,但在帮扶工作的具体落实过程中仍面临较多现实难题。比如,在实用技术推广过程中存在一些突出问题:一是缺乏推广资金,推广的范围和程度受限;二是缺乏推广力量,各级政府关于推广工作的部署有待加强;三是对推广技术应用的市场方向掌握不足;四是推广工作人员的沟通技巧和能力还有待提升,需要因地制宜选择适当的推广技巧,使其与当地的农业发展更好地结合,发挥技术推广的最大效用。再如,在帮扶过程中还存在后续保障措施不到位的情况,如在"小额贷"项目中,对农村女性贷款费用的使用没有完善严格的规制,甚至出现"女申请男用"的情况,违背政策初衷。这也说明在帮扶政策的制定过程中,仍然缺乏对性别视角和性别处境的考量。

三、农村女性发展困境的根源探析

(一)女性的易受损害性

女性的易受损害性通常也被称为女性的脆弱性,不仅指女性在生理上的脆弱性,同时也包括女性在地理和社会环境中的脆弱性,以及心理上的脆弱性[7]。女性不同于男性的生理构造决定了女性在力量方面与男性存在悬殊,在遭受暴力时,女性的自我保护通常更无力。此外,由于受传统观念的影响和社会现实的限制,女性在教育、就业、职业技能、身心健康、社会关系塑造等方面要承受更大的压力,在政策制定中容易被忽视,这也导致其利益获得的脆弱性。

（二）多方面的社会排斥

女性会遭遇来自经济、文化、环境等多方面的排斥。农村女性生活在思想观念相对比较保守的农村地区，往往受到来自传统文化习俗和观念的禁锢和束缚。一方面，在劳动力市场上，由于存在性别歧视，女性的平等工作机会和价值实现受到挤压，甚至存在一些职业隔离现象，而农村女性的受教育程度相对较低，被劳动力市场排挤的状况就更为严重；另一方面，女性在经济和社会中受到排斥成为弱势群体，使她们更多地加重了对丈夫的依赖，发展的自主性受到了极大压缩。

（三）承担更多的家庭照料责任

女性通常在家庭照料中承担更多的责任，农村女性受传统的"相夫教子"观念的影响更深，即使外出务工，通常也要比农村男性花更多的时间和精力照顾家庭、抚育子女和赡养老人。此外，由于农村女性更容易受到来自劳动力市场和社会环境的歧视和排挤，使得其在外出务工时要面临比农村男性更大的精神压力，这在一定程度上限制了农村女性外出或继续外出务工的意愿；且农村男性因为体力等方面具有优势，不仅找工作更容易，在经济收入方面也比外出务工的农村女性高，所以农村女性通常选择留守，承担更多的家庭照料责任。

（四）男权主义的深刻影响

男权主义的深刻影响要从家庭和社会两个方面进行分析。在家庭方面的影响表现在受教育机会的获得、夫妇对家庭资源支配的权力两方面。农村女童通常需要为其家中的兄长和弟弟让渡受教育机会[8]，而有机会接受教育的农村女性的平均受教育年限也较短，受教育水平往往不高。在家庭资源的分配权上，男性通常掌握着对大事的决断权。在社会文化和舆论环境中，鼓吹男权主义、贬低和消费女性的言论和价值观依旧存在，还有待得到法律和政策方面的约束和惩治。

四、促进农村女性发展的对策建议

（一）扶贫更要扶智，培养农村女性自主发展意识

农村女性的贫困根源很大程度上在于知识文化和思想的"贫困"状态，要想真正使农村女性拥有更多的发展机会，就必须积极推进和培养农村女性接受基础知识教育的自觉性，促使农村女性在经济活动、政治参与以及其他社会互动中培养自觉发展意识。农村女性是农村建设的重要力量，培养农村女性的自觉性和独立意识，提高农村女性的文化素养和职业技能，对于推动农村地区的发展具有十分重要的现实意义。

（二）营造男女平等的农村家庭和社会文化环境

要积极推动农村地区消除落后习俗和观念，比如父权制和男权主义遗留下来的不符合男女平等的观念、与男女平等基本国策背道而驰的乡俗民约等。这个改变的过程注定是漫长而缓慢的。应积极推进农村思想教育，逐步消除乡村文化中对女性的歧视观念；发展农村知识文化和专业技能教育，消除贫困根源；完善政策法规，保障农村女性的基本权益。为推进全面建成小康社会目标的实现，可将"性别评估"的各项指标纳入乡村建设质量的考核体系。

（三）将性别意识纳入农村女性发展决策主流

与时俱进，健全政策法规，加强支持力度，是实现农村女性更快更好发展的重要保证。在制定促进农村发展的政策时，应当对所在区域的农村女性的社会性别指标进行统计分析，并将此作为制定政策的重要参照和依据。具体来说，一方面是要制定具有性别平等观念的公共政策，另一方面是要制定保障女性发展权益得到实现的政策法规，通过提供职业培训提升女性的致富技能，通过加大资金支持力度给予女性更多的保障和实现发展自主性的机会。

(四)对农村老年女性的养老保障给予特殊关怀

由于我国人口老龄化程度不断加深,老年贫困化、失能化等老龄化特征也更加突出地表现出来。而农村老年女性通常因为现实原因留守在农村,很少得到子女的近身照顾,加之老龄化特征比城镇老年女性更加突出,其照料情况不容乐观。为改善农村老年女性的照料状况,应该从资金上给予帮扶,并建立面向农村老年女性的专项社会福利机制,保障其晚年的基本生活来源。借鉴国外经验,结合本土特点,进行乡村老年公寓建设等养老制度的探索和创新。建立乡村互助组织,进行乡村环境友好社区建设,从物质、身体和精神上保障农村老年女性的生活,为积极推进全面建成小康社会提供助力。

参考文献

[1]李双金.小额贷款与妇女发展及其政策启示[J].上海经济研究,2010(7).

[2]任大鹏,王俏.产权化改革背景下的妇女土地权益保护[J].女性研究论丛,2019(1).

[3]王琦,汪超.制度舞台中农村妇女的政治弱势及其改善建议[J].中南大学学报(社会科学版),2019,25(1).

[4]刘灵辉."三权分置"法律政策下农村妇女土地权益保护研究[J].兰州学刊,2020(5).

[5]夏江皓.《民法典》离婚财产分割和离婚救济制度的法律适用:以保障农村妇女合法权益为重点[J].华中科技大学学报(社会科学版),2020,34(4).

[6]赵金子,周振.农村女性文化贫困成因及其治理:以社会生态系统理论为视角[J].西北农林科技大学学报(社会科学版),2014,14(5).

[7]金一虹.妇女贫困的深层机制探讨[J].妇女研究论丛,2016(6).

[8]左玉迪.论我国义务教育之维权:以农村女童为例[J].学术交流,2012(10).

疫情防控常态化下女大学生就业创业破难之策*

周红金　周　恺**

摘　要：在新冠肺炎疫情的冲击下，我国宏观经济深受影响，但数字经济的迅猛发展，"新个体经济"的到来，催生了"她经济"的新市场消费。解读疫情下女大学生就业创业新挑战与新机遇，强化我国经济韧性、危中寻机，构建疫情防控常态化下女大学生就业创业机制是一项系统工程，需要政府、社会、高校、毕业生加强联动，以人才市场需求为导向，以"新个体经济"为突破口，探索适应跨平台、多雇主间灵活就业的社会保障政策，不断完善就业创业服务机制，从而破解女大学生就业创业难题。

关键词：疫情防控常态化；女大学生；就业创业

当前，我国经济运行逐步恢复常态，在疫情防控和经济复苏取得可喜成绩的同时，面临的国际国内形势仍然复杂，新冠肺炎疫情和外部环境仍存在诸多不确定性，稳就业、保就业压力较大。党中央、国务院高度重视就业工作，把稳就业保就业放在"六稳""六保"之首。党的十九届五中全会强调，要"强化就业优先政策，千方百计稳定和扩大就业，实现更加充分更高质量就

---

*　基金项目：湖南省普通高校教学改革研究项目"女书文化创意有效融入女大学生创新创业教育"（湘教通〔2017〕452号），湖南女子学院校级重点课题"湖湘文化视阈中的江永女书研究"（项目编号HNNY16ZDKT002）的研究成果。

**　周红金，湖南女子学院副教授，湖南省妇女研究会理事，研究方向为创新创业教育和文化社会学。周恺，湖南女子学院讲师，研究方向为高等教育与创新创业教育。

业"。习近平总书记明确要求，"把高校毕业生就业作为重中之重"[1]。常态化疫情防控下，做好女大学生的就业工作，直接关系到高校毕业生的整体就业，需坚持问题导向和目标导向，完善政策、多措并举，努力促进女大学生就业。[2]当下我国女大学生就业创业工作正面临新机遇与新挑战，如何危中寻机，正确解读疫情对女大学生就业创业的影响？如何主动出击，攻克疫情下女大学生的就业创业难题？这些都是关系国计民生的根本性问题。国家发改委等13部门发布《关于支持新业态新模式健康发展 激活消费市场带动扩大就业的意见》，明确鼓励发展新个体经济（即"互联网＋个体经济"）。[3]强化我国经济韧性、危中寻机，大力发展适合女性就业创业的微经济，支持电商、网络直播等多样化的自主就业、分时就业，探索适应跨平台、多雇主间灵活就业创业的权益保障、社会保障等政策，这些都成为经济社会发展的新举措。

一、疫情下女大学生就业创业面临的挑战

从全球来看，新冠肺炎疫情仍在蔓延，主要经济体疫情防控不力，加之贸易保护主义盛行、中美博弈加剧等诸多不利因素，使得经济形势不明朗。从国内来看，疫情防控处于"外防输入、内防反弹"的常态化防控中，经济恢复受到疫情防控的掣肘，"稳增长、保就业"存在巨大压力。疫情防控常态化下女大学生依然面临就业创业环境、渠道和心理等方面的变化和挑战。

（一）就业创业环境的变化

2020年12月，教育部、人力资源和社会保障部在北京召开2021届全国普通高校毕业生就业创业工作网络视频会议。会议指出，2021届高校毕业生总规模预计909万人，同比增加35万人，面临的就业形势严峻复杂。目前的劳动力市场还存在就业性别歧视或者隐性就业歧视。在国内劳动力市场存在地域分割、城乡分割和性别分割的情况下，疫情造成就业机会减少、就业需求增加，就业空间被挤压，进而导致女大学生在就业竞争中处于相对不利或弱势地位，加剧"女生就业难""女生求职难"问题。国际劳工组织发布

的第7期《新冠肺炎疫情与就业监测报告》指出,从全球来看,疫情对不同群体及经济部门的劳动力市场造成不均衡影响。女性比男性受到的影响更大,女性就业损失为5%,而男性为3.9%,特别是妇女比男子更有可能退出劳动力市场,从而在就业上变得更不活跃。在新冠肺炎疫情影响下,旅游、房地产、零售、影视娱乐等人员密集型产业受到极大影响,相关行业的用人单位岗位数缩减严重。虽然疫情给大学生就业带来了不少冲击,但有不少专业人士认为,就业难与招工难实际上是结构性矛盾,一方面女大学生找工作难,另一方面许多产业和行业又面临严重的人才短缺。由于受到疫情影响,对市场依赖度较大、抗风险能力较差的中小企业出现了裁员、倒闭等状况,而这些企业用人单位恰恰是吸引大学生就业的主要领域。政府机关、事业单位和国有企业的招聘、录用工作在疫情期间受到较大影响,而这些单位又是吸收应届毕业生就业的重要领域。

(二)就业创业渠道的变化

为了减少人员接触,新冠肺炎疫情期间的企业招聘活动均通过网络进行,这使得传统的校园宣讲和现场招聘成为不可能。招聘渠道的改变使得本来就缺乏应聘经验的大学毕业生就业更加困难。用人单位对应聘者的了解只能通过电子简历和网上交流的方式实现,这样的招聘形式更有利于有工作经验和社会阅历的社会人员。大学生缺乏网络面试经验,容易出现四处碰壁最终丧失信心的情况。虽然就业结构的转变对解决突发性就业困难的效果有限,但在疫情冲击下发展起来的新就业亮点也可能成长为新的就业增长点。一是娱乐、体育和休闲业受益于"宅经济"的影响,成为新的就业蓄水池。从各个城市职位招聘的同比增幅来看,在疫情冲击下,与"宅经济"相关的职位招聘人数增幅超过130%,并且在不同地区都呈现出较快的增长态势。二是物流、仓储行业受电商模式的影响带动了招聘需求的上升,在疫情管控下,线下消费受到限制,造成很多超市和大型市场无法正常营业,于是刺激了线上经济的发展,加之电商直播等新销售模式的出现,带动了物流、仓储行业招聘需求的增加。三是疫情期间产生的新就业形态成为提供短期就业岗位的缓冲器。正如习近平总书记在2020年"两会"期间所强调的,"疫情突如其来,'新就业形态'也是突如其来。对此,我们要顺势而为,让其顺其自然、脱颖而出"。

(三)就业创业心理的变化

受疫情影响,很多单位暂时取消了传统面试渠道,而选择"线上"招聘,即"云招聘",比如各校与相关单位共同开展的线上招聘系列活动。相较于传统的面试招聘,"线上"招聘的内容及形式都有所不同,两者各有优势。然而,一些大学生无法在短时间内有效适应"线上"招聘,从而影响了自身就业。部分学生对线上面试和非自己所学专业的岗位应聘有畏难情绪,容易在应聘过程中出现焦虑、紧张、自卑等心理障碍,面试表现不佳导致就业失败。此外,很多女大学生就业时求稳心态突出,较为稳定的公务员、国企、事业单位成为她们的首选。女大学生创业信心易受影响,面对负面消息,创业经验本就不足的毕业生更容易受到影响,甚至产生畏惧等不良心理。创业意愿下降也反映了其规避风险的倾向。李春玲发现,与2019年11月调查时点相比,2020年3月应届毕业生打算毕业后自主创业的比例下降了4个百分点,在就业单位的选择中,"不去任何单位,想自主创业"的比例也下降了2个百分点。但在回答"如果毕业后3个月还找不到满意的工作,您最可能会选择……"这一问题时,选择"创业"的比例却上升了3个百分点。这意味着,面对疫情暴发后经济风险上升的局面,应届毕业生自主创业意愿下降,但如果找不到满意的工作或找不到工作,创业成为更多毕业生的被迫选项。[4]

二、疫情下女大学生就业创业的新机遇

国际劳工组织发布的疫情监测报告指出,全球女青年就业受冲击程度甚于男性。疫情对社会就业形势带来严重影响,与此同时,在疫情演变中国家出台了大量的就业促进政策,大力开发就业岗位,创造就业机会,就业环境日益改善,就业机会正在呈现。疫情防控常态化导致广大高校毕业生求职、招聘、面试、签约的节奏重新调整,其创新创业模式与路径也呈现出网络直播的多元化和微电商的灵活性特征。

(一)疫情防控有效释放治理效能,缓解女大学生就业压力

疫情防控集结社会各界力量,大数据、人工智能等互联网技术在招聘领域得到充分应用。企业采用互联网方式进行招聘的成本更低、可操作性更强、线上就业工作更容易实现。毕业生通过电子邮件投递简历进行网络笔试和面试成为主渠道,部分需求量大的企业也会和学校一起举办网上校招,各高校应做好相应的网上招聘工作,多和第三方机构合作,更多地为应届毕业生提供就业岗位和就业机会。在创业方面,应努力做到以下几点:一是把创业辅导培训、寻找筛选创业项目变成"线上创业服务";二是了解女大学生面临的困难以及渡过困难的需求,调动平时积累的资源,帮助其渡过难关;三是帮助女大学生做好创业风险评估工作,把创业风险放在第一位,多分析和利用国家扶持创业的相关政策,尽量化风险为机遇。为克服疫情对经济发展特别是中小微企业的影响,中央和地方各级政府密集出台了大量促进创业发展的优惠扶持政策,形成政策组合拳,努力减轻疫情下创业的成本压力,强化对企业发展的金融支持,加大减税降费力度,不断优化创业环境,带来外部创业环境新变化和新生态,对于消解和对冲疫情影响发挥了积极作用。为进一步推动女大学生就业,需努力实现国家政策拉动就业和大学生积极主动就业相结合,传统线下就业与新兴线上就业相结合,女大学生创业与女大学生就业相结合,提升劳动者能力与消除劳动力市场歧视相结合,促进就业的政策灵活性与就业保障性相结合。随着国内外疫情好转,疫情防控有效可以释放治理效能,缓解女大学生就业压力,短期突发就业创业困难将逐渐缓解。

(二)疫情防控常态化催生女大学生就业创业新领域和新业态

疫情防控常态化加剧了不同行业就业形势的分化,同时催生了新的就业形态。在新冠疫情冲击下,不同行业和职业的就业形势分化严重,形成鲜明对比。在疫情期间逆势而为,就业形势较好的行业有在线教育培训、中介服务、保险、娱乐、专业服务和互联网电子商务等;与这些行业形成对比的、景气度较差的行业主要集中在餐饮服务业、旅游业、航空运输业、能源、矿山等。在疫情管控的情况下,人员流动受限,餐饮服务业、旅游业和航空运输

业等相关行业遭受了巨大损失,这些行业的企业对原有从业人员的存量进行精简以求自保,产生了大量的停工和失业人员;而线上教育、娱乐、体育、休闲等行业的职位需求则由于"居家"和"远程服务"特征而快速增加,同时也带动了作家、编剧、撰稿、摄影等一些辅助性岗位需求的增加。女性创业相对集中在教育、培训、旅游、餐饮等领域且多为中小微企业,面临巨大挑战;与此同时,常态化疫情防控形势下衍生了创业的新领域和新业态,政府出台的系列创业促进政策也为女性创业带来了新机遇。女大学生依托新型自媒体和互联网平台的多元创业模式越来越普及,创业成本较传统行业略低,实效性较强。进一步推动包括女性创业在内的大众创业,需深入推进包括大众创业治理理念、发展模式和实现路径的变革发展;破除有悖时代发展要求的性别观念,释放女性创业潜能。区域结构性矛盾仍突出,数据时代新技术革命塑造新职业,平台就业创业等灵活就业创业形式迅速增长。

(三)疫情防控共创多维育人生态,缓解女大学生就业心理焦虑

疫情防控期间,女大学生既得到了历练成长,也面临着新的选择。受传统思想影响,部分女大学生主体意识薄弱,有时对创新创业缺乏足够的信心和动力,参与性和主动性不足,创新创业意识有待改观。学校、家庭、个人和社会坚持系统思维、同向发力,积极培育协同共构的良好育人生态。政府、社会与高校通过线上线下多方联动打造和提升女大学生就业创业能力,多途径提供实习信息,明确其求职目标与创业方向,丰富其社会实践经验,给予创业项目、资金和场地等帮扶。女性创业是大众创业的重要组成部分。新冠肺炎疫情对女性创业产生了很大影响和冲击,这要求我们在统筹推进疫情防控和经济社会发展中坚持统筹谋划、精准施策,化危为机,推动女性创业行稳致远,持续发展。应对女大学生毕业季的心理焦虑,一方面可寻求学生家长的支持,积极发挥家庭情感支持作用,另一方面可提升女大学生就业创业信心和心理抗逆能力。疫情期间,女大学生普遍保持良好的心理抗逆能力,显示了家庭支持的重要性。高等学校在学生工作和就业帮扶工作中与学生家长进行合作,鼓励学生家长更多参与、关注学生就业过程,共创多维育人生态,缓解女大学生毕业季的心理焦虑。

三、破解疫情防控常态化下女大学生就业创业难题

鉴于女大学生就业创业所面对的新挑战,应危中寻机,要在统筹推进疫情防控和经济社会发展的同时,紧密结合"互联网＋"时代和数字经济发展趋势,以抗击新冠肺炎疫情期间涌现的线上服务新发展模式为契机,坚持统筹谋划、精准施策,推动女性就业创业行稳致远、持续发展。在政策层面,应依托国家就业创业政策,整合社会资源;在女性个体层面,应强化女性主体意识,着力做好疫情下女大学生就业创业工作。

(一)推动出台女大学生就业创业相关保障政策与措施

政府应加大对女性高等教育的投入,构建线上线下教育常态化融合发展机制,形成良性互动格局;强化对女大学生就业创业技能的培训,完善以创业带动就业的扶持政策;不断提升数字化治理水平,健全政府社会协同共治机制,构建政企数字供应链;强化灵活就业劳动权益保障,探索多点执业,探索适应跨平台、多雇主间灵活就业的权益保障、社会保障等政策,完善灵活就业人员劳动权益保护、保费缴纳、薪酬等政策制度,明确平台企业在劳动者权益保障方面的相应责任,保障劳动者取得报酬权、休息权和职业安全,明确参与各方的权利义务关系;探索完善与个人职业发展相适应的多点执业新模式。

(二)多方联动营造良好的女大学生就业创业氛围

疫情下,社会、政府和高校多方联动,支持女性基于互联网平台开展微创新,探索对创造性劳动给予合理分成,降低创业风险,激活全社会创新创业创富积极性。探索构建女性就业创业服务线上线下平台,举办形式多样的就业创业沙龙和讲座,引导女大学生围绕就业困难或创新成果创业,积极运用大数据、微信、抖音和快手等新媒体和新技术灵活就业或创业。以创业带动多人就业,依托互联网、云计算等技术,畅通共享经济合作机制,结合各地实际打造跨越物理边界的女性"虚拟"产业园和产业集群;完善线上技

培训、店企对接和网店孵化等一条龙服务;实施数字经济新业态培育行动,推动订单、产能、渠道等信息共享。

(三)多维度提升女大学生的就业创业能力

高校应顺应疫情防控常态化的新常态,跨界合作,培育数字化教育新生态,加快构建完善的毕业生线上线下就业创业服务体系,建设一支具备互联网经济专业化的就业创业指导队伍。高校应善于将政府的优惠、扶持政策转化为自身的办学资源,充分利用自身的智力优势为政府排忧解难,保障政府重点工程、基础工程、创新工程对高层次创新人才的有效需求。引导和鼓励具备相应规模和条件的企业兴建实习基地和就业创业基地,或者与高校共建产学研人才联合培养基地,积极吸纳女大学生参与就业创业前培训和实践锻炼。

(四)有效把握女大学生新形势下就业创业的新机遇

国家实施"互联网+"行动和大数据战略等一系列重大举措,以互联网作为促进产业转型升级、培育新业态新模式的新途径,为拓展女大学生发展空间,促进女大学生创业创新提供宝贵机遇。国家发展和改革委员会等13部门联合公布的文件明确"在线教育、互联网医疗、培育新个体,自主就业和副业创新"等15个新业态新模式,女大学生就业创业所面临的机遇与挑战共存。数字时代女大学生积极投身新领域,促进新市场消费,带来"她经济"新机遇,谋求职业新发展。她们不仅享受着经济上的独立,精神上也具备更大的格局,追求更独立的人格。女大学生也越来越善于使用新兴技术或平台来进行自我提升:一方面转变传统观念,提升自主就业创业意识;另一方面,增强就业创业信心,敢于自主创新实践,提高和丰富个人知识,积极规避创业风险。

构建疫情常态化下女大学生就业创业机制是一项复杂的系统工程,需要政府、社会、高校、毕业生共同努力。面对高校毕业生数量增加、疫情影响下社会经济增长放缓的突出矛盾,政府、社会、高校、毕业生要加强联动,以人才市场需求为导向,以"新个体经济"为突破口,探索适应跨平台、多雇主间灵活就业的权益保障、社会保障等政策,不断完善就业创业服务机制,将促进女大学生就业创业纳入社会发展的总体战略。

参考文献

［1］教育部办公厅等五部门关于联合开展2021年度高校毕业生等重点群体促就业"国聘行动"的通知（教学厅函〔2020〕35号）［EB/OL］.（2021-01-08）［2021-03-02］.http://www.moe.gov.cn/srcsite/A15/s3265/202101/t2021010 8_509201.html.

［2］江树革.疫情防控常态化下女大学生就业环境与政策取向［N］.中国妇女报（6）,2020-8-18.

［3］关于支持新业态新模式健康发展 激活消费市场带动扩大就业的意见（发改高技〔2020〕1157号）［EB/OL］.（2020-07-15）［2021-01-03］.http:// www.gov.cn/zhengce/zhengceku/2020-07/15/content_5526964.htm.

［4］李春玲.疫情冲击下的大学生就业:就业压力、心理压力与就业选择变化［J］.教育研究,2020（7）.

参与式发展视野下的农村妇女与乡村振兴[*]

——以福州市"姐妹乡伴"项目为例

陈祖英^{**}

摘　要:在乡村振兴的大背景下,福州市妇联联合福建省恒申慈善基金会发起和组织实施"姐妹乡伴"项目。项目采取政府购买服务的方式,以参与式发展理念为指导,通过集中培训、参观游学、搭建社群平台等方式为农村妇女赋权增能,并对项目团队进行个性化扶持。农村妇女被组织起来参与服务乡村公共事务的各项活动,推动乡村的可持续发展。

关键词:参与式发展;农村妇女;乡村振兴

2018年1月2日实施的《中共中央　国务院关于实施乡村振兴战略的意见》明确指出,乡村振兴要"坚持农民主体地位。充分尊重农民意愿,切实发挥农民在乡村振兴中的主体作用"。然而,在如今的许多农村地区,由于男性青壮年劳动力大多离家外出打工,农村留守妇女成为农业生产、农村发展的主力。在这种情况下,如何鼓励以操持家中事务为"本职"的农村妇女走出个人、家庭的私领域,积极参与乡村公共事务,为乡村振兴提供可持续的力量源泉,成为乡村振兴过程中必须要解决的问题。

福州市妇联积极响应全国妇联的"乡村振兴巾帼行动"号召,联合福建

* 基金项目:课题"福建省乡村振兴中的女性作用"(项目批准号2019ZTWTB006)的阶段性成果。

** 陈祖英,福建省委党校社会与文化学教研部副教授,研究方向为女性文化。

省恒申慈善基金会发起和组织实施"姐妹乡伴——福州市基层妇女组织助力乡村振兴发展计划公益项目"(简称福州市"姐妹乡伴"项目)。该项目采取政府购买服务的方式,对选取的项目团队进行个性化扶持,妇女被组织起来参与服务乡村公共事务的各项活动,极大地推动了乡村振兴的步伐,也为前述问题提供了一个基于区域实践的可行性答案。本文主要阐述在组织实施"姐妹乡伴"项目的过程中,农村妇女是如何被激发起内生动力,从而助力乡村振兴的。

一、福州市"姐妹乡伴"项目概况

(一)发起阶段

为贯彻党的乡村振兴战略规划,落实中央、省、市《关于推进乡村振兴战略的实施意见》以及全国妇联《关于开展"乡村振兴巾帼行动"实施意见》的精神,结合当前妇女是乡村主要力量的现状,2018年初,福州市妇联以购买方式和福州市美和公益服务中心签约,联合福建省恒申慈善基金会发起福州市"姐妹乡伴"项目。该项目是一个致力于挖掘和支持以乡村妇女组织为主体的乡村振兴巾帼行动计划,预计用3—5年的时间,通过挖掘福州区域内有公心、有领导、有潜力的公益性农村妇女组织,根据乡村和个人情况,对她们提供适合自身的诸如项目资金、支持网络、能力提升、社会资源等多元化扶持,进而支持她们更好地为乡村的公共利益服务,在服务中获得自我成长和提升。

在市妇联的宣传动员下,经过县(市、区)妇联推荐与农村妇女团队自荐,福州辖区内22个团队报名参加"姐妹乡伴"项目。市妇联、恒申慈善基金会与美和公益服务中心三方的项目工作人员,通过对22个农村妇女团队的带头人进行电话访谈、20多次到村庄实地走访、与妇女团队和村"两委"、老人会、乡贤进行交流、现场评审等方式,经过三轮筛选,最后确定了11个农村妇女组织成为"姐妹乡伴"项目第一年入选的团队。

(二)实施阶段

为了加强项目实施启动动能,经过科学评估,入选团队获得了多方面的支持。

1. 个性化支持

正式确立入选的村妇女团队后,主办三方按照"一村一策"的原则,继续深入11个项目村考察调研,协助妇女团队梳理村庄的资源、评估村庄的情况,不仅为11个村妇女组织提出了个性化支持策略,还引导每个团队成员共同讨论,完成了目标明确、措施具体、资金预算清晰的项目计划书。

2. 资金支持

每个妇女组织都获得约5万元的项目资金。根据计划方案,资金主要用于支持妇女组织开展活动、外出交流学习、组织妇女开展实用技术培训、进行团队建设等方面。

3. 能力建设

为提高农村妇女个人能力素质、加强团队的组织凝聚力,主办三方开展了形式多样、内容丰富的集中学习、游学培训、参观互访等活动。组建福州市"姐妹乡伴"微信群,为线上线下及时沟通提供有效平台,推动各队伍之间的相互学习和借鉴;凭借微信群密切、丰富的信息交流,形成了"姐妹乡伴"组织成员间的凝聚力和团队的归属感。

4. 项目方组织推动

项目的执行方——美和公益服务中心,针对每个村妇女组织的发展情况,每个月至少提供一次个性化支持方案,在组织开展活动期间,或联系专家入村支持,或参与指导活动的开展。主办三方还建立联席会议制度,每个月开一次例会,听取各个项目的进展情况,针对各个团队遇到的具体问题,提出解决方案或联系专家入村,确定下一步工作计划及建议。

(三)项目成效

福州市"姐妹乡伴"项目实施近一年,取得显著成效。

1. 促进了妇女增收

如罗源县起步镇下长治村的"娘子菌团"组织,利用"姐妹乡伴"项目经费,面向当地村妇女开展秀珍菇种植、采摘、分拣包装等实用技术培训,辐射带动周边农户栽培秀珍菇300多亩,菌菇600多万袋,帮助28户建档立卡贫困户增加收入,解决生活困难。

2. 推动了农村人居环境整治工作

晋安区寿山乡前洋村的乡伴姐妹们,组成巾帼志愿队实施"最美庭院"改造,每周定期开展全村的环境整治和文明劝导工作,使村民的房前屋后实现了整洁绿化。

3. 改善了妇女的素质技能,提升了妇女参与农村公共事务的能力

通过项目方组织开展的培训、游学等活动,农村妇女开阔了眼界和思路,学会了种植、糕点制作等本领,锻炼了语言表达能力,提高了与人交流沟通的技巧,也增强了自信心。前洋村的负责人发自肺腑地告诉笔者,她非常感谢"姐妹乡伴"项目,让她从不怎么敢在人前发言,到现在可以自信地向参观者介绍村里的变化。妇女借着项目的翅膀,飞向农村公共事业舞台,发挥了独特的积极作用。如闽清县白中镇攸太村的姐妹们成立了"悠泰学堂",每周三下午为村里外来务工人员的学龄子女开设手工、阅读、科技、安全等方面的课程,组织儿童开展敬老爱老活动,陪护孩子健康成长,与她们之前对村里公共事务既不了解又不参与的状况形成了鲜明对照。

(四)项目小结

该项目在不到一年的时间里能取得这么显著的成效,首先是主办三方协调合作、科学管理、推进有序的结果。经过近一年的探索和总结,市妇联将"姐妹乡伴"项目总结为"妇联+项目+公益团队(社会组织)"的运行模式:三方联合发起,县(市、区)妇联积极响应,村妇联根据现状申报项目,主办方实地走访,与村妇女组织商讨,确定项目村及实施项目、发展目标,制定年度实施方案,组织实施,评估总结。

项目发展到第二年,福州市美和公益服务中心因人手紧张等原因退出项目,市妇联和恒申慈善基金会继续推进实施福州市"姐妹乡伴"项目,复制第一年的运行模式。截至2019年年底,该项目共投入资金120多万元,为福州市21个村的妇女组织提供深度帮扶,开展帮扶活动178场次,参与的农村妇女达12680人次,对1373名农村妇女进行技术培训,培树巾帼带头人94

名,帮助1236名农村妇女增收。从2019年下半年开始,市妇联在原有运行模式的基础上,进一步探索"姐妹乡伴·微农经济"模式,鼓励农村妇女团队根据本村的特色,创新和丰富"姐妹乡伴"项目。截至2020年上半年,项目已发展到31个村妇女组织,并尝试在单个村妇女组织的基础上,通过"工作站"的方式将相邻团队或相近项目的组织连成片,实施村妇女组织由点到面的建设,以更大规模来推动乡村振兴。

项目取得成效的第二个原因,是主办方注重激发农村妇女内生动力。妇女的内生动力是妇女自身特定的价值观推动的行动意愿、动机和活力,价值观越明确,越执着,行动的意愿和动机就越有方向、强度和持续性。正是因为社会主义核心价值观的引导,调动了农村妇女工作的主动性,她们才会积极参加团队活动、参与乡村公共事务活动。也正是因为看到农村妇女的主动作为和成效,社会各方才愿意支持她们所从事的项目。

妇女参与乡村振兴事业的内生动力也由于行动的成效得到加强。"姐妹乡伴"项目分别支持了不同乡村的产业发展、乡风文明建设、人居环境整治,对乡村振兴的产业兴旺、生态宜居、乡风文明等都产生一定的影响。如前洋村"姐妹乡伴"团队通过"美丽庭院"改造,使全村人居环境更宜居,也吸引晋安区和寿山乡政府划拨60万元资金,让"姐妹乡伴"团队扩大改造面,继续组织实施"美丽乡村"建设。梅洋村"姐妹乡伴"团队致力于发展"梅"文化旅游,带动村民增收。在她们的感召下,乡贤纷纷出资,帮助村里改造进村公路,加快了乡村振兴的建设步伐。

二、福州市"姐妹乡伴"项目活动分析

2018年,三方合作实施的"姐妹乡伴"项目,从赋权、增能、组织开展志愿活动三个方面激发农村妇女内生动力。

(一)赋权,确保农村妇女在项目活动中的主体地位

与以往强调政府对乡村资源的输入、当地村民只是被动接受的传统发展思路与做法不同,"姐妹乡伴"项目是在参与式发展理论的指导下展开的。

参与式发展理论的思想核心是注重人的发展,强调人的主观能动性。"参与"并不是字面上所理解的"介入",或简单理解为群众的参加,而是反映基层群众被赋权的过程。参与式发展是在影响人民生活状况的发展过程中或发展计划项目中的有关决策过程中发展主体积极、全面介入的一种发展方式。[1]

1. 选择赋权对象

福建省恒申慈善基金会项目官员袁玲在宣传片中谈及"姐妹乡伴"项目的缘起时这样说道:"我们希望通过赋权增能这种方式,挖掘妇女的潜能,提高她们各方面的能力,改善她们在乡村中的地位,协助她们实现让家乡变得更美好这样一个美好的愿望。但这些单靠妇女个人的能力是没有办法实现的,必须有外力的帮助。"[2]从长远来看,赋权不仅是手段,更是目的。

作为一种尝试和探索,福州市"姐妹乡伴"主办方都明白,不是任何团队通过赋权增能后都能达到预期的效果。赋权的第一步是筛选赋权对象。到底怎样的农村妇女组织才适合赋权呢?项目方案书从三个方面描述了赋权对象的选择尺度。一是从带头人与妇女组织的角度考量。①以妇女为核心、由村民自发的、有5名以上核心成员(不限于女性)的妇女组织群体,包括但不限于基层妇联。②妇女组织的成立可能缘于妇女小组的内部需求(如广场舞),但不应限于自娱自乐,而应能够推动当地乡村公共利益的改善。③妇女团队有一定互补性,且在村庄应能够得到村民们的认可与支持。④核心妇女成员的学历程度不限,但必须在当地村庄具有一定的公信力和领导力;有韧性,能够承受压力;有自由时间能够参加外出学习。二是从社会支持系统的角度衡量。①内力:能够得到村民、村"两委"、乡贤等力量支持的妇女组织优先考虑。②外力:有公益组织、新居民、驻村书记等支持的优先考虑。③政府统筹力:当地县乡镇党委政府部门、省市党委政府部门支持的优先考虑。三是从项目契合度的角度甄别。申请的项目与"姐妹乡伴"项目理念契合,且能够借助该计划协助起到杠杆和整合的作用,撬动和整合更多的资源,支持村庄发展。

根据上述条件,主办方对候选的22个村妇女组织进行了实地走访考察,并按照团队整体内生动力的强弱和积极性,将22个村妇女组织分为A、B、C三个等级。A类10个村确定可以做项目,C类9个村直接淘汰,对B类的3个村则进行第二轮的考察调研。针对B类村妇女组织,主办方本着珍惜、帮扶的心态,努力增强其内生力。例如,经过调查研究,了解到B类的福州晋安区前洋村内生动力较弱,究其原因,一是主要负责人因工作繁忙,没有精力来做"姐妹乡伴"项目;二是村负责人没有支持的意愿。主办方先做通村负责人的思想工作,然后与主要负责人交流,结合其工作情况,通过建立工作支持体系,消除该村负责人的思想顾虑,最后商定从村庄环境入手,实施村庄人居环境整治项目。

2. 引导对象主动参与

选定项目村妇女组织后,接下来就是引导她们结合村庄自身资源和特点制定项目方案。每个妇女组织最后申请做什么项目、怎么做,决策权和主动权都在团队成员手中。主办方工作人员深入每个项目村,细致做好每个环节的工作。首先,通过与村妇女组织成员面对面讨论,介绍"蜘蛛网图",教导姐妹们从团队、村民、村"两委"、党政、社会五个维度评估村庄现状,进行优劣势分析,引导她们发现各自村庄的需求点,确定项目。然后,引导团队成员集体讨论制定项目计划书。主办方提供项目计划书的模板,模板分项目计划、项目执行主要团队成员、项目实施时间进度、项目实施效果评估指标、项目经费预算五个板块。项目执行主要团队成员、项目实施时间进度、项目经费预算三个板块采用表格形式,清楚反映团队成员的姓名、年龄、岗位、职责等基本信息,项目推进的计划时间、内容和预期成果,经费开支的内容和预算等。项目计划和项目实施效果评估指标这两个板块则用提示性问题,帮助团队成员围绕主题展开思考和讨论。如项目计划板块需回答3个问题:做什么,为什么,怎么做。"做什么"给出的提示是"请对此次申报的项目内容做简要概述";"为什么"给的提示问题是"请说明为什么要开展这些内容? 想要解决的问题是什么? 为什么想解决这个问题?";"怎么做"又细分为5个提示,分别从项目推进的流程、如何吸引更多力量参与及支持、可能面临的主要困难或风险及如何应对、项目预期效果和影响、如何展开项目宣传等方面展开。这些小问题一步步引导妇女组织成员对自己将要做的项目展开深入思考,成员对项目的认识也越来越清晰。项目计划书目标明确、措施具体,其完成过程是妇女组织成员参与项目决策的过程,项目计划书为妇女参与项目积极性、主动性和能动性提供了足够的空间,突出妇女团队是项目主体的定位。

计划书定稿后,妇女组织立刻投入项目实施。因为项目计划措施是妇女团队成员集体讨论确定的,实施的时候自然也是齐上阵,有分工有合作,合力推动项目的开展。在项目刚启动时,妇女团队开展活动遇到了不少困难,许多村民也不理解。困难面前,妇女团队成员心往一处想,劲往一处使,互相鼓励,努力去完成预定目标,以工作成效来赢得村民们的理解和支持。主办方一直持续跟踪项目进展,在妇女组织开展活动期间入村给予支持,比如联系专家入村、出席活动启动仪式等。主办方的工作人员始终强调,他们是项目的"协作者""信息提供者""资源整合者",农村妇女才是项目的主体。农村妇女是项目的主体,这是赋权妇女的依据。正如联合国出版的《妇女和赋权:参与和决策》中提到的,"赋权妇女,实际上是一个过程,而不是一个可以给予的东西"。赋权的过程正是每个个体和妇女团体的潜能和影响得到发展发扬的过程。主办方借助"姐妹乡伴"计划,把村妇女组织起来,在赋权的同时促使她们参与村庄公共事务,在实际行动中不断提高自我意识、主体意识及解决各方面问题的能力。

(二)增能,通过开展教育和培训提升农村女性组织和个人能力

"empowerment"对应的中文有"赋权""增权""增能"等,其源于美国学者所罗门(Solomon)对美国社会黑人少数族裔的研究。自1976年所罗门提出赋权(增权)理论或增能理论以来,该理论的内涵与外延被不断丰富和扩展。我国学者有的将赋权增能合二为一,如郑广怀在《伤残农民工——无法被赋权的群体》中是这样表述的,"赋权是赋予权力或权威的过程,是把平等的权利通过法律、制度赋予对象并使之具有维护自身应有权利的能力。通过这一过程,人们变得具有足够的能力去参与影响他们生活的事件和机构,并且努力地加以改变"[3]。有的学者将赋权与增能做了细致区分,认为赋权是以权力为中心,为个体或团体达到目标赋予一定权力或资源,而增能则强调增强主体确定和达到既定目标所需要的各种能力,激发其潜在的优势和要素,使他们能完成行动过程并实现目标[4]。

尽管在实际操作层面,赋权与增能有时并非泾渭分明,但笔者倾向于将二者略做区分。在2018年福州市"姐妹乡伴"11个项目中,有几个村妇女组织虽然也制作了计划书,但最终的完成情况并不理想,2019年第二批次推进

时便退出了。原因之一是团队建设做得不好,带头人的作用没有充分发挥。可见,对于组织农村妇女参与乡村公共事务,只有单纯的赋权是不够的。赋权可说是增能的途径和手段,增能才是赋权的目的和结果。

"姐妹乡伴"项目的主办方从妇女需求、团队发展、乡村工作经验等方面入手,以专题培训、游学及社群网络等多种方式开展活动,着重从意识培育、协商合作、技术创新等方面帮助妇女组织及个人提升能力。

1. 意识培育催生行动参与

虽说主办方通过各种宣传和多次的面对面交流,将"姐妹乡伴"项目的源起和发展目标传达给11个村妇女组织,但仍有少数负责人对自己将要做什么、怎么做以及做到什么程度感到迷茫,特别是项目刚启动时困难很多,要破解农村妇女从"要我发展"到"我要发展"的转变难题。为了帮助妇女尽快进入角色,主办方组织了多场外出参观学习、姐妹乡村互访联谊活动。例如组织姐妹们到村妇女组织参与公共事务做得好的乡村实地考察学习,听取当地妇女组织的负责人或志愿者分享她们的故事。榜样的行动、成绩和精神深深触动了前去参观考察的"姐妹乡伴"姐妹们,也激发了她们的内生动力,从而产生了想要加入乡村建设的意识。2018年7月26日,美和公益服务中心组织福州市闽侯县小箬乡大坂村妇女团队成员到漳州市内龙村参观学习。听了内龙村"五朵金花"①的故事,大家为她们执着热心家乡事业而感动。大坂村的刘景香感慨地说:"内龙村基础条件要比我们差得多,5个姐妹克服了常人难以想象的重重困难。作为大坂村的媳妇,也应为本村发展出一点力。"②本来还在犹豫要不要加入刚成立的妇女志愿队的她,当即就决定加入。

2018年11月1日—3日,主办方组织11个村妇女团队核心代表30人到南平市政和县开展参访学习与培训活动。经过实地参观和交流,姐妹们被政和县石圳村、下园村两村的女性为乡村发展无私奉献和勇于挑战的精神

---

① 指该村的5名志愿者妇女。2015年,美和公益服务中心的负责人林炉生有感于家乡内龙村的凋败现状,发起"好厝边"("好厝边"是闽南语,意为"好邻居")公益项目。其间,"五朵金花"积极响应,建立"好厝边"妇女志愿队,开始主动关注并参与村庄发展,为内龙村在3年时间里从"问题村"转变为"乡村振兴试点村"做出了极大贡献。
② 2020年6月30日,福州市妇联项目负责人访谈记录。

所感动,纷纷表达了要带领团队把自己家乡建设成"美丽乡村"的愿望。如有位姐妹在交流群里这样写道:"从八月的姐妹见面会到这两次外出交流学习,觉得我们不只是出来吃喝玩乐,肩上有了一种责任感、使命感,特别是这两天耳闻目睹了石圳村跟下园村村庄面貌改变的历程跟翻天覆地的变化,觉得我们妇女真的不是柔柔弱弱的群体,也可以发挥好我们的巾帼风采,让自己的家乡变得更美好。"

现场游学、实地考察和相互分享,激发了农村妇女们主体的意识和参与意识;而"美丽乡村"的实景和实例,让项目村的姐妹们有了努力方向和工作目标,直接催生了她们的参与热情。

2. 协商合作提升参与能力

意识的培养和激发,为农村妇女参与乡村公共事务提供了基础,但从意识走向行动还需要能力的支撑。个人的力量很有限,团队的力量却很大。唯有将"原子化"的农村妇女组织起来,通过团队的力量和具体活动的协作互动才能真正提升她们的能力,这也是主办方要求必须是妇女基层组织或团队才有资格申报项目的原因。

一个村妇女组织要发展壮大,成员之间的协商合作互动是必不可少的。主办方对于农村妇女团队建设、协商合作能力的培养主要体现在以下三方面:一是榜样示范潜移默化的影响。福州市"姐妹乡伴"项目是三个不同机构联合发起的,主办三方从协商发起到组织实施该项计划,都是协商合作、互动交流。无数次三方同框的活动场面,都是密切协商合作。同时,主办三方从资金、专业指导、联系资源等方面无私地帮助农村妇女组织助力乡村振兴,也为"乡伴"姐妹们做乡村公益提供了榜样的力量。二是团队建设的培训和实践。主办方通过安排11个组织的核心代表集中培训,邀请专家传授团队建设的技巧、方法,进行协商合作的训练。在制定项目计划书和项目执行过程中遇到困难或难题时,主办方的工作人员都会入村实地走访,与"乡伴"姐妹们一起讨论研究,把协商合作的理念融入村妇女团队实施项目的参与过程。三是建立"福州市姐妹乡伴交流群"。通过社群营造的方式,将所有参与福州市"姐妹乡伴"的人员组成一个团队,这不仅为乡村妇女创造协商交流与互助合作的平台,而且通过来自不同村庄的姐妹们线上交流、线下互访的方式,润物细无声地将协商合作的理念与方式方法传达给大家。

加入项目后,好几个村的乡伴姐妹成立了巾帼志愿队。在项目方的指导下,巾帼志愿队开展了垃圾分类、照料老人、辅导儿童等系列活动。更多的姐妹们在志愿队成员的动员、鼓励下,从家庭的私领域走出来,参与乡村的公共活动。这些活动既增强了巾帼志愿队的组织活动能力,也提升了团队成员分工协作的水平。

3. 技术培训提升参与效能

推行参与式发展理念,提高农村妇女的素质和能力是重要的一环。自全国实施"乡村振兴巾帼行动"以来,各级妇联组织开展烘焙、烹饪、网店、月嫂、育婴师、民宿管理等各类公益技能培训,但效果并不理想。主要原因有三:一是参加培训的是农村妇女个体,不经组织化的个体难以形成社会影响;二是公益培训只是一些简单易操作的入门技巧,无法让农村妇女学到真正过硬的本领;三是农村妇女自身对培训内容的需求并不强烈。

"姐妹乡伴"项目紧紧围绕着项目和农村妇女的需求开展培训活动,具有很强的针对性。比如有几个项目村都存在垃圾多及分类回收的问题,主办方组织乡伴姐妹们到"美丽乡村"参观游学,与"美丽乡村"的姐妹们互动交流,真实感受乡村人居环境整治带来的实效;同时邀请北京零废弃联盟发起人陈立雯女士在线上给大家分享垃圾分类回收的意义和做法;专门邀请福建省环保志愿者协会以及农业领域的专家,进入项目村实地考察帮扶指导,开展垃圾堆肥、厨余垃圾酵素制作等技能培训。在专家和主办方社工的指导下,通过具体的可操作的技术流程,提升农村妇女的参与效果,提高项目团队参与乡村公共事务的效率。

在主办方的组织引导下,乡伴姐妹们的主体作用得到发挥,农村妇女参与乡村公共事务的意识和热情得以催生和激发,她们的协商合作、技术创新等参与能力有所增强,团队组织的内部建设和参与效能得以提升,乡村振兴的人力资源条件得到明显改善。

(三)组织开展志愿服务活动,提高"姐妹乡伴"组织化程度

"姐妹乡伴"项目主办方通过多种形式给项目村妇女组织的带头人或核心成员赋权增能,最终成效需要带头人带领本村的团队来实现。可喜的是,经过游学培训,有了"姐妹乡伴"这个平台,姐妹们都有回村大干一番的激

情。然而理想是美好的,现实是复杂的。项目村负责人说起当初的艰辛与不易,往往感慨万千。这些项目村组织开展的志愿活动,具有鲜明特点。

1. 身体力行,示范引导

虽然前期在主办方的指导下制定了详细的项目实施方案,但真正开展起来,难度往往超出负责人的想象。比如大坂村卓玛志愿队的姐妹们实施垃圾分类时,福州市尚未全面贯彻执行,一开始村民不理解,甚至指责"乡伴"姐妹们多管闲事。所以尽管做了入户宣传,并且为每户人家配备了专用的干湿分类垃圾桶,但很少有村民按要求做。面对村民的不理解、不配合,姐妹们虽觉得委屈,但相互鼓励、相互打气,每天自己动手将村民的垃圾重新分类。为了寻求村民的理解配合,姐妹们制作垃圾分类宣传页,谱写乡村环境美化"五字歌",在傍晚农民结束了一天农事后上门宣讲、不厌其烦地示范与展示。在卓玛志愿队姐妹们身体力行的宣传和示范下,村民的心在潜移默化中改变,村庄环境也悄然提升。

前洋村最美庭院改造也遇上了同样的问题。因改造的是村民自家的院子,村民不配合,说自己的院子自己做主。后来看到项目负责人动手帮人整理,院子清爽了,看着也舒服,就慢慢动起来了。还有的村民通过整理庭院的活动,加入"姐妹乡伴"团队,成为志愿者。项目村负责人带领团队身体力行在村里开展活动,与主办方组织"乡伴"姐妹们去参观游学有异曲同工之妙,都是让村民看到活动的实效后萌发参与意识和产生参与行动。

2. 团队建设,协商合作

申报"姐妹乡伴"项目的基层妇女组织,有的是村里妇女自组织,有的是村里的"妇女之家",也有的是村委几位基层女干部临时组队的。不管之前的情况如何,入选"姐妹乡伴"项目后就有团队建设的要求,这也是项目实施效果的评估指标之一。在团队入选后,主办方要求每个团队首先确定组织带头人、账务和宣传委员的名单,并明确她们的主要职责。"乡伴"姐妹们接受培训和明确目标任务后,回到村里就积极着手发展团队成员,壮大组织的有生力量。

刚开始时,所有"乡伴"姐妹白天一起在村里身体力行,言传身教,晚饭后就分头去找农村妇女聊天,邀请她们参与团队活动。乡村是熟人社会,有的村民不好意思次次拒绝,偶然也参与白天的行动;有的姐妹最初是不好意思拒绝,但参加了几次活动后,感受到团队的温暖和真心,体验到为村里做事的快乐,之后自然就成为团队的一员。这样发展团队成员的速度虽然慢些,但吸收的成员是真心实意、心甘情愿参与村里的公共事务的。经过一段时间的协商合作,"姐妹乡伴"项目的公益性质被越来越多的乡村妇女了解和认可。更为可喜的是,参加项目活动的女性的家人在看到村里的变化后,也慢慢接受并积极支持她们的工作了。

为加强团队的凝聚力,各个村的团队会不定时召集会议,总结工作成效,商量下一步如何开展工作。她们有时也举办聚餐之类的小活动,比如实行AA制,到附近的休闲农场自己动手洗菜、烧火、做饭。团队的凝聚力在大家无拘无束的交流互动中得到了提升。

3. 互访学习,交流提高

视野开阔的"乡伴"姐妹核心成员都知道"走出去"的重要,但如果每次都等主办方来组织,一是有的团队项目推进迫切需要"取经",等不及;二是主办方举办的培训只能去2—3人,"吃不饱"。在项目经费预算中有参加学习的活动经费,于是,除了参加主办方举办的集中培训学习外,还有村与村之间的学习互访。

为进一步推进村庄环境卫生整治、美化庭院,2018年8月22日,晋安区前洋村负责人带领本村团队代表30人到罗源县官路下秀岭村参观学习。通过实地查看、听取介绍、开座谈会互动交流等方式,深入了解秀岭村乡状元竹海庄园的门庭后院微景观改造情况及乡村农庄发展的长远规划。通过参观学习,姐妹们既学到了经验,又开阔了视野。交流结束后,前洋村立即召开最美庭院创建活动部署会,启动最美庭院创建行动。

11个项目村,有致力于垃圾分类、最美庭院改造的,有为解决外来工子弟课余陪伴与教育问题的,有关注留守儿童、空巢老人的,还有探索乡村旅游、外来企业与本地村民融合的……村与村之间丰富的学习互访内容,不仅有利于学以致用,而且有助于团队的建设,增强"乡伴"姐妹的凝聚力。

三、结论

为响应党的十九大提出的乡村振兴战略,各级妇联组织大力实施"乡村振兴巾帼行动"。福州市妇联抓住激发妇女发展内生动力这个关键,主动联合福建省恒申慈善基金会、福州市美和公益服务中心发起实施福州市"姐妹乡伴"项目。通过赋予农村妇女选择权、决策权,激发她们的内生动力,鼓励她们积极参与乡村公共事务,推动乡村发展。

(一)以激发农村妇女内生动力为着眼点

习近平总书记强调,要尊重广大农民意愿,激发广大农民积极性、主动性、创造性,激活乡村振兴内生动力。只有将占农村人口一半以上的农村妇女的主动性充分调动起来,才能集智慧和力量以实现乡村振兴。福州市美和公益服务中心的林炉生认为,农村妇女并非对公共事务漠不关心,只是缺乏足够的启发与引导,以及施展才干的平台。"姐妹乡伴"项目就是给农村妇女们搭建的一个平台,通过激发农村妇女的潜能,培养她们的能力,让她们在参与和贡献中获得自尊、自信及其他村民的尊重,在助力乡村振兴、实现自我价值的过程中实现农村妇女的自我成长和社会地位的提高。

福州市"姐妹乡伴"项目注重以多种途径激发农村妇女的内生动力。在项目发起和实施过程中,通过组织姐妹们参观游学、培训交流等方式赋权增能,一步步将项目村妇女组织和妇女的积极性、主动性和创造性激发出来。值得一提的是,主办方特别注重项目村妇女带头人的培育。这些带头人长期生活在农村,熟悉乡村人情风俗,擅于处理各种人际关系,而且组织协调能力强,最可贵的是她们热心公益。正是培树了这样一批妇女骨干,在她们组织带动下的姐妹团队才圆满地实现了项目预期目标。

(二)以突出农村妇女需求导向为切入点

解决了谁为乡村振兴的主体,还需回答做什么的问题,毕竟乡村建设是一个头绪繁多的系统工程。"姐妹乡伴"项目赋权于农村妇女,坚持从农村和农村妇女的实际需求出发,引导农村妇女组织先集中力量办好一件事。在项目实施初期,主办方着力指导农村妇女组织,立足本村实际和自身优势,找出村庄和妇女急需改善的一个问题。虽然11个村最后确定的发展目标各不相同,给主办方增加了不少工作量和压力,却激活了农村妇女的主体性。从某种意义上说,"姐妹乡伴"项目是在两方面的努力下展开的:一方面,主办方常态化地组织专家团队到村里,针对各村不同的问题和需求,分析对策,制订解决路径方案,因地制宜予以灵活扶持。另一方面,由于大家期待改善的问题是农村妇女组织集体提出想要解决的,相比而言更有行动的积极性和主动性,也更容易由"要我干"向"我要干"转变。再加上主办方精准的指导和帮助,"乡伴"姐妹们不仅完成了项目预期,而且培养了能力,获得了幸福感和满足感。

(三)以整合社会各方资源为突破点

"姐妹乡伴"项目是福州市妇联积极联合社会各方资源助力乡村振兴的一项举措。福建省恒申慈善基金会自成立以来,一直关注女性群体和公益行业,为第一年"姐妹乡伴"项目的实施支持76万元。福州市美和公益服务中心有长期的农村工作经验,在项目实施过程中派出团队全程指导服务。三方还充分利用各自的社会资本网络,链接高校师资、农业专家、女企业家群体和志愿者团队,对接项目村进行帮扶指导、开展培训,极大地解决了"乡伴"姐妹们实施项目所需的资金、技术、组织等各方面的问题,推动了项目顺利进行并取得实效。

(四)以构建乡村社会治理共同体为落脚点

党的十九大报告提出打造共建共治共享的社会治理格局。十九届四中全会进一步指出建设人人有责、人人尽责、人人享有的社会治理共同体。福州市"姐妹乡伴"项目帮助乡村构建了初步的乡村社会治理共同体。首先,主办三方以参与式发展理念为指导,以破解农村妇女"要我发展"到"我要发展"为着力点,赋权项目核心成员(以村妇女干部为主),通过村妇女干部的领导力调动村民的主观能动性,让她们参与乡村公共事务的建设。其次,为充分发挥农村妇女的主体性,让她们人人尽责尽力,经常组织开展培训学习和集体活动,不仅注重给她们增能,而且注意与农村基层组织联系与合作,保证了农村妇女主体性的发挥是在村党委领导、社会协同下进行的。最后,村民们充分享受了项目开展以来的共治成果。"姐妹乡伴"项目的实施,带来了乡村环境的改善、乡村经济的发展,留守儿童、孤寡老人等弱势群体得到关心、照顾,共享经济社会发展成果,令姐妹们获得满满的成就感,进一步推动"乡伴"姐妹们更加积极地参与乡村社会的治理。

"姐妹乡伴"项目是一个党委领导、政府负责、社会协同、妇女主体参与的乡村社会治理共同体的样板项目。通过对妇女组织进行赋权增能,通过培育妇女组织参与乡村振兴战略的内生动力,这个共同体已经在福州市妇联、福建省恒申慈善基金会的帮助下茁壮成长起来。

参考文献

[1]李小云.参与式发展概论[M].北京:中国农业大学出版社,2001.

[2]吕青.社会工作实务[M].上海:华东理工大学出版社,2010.

[3]郑广怀.伤残农民工:无法被赋权的群体[J].社会学研究,2005(3).

[4]袁方成.增能居民:社区参与的主体性逻辑与行动路径[J].行政论坛,2019(1).

青年不孕女性的社会支持研究*

邱幼云　莫淇涟**

摘　要：本文基于问卷调查和访谈，考察青年不孕女性的社会支持现状及面临的困境。调研发现，在青年不孕女性治疗中，社会支持的来源比较单调，在经济支持、情感支持和信息支持上，家庭和病友构建起不孕女性坚韧的社会支持网，非正式支持的力度远大于正式支持。然而，政府、社区居委会和社会组织的正式社会支持明显不足，公众对不孕女性包容度较低，家庭成员对不孕的认知有偏差，这些问题或多或少造成了青年不孕女性的社会支持困境，需要从制度、文化和社会关系等方面为青年不孕女性提供必要的社会支持。

关键词：青年；不孕女性；社会支持

一、问题的提出

2012年发布的《中国不孕不育现状调研报告》显示，我国育龄人群不孕不育率已经高达12.5%[1]。近年来，不孕不育现象越来越常见，成为人口均衡健康发展中不容忽视的社会问题。由于传统观念等诸多因素的影响，女

———————————

* 基金项目：本文系2021年杭州师范大学"星光计划"课题"生育困难女性的社会支持研究"阶段性成果。

** 邱幼云，杭州师范大学副教授，研究方向为性别与家庭研究。莫淇涟，杭州师范大学钱江学院社会工作系本科生，研究方向为妇女社会工作。

性比男性更容易感到不孕的压力,心理疾病的发生率明显高于男性。并且,不孕治疗通常不是短期内就能见效的,往往需要较长的治疗周期。随着不孕及其治疗时间的延长,患者感受到的压力会越来越大。不孕及其治疗是令人痛苦的生命事件,而社会支持有助于给不孕女性减轻压力,促进身心健康,增强心理韧性水平和适应性,还能有效减轻病耻感,提升生活质量。可见,良好的社会支持在不孕女性应对不孕及其治疗的过程中具有十分重要的作用,可有效减轻各种压力,改善身心健康和生活质量。

现有文献主要聚焦于医学和护理学领域,从社会学角度对不孕女性进行分析的文献极其少见,不孕治疗中的女性关怀和社会性因素还没有得到应有的重视。有些医务工作者关注到了施行不孕治疗的高龄女性,但对青年女性患者进行社会学分析的研究尚不多见。本文在问卷调查和个案访谈的基础上考察青年不孕女性的社会支持现状及存在的问题,并从制度、文化和社会关系方面提出相应的对策建议。

二、研究方法

本文的研究数据来源于2020年6—7月在浙江省邵逸夫医院、上海市第一妇婴保健院、上海第九人民医院等实地所做的问卷调查以及问卷星、微信、QQ等网络渠道发放的问卷。经过整理,最后得到175个在城市居住且年龄在35周岁以下的有效调查样本(见表1)。

表1　调查样本基本情况(N=175)

样本特征		占比(%)	样本特征		占比(%)
文化程度	初中及以下	1.7	不孕原因	男方因素	16.0
	高中或中专	8.6		女方因素	40.6
	大专或本科	72.6		双方因素	20.0
	硕士及以上	17.1		原因不明	23.4

样本特征		占比(%)	样本特征	占比(%)
	5万元以下	6.3	党政机关、事业单位职员	28.6
	5万—10万元(不含)	29.3	企业职员	27.4
家庭年收入	10—20万元(不含)	22.4	私营业主或个体户	13.1
	20—30万元(不含)	23.0	就业状况 商业或服务业员工	7.4
	30—50万元	12.6	自由职业	10.9
	50万元以上	6.3	无业或失业	5.7
			其他(请说明)	6.9

　　除了问卷调查,还通过熟人介绍、微信平台发布邀请函招募访谈对象,最后招募到8名35周岁及以下且正在接受治疗的不孕女性。文中涉及的4名受访者的基本信息如表2所示。

表2　受访者的基本情况

编号	称呼	年龄	治疗经历
A1	小杜	30岁	做了一年的中医调理后,2019年5月开始做了3次人工授精都失败了,2020年3月开始做辅助生殖治疗,目前仍在治疗中
A2	两个世界	35岁	积极备孕多年,尝试过跑步、瑜伽、快走、跳绳等方式,做过几个月的促排卵和超监测排卵,目前仍在治疗中
A3	璇子	33岁	尝试过排卵试纸监测排卵、中医调理,目前正在进行辅助生殖治疗
A4	小希	28岁	自己是多囊卵巢综合征,4年左右病史;男方是慢性肾炎,精子检查未达标;目前正在进行辅助生殖治疗

三、青年不孕女性的社会支持现状

(一)家庭成员是最重要的经济支持来源

　　经济支持主要是为青年不孕女性提供财力上的援助,帮助她们从生活困境中解脱出来。辅助生殖治疗费用价格高,而且不在医保报销范围内,需要患者自己支付所有的治疗费用。以IVF-ET(体外受精—胚胎移植,俗称"试管婴儿")治疗为例,一个周期的治疗大约要花费3万—5万元。实际上,仅一个周期就能顺利怀孕的并不多见,更多患者需要做好几个周期才能成功怀孕。调查对象在不孕治疗上的花费上,低于3万元的占16.4%,3万—10万元(不含)的占54.2%,10万—20万元的占20.4%,20万元以上的占8.9%。这些开支对家庭日常消费产生了不同程度的影响,在267个有效作答中,有30.9%的受访者认为"影响较大,日常消费大大减少",有23.4%选择"有一定影响,家庭日常消费减少,但变化不大",有20.8%选择"有点影响,日常消费没有变化",有17.5%选择"影响很大,为此还背负了一些债务",仅有6.7%选择"没有影响,无经济困扰"。长期持续性的治疗使家庭支出大幅增加,还有部分患者因经济窘迫而不得不中断治疗。

不孕不育治疗费用高昂,对大多数家庭产生或大或小的影响,那么治疗费用主要来自哪里?针对"进行不孕不育治疗中,得到过谁的经济支持?"这一问题所作的回答,按照选项所占比重从高到低排序分别是(可多选):丈夫(91.4%)、父母和公婆(45.7%)、兄弟姐妹和朋友(18.3%),8.6%没有得到任何支持,全靠自己支付所有费用,没有受访者选择"工作单位""社区居委会""社会组织"等正式社会支持来源。在不孕不育治疗中,夫妻是 个共同体,丈夫也就成了经济支持的最重要来源;父母和公婆也发挥了重要作用,近一半调查对象得到过来自父母和公婆的支持;还有近两成得到过兄弟姐妹和朋友的支持。可见,经济支持主要来源于丈夫、父母、公婆、兄弟姐妹等家庭成员,他们都属于非正式的社会支持。对某些患者来说,父母公婆的支持甚至是不孕治疗花费中最主要的经济来源。A1表示"试管婴儿阶段,双方父母也都给予了经济支持,且远远覆盖了实际的花费"(A1,小杜)。很多年轻夫妻在事业上尚处于起步阶段,积蓄不多,家人的经济支持是青年不孕女性得以安心治疗的重要保障,令其感觉"吃了一颗定心丸"。而对于难以从家庭获得经济支持的青年女性而言,她们的治疗之路更显艰辛。调查中有一名受访者,因为自己是家庭的主要经济来源,为了治疗不得不放弃在云南经营的生意来到上海,一边看病,一边在医院附近经营一家非正规的家庭旅馆,以维持治疗费用和日常生活开销。

（二）丈夫和病友是最重要的情感支持来源

情感支持是指不孕女性在进行不孕不育治疗期间，得到的来自他人的安慰和关心。不孕不育是人生重大危机事件，接受治疗的不孕女性经受身体痛楚、心理煎熬，遭遇"身份被否定、人格被贬损并产生消极的自我身份认同"[2]。很多被访者谈到消极情绪感受，"精神压力特别大，感觉承受不起，然后前期整个人特别敏感，特别悲伤和无奈，有时候感觉活着没意思"（A4，小希）。一些女性得知自己患有不孕症后，选择自我封闭，减少与外界的联系，对人际交往也产生消极情绪。当被问到"进行不孕治疗后，您在人际交往上有哪些变化"时，有39.3%的受访者选择"主动远离社交圈"，有12.9%选择"受到工作单位的排斥或歧视"，有10.8%选择"受到家人或亲朋好友的贬低或歧视"，有29.5%表示没有上述不愉快经历。A3表示："我有避免社交活动的倾向，不太愿意与有小孩子的家庭一起游玩，也刻意减少与有孩朋友的接触。别人谈论小孩子我也会心里不舒服，总是觉得别人在背后讨论自己，久而久之，人际关系受到了一定的影响。"（A3，璇子）

显然，青年不孕女性非常需要情感方面的支持。针对"不孕不育治疗期间，得到过谁的安慰？"这一问题所做的回答，按照选项所占比重从高到低排序分别是（可多选）：丈夫（76.6%）、跟自己有相似经历的病友（68.6%）、父母（58.3%）、其他亲朋好友（36.6%）、公婆（26.3%）、医护人员（26.3%）、工作单位（5.7%）、社区居委会（1.7%）、社会组织（1.1%），另外还有3.1%选择的是"自己单独面对，没有得到他人的安慰"。总体来看，调查对象来自"医护人员、工作单位、社区居委会、社会组织"等正式社会支持的总比重为8.5%；而"丈夫、父母、公婆、其他亲朋好友、跟自己有相似经历的病友"等非正式社会支持的总比重为266.4%。可见，来自正式社会组织的情感支持微乎其微，非正式社会支持发挥的情感安慰作用远远超过正式社会支持，丈夫和病友则是最重要的情感支持来源。病友成为不孕女性除丈夫之外的重要情感支持来源。具有相似经历的病友，彼此之间互相理解、互相安慰、互相鼓励，在一定程度上达成对外部世界的共识，并获得集体身份认同，获得前行的勇气，看到治疗的希望。

（三）网络和病友是最重要的信息支持来源

信息支持主要指不孕女性在进行治疗中获取相关信息，使其更好地看清问题、解决问题。对于刚刚知道自己存在生育困难的女性来说，信息支持是十分必要的，不然，她就会像一个"无头苍蝇"一样，不知道该干些什么。就如A1所言，"最主要问题还是没有系统的方向，自己也不知道该怎么做，周边的朋友这种情况也没有，所以看医生时很迷茫，加上自己查查也没有问题，医生的建议都是自怀，后来才了解到医院有专门的不孕不育科"（A1，小杜）。

针对"您进行不孕不育治疗，获取有用信息的主要来源是？"这一问题所做的回答，按照选择比重的高低进行排序分别是（可多选）：网络（94.3%）、病友（66.3%）、医护人员（56.6%）、家人（34.9%）、亲朋好友（18.9%）、书籍（8.0%）、报纸（6.3%）。在治疗中，医生是权威，但来自医护人员的信息支持只占56.6%。医护人员的冷漠让有的患者产生了无所依靠的感觉，"公立医院虽然收费公道，但是人太多，B超之类的检查基本没有隐私可言，医生服务态度差，我觉得是普遍现象"（A10，Jane）。绝大多数调查对象通过网络和病友获取信息。很多患者像A2一样"自己在网上查找资料，加各种备孕群，看了各种病友发送的信息，再去看医生"（A2，两个世界）。

四、青年不孕女性的社会支持困境

（一）刚性约束下正式社会支持明显不足

女性从政府组织、社会组织等正式组织获得的社会支持非常有限。在政府层面上，现有针对不孕女性的医疗保障制度、社会政策仍不完善。目前不孕不育的诊治尚未纳入基本医疗保险，需要患者自己承担所有费用，这给患者家庭带来不小的经济压力。"根据群里姐妹的反馈以及自己去医院的经历，只要和不孕不育相关的治疗费用全部自费，每次常规检查，光是抽血和B超就两百多（元），一个周期光监测卵泡就得上千块，更别提做试管的那些检查和治疗费用了！"（A2，两个世界）高昂的治疗花费和正式社会支持的匮乏让一些不孕女性陷入贫困。尤其是一些从外地到上海治疗的"疑难杂症"病人,长期背井离乡,经济窘迫,每天租住在价格相对低廉的家庭旅馆,省吃俭用,处于比较恶劣的生存境地。目前,不孕不育女性最为迫切的需求是将治疗费用纳入医保。"在生育治疗上,您最大的诉求是什么?",针对本道题的回答,选项最多的是"完善医保报销制度,将不孕不育治疗费用纳入医保报销体系"(70.3%)。在访谈中,同样能看到类似的诉求,"希望可以纳入医保,能提供更全面更客观的宣传,降低大众对于不孕不育治疗的偏见和误解"(A3,璇子)。可见,青年不孕女性对于经济支持方面的诉求呼声最大,对于科普、咨询等信息支持和心理疏导等情感支持的诉求相对较小。

从调查结果来看,不孕女性主要依靠自己、配偶、病友来缓解压力,极少得到社区居委会和社会组织的支持,正式社会支持发挥的作用极其有限。目前多数社区居委会设有计划生育服务站,提供相应的计划生育服务,但其服务对象通常没有涵盖不孕不育人群。同时,这些年来,社会组织发展迅速,其服务对象越来越多样化,覆盖老年人、单亲妈妈、退役军人、困境儿童、失独家庭等群体,但很少涉及不孕不育人群,针对生殖健康的服务项目几乎是空白。事实上,很多不孕患者在治疗前对生殖健康知识了解甚少,急需不孕症相关知识的健康宣教。对不孕不育人群提供心理咨询、经济帮扶,是政府部门应该重视并加以解决的重要问题。

(二)柔性束缚下非正式社会支持存在困境

从调查来看,不孕女性得到的非正式社会支持远大于正式社会支持,然而,非正式社会支持也存在一些困境。一是公众对不孕女性的社会包容度较低。受传统思想影响,人们通常认为女性的人生价值在于婚育,女性如果不能正常生育,常常会受到歧视,甚至遭遇污名化。有一名不孕女性说:"现代社会压力大,不孕不育的患者太多了,希望每个人不要以另类的眼光来看待我们,我们也希望有一个属于自己的孩子,不到迫不得已谁也不会走这一步,希望社会对我们多一些尊重。"(A2,两个世界)公众对不孕女性的误解、污名和排斥加剧了青年不孕女性的压力。二是家庭成员对不孕的认知有偏差。从本次调查来看,家庭是不孕女性最重要的支持来源,但同时也是最大的压力来源。很多人对不孕不育的认知有偏差,当结婚多年未生育时,女方往往首先成为被质疑的对象,遭受来自丈夫、公婆等家人的责难。而且,在去医院治疗前,有的人误以为患上不孕症就意味着一辈子不能生育,这加重了家庭成员对女性的歧视和排斥。调查发现,如果不孕不育是男方造成的,妻子不离不弃居多;相反,如果不孕不育是女方造成的,却常常会引发婚姻震荡甚至解体。这是一个值得深思的现象。

五、结论与建议

调查分析发现,大多数不孕女性得到过不同类型的社会支持,但社会支持的来源比较单调,社会支持网络很不均衡,无论是经济支持还是情感支持,都以非正式组织居多,正式的社会支持明显匮乏。在社会急剧变迁的时代,家庭功能发生巨变,但它仍是人们最稳固的经济和精神支持来源,尤其是在遭遇不孕困境时,家庭是最重要的避风港。具有相似经历的病友之间的分享互动、互相理解,也是青年不孕女性的重要情感和信息支持来源。家庭和病友构建起不孕女性坚韧的社会支持网。然而,来自政府、社会组织、医务人员等方面的支持普遍不足。这既有政府和国家的政策制度原因,也有社会性别文化、社会偏见等方面的影响。当前不孕女性面临的诸多困境,突显了在不孕领域中公共政策存在的短板和不足。党的十九届五中全会提出要实施"包容性的生育政策"以及全面二孩政策,这意味着生育政策迎来了重大转向。鼓励生育将是国家未来生育政策的主导方向,因此政府、社区、家庭与个人多方配合,营造生育友好环境就显得尤为重要且紧迫。

营造生育友好环境,可以从以下几个方面入手。第一,建立相关生育保险政策措施。目前不孕不育的诊治费用尚未被纳入基本医疗保险,需要患者自己承担,这给患者家庭带来不小的经济压力。建议把不孕不育诊治费用分期分批纳入基本医疗保险,把治疗不孕不育症纳入国家生育条例政策专项支持范围,对经济困难的不孕女性提供一定的财政补贴等社会救助,进一步完善相关政策支持。第二,加大对不孕不育知识的宣传力度。社会对生育相关知识了解不足,给不孕女性贴上污名化标签,是引发不孕女性产生病耻感的重要原因。有必要加强对不孕知识的宣传教育,加深全社会对不孕不育群体的理解和关心。大众传媒要避免对不孕不育做负面报道,消除社会对不孕不育的偏见与歧视,营造包容、接纳的生育友好氛围。在宣传教育中大力倡导性别平等意识,消除对女性尤其是不孕女性的偏见。第三,成立互助型交流平台。在外界环境支持不够充分的背景下,不孕女性的自我努力和互相帮助是解决问题的可行之道。相似的经历使不孕女性之间更容易相互理解,产生同感。鼓励不孕女性成立互助型交流平台,以线上的微信或QQ群等网络互动平台开展活动为主,当小组成员熟悉后,组织线下活动。通过互助平台,不孕女性互相提供信息交流和情感支持,可以更好地融入社会、应对不孕困境。

总之,要想更好地面对不孕不育并产生正向疗效,需要家庭、朋友、社区、社会和国家多方面的力量,共同营造包容的社会氛围,提供良好的社会支持。与此同时,青年不孕女性也要学会调整心态,积极寻求外界帮助,建立强有力的社会支持网。

参考文献

[1] 王行宾.应采取措施缓解不孕不育患者看病贵难题[J].协商论坛, 2014(8).

[2] 邱幼云.身份贬抑与关系重塑:基于90后生育困难女性的个案研究[J]. 中国青年研究,2021(2).

家庭建设与社会发展

习近平家庭教育重要论述的价值底蕴与实践路径

毛清萍*

摘　要: 新时代赋予家庭教育新使命,习近平总书记聚焦家庭家教家风建设,特别针对家庭教育作出了一系列重要论述,内涵丰富意义深远。习近平家庭教育重要论述既是对马克思恩格斯家庭教育思想的传承又是对中国优秀传统家文化的现代性转化,同时也是对共产党人家庭教育实践的继承与发扬。其价值底蕴包含着家国情怀养成、家庭美德传承、劳动教育要求、心理健康培育等四个方面,其实践路径在于政府部门完善高质量教育体系、社会合力提供多元化指导服务、万千家长履行全方位穿教职责、公民个人树立新时代家庭美德等。

关键词: 习近平;新时代;家庭教育;价值底蕴;实践路径

2021年10月,十三届全国人大常委会第三十一次会议表决通过《中华人民共和国家庭教育促进法》(以下简称《家庭教育促进法》),家庭教育由传统"家事"上升为重要"国事",标志着习近平家庭教育重要论述从理论方面向法律层面迈出重要步伐。该法所称家庭教育,是指父母或者其他监护人为促进未成年人全面健康成长,对其实施的道德品质、身体素质、生活技能、文化修养、行为习惯等方面的培育、引导和影响。本文所研究的家庭教育从广义出发,探讨家国情怀、家庭美德、劳动教育和心理健康培育等四个方面的

---
* 毛清萍,厦门大学马克思主义学院硕士研究生,研究方向为马克思主义中国化。

内涵,细致开掘新时代实践路径,为更好促进家庭教育法的贯彻实施指明方向。

学术界对于家庭教育的内容的研究主要有:有的学者指出新时代的好家教包括爱国爱家、向上向善、相亲相爱、气节骨气;有的学者认为习近平家庭教育论述的主要内容包括品德教育、价值观教育、传统美德教育、责任感教育;还有的学者认为习近平家庭教育论述的目标是培养具有家国情怀、和谐社会关系、正确价值观的个人;等等。可以看出,学术界对于习近平家庭教育重要论述的内容主要集中在家国情怀、家庭美德、价值观教育等方面,对于劳动教育和心理健康的培育鲜有涉及。《家庭教育促进法》中强调的"生活技能""行为习惯""身体素质"等均需在劳动实践中培养,习近平总书记也对劳动教育作出了一系列重要指示批示。同时,他还指出"没有形成健康成熟的人格,那是不合格的",可见青少年心理健康教育在家庭教育中的分量是不言自明的。基于此,本文综合整理习近平总书记有关家庭教育的一系列重要论述,从其形成基础、价值底蕴和实践路径等方面加以展开,以期为学术界深化家庭家风家教建设研究抛砖引玉。

一、习近平家庭教育重要论述的形成基础

习近平总书记关于家庭教育的重要论述从马克思恩格斯家庭教育思想、中国传统家文化、共产党人的革命家庭教育中汲取智慧,在吸收前人理论成果的基础上,结合当前基本国情,形成了具有时代价值的新观点,是新时代建设文明家庭的思想基础和行动指南。

(一)马克思恩格斯家庭教育思想的基因

马克思和恩格斯从唯物史观出发,系统地研究了家庭的起源和发展、家庭与社会的关系、妇女在家庭和社会中的地位等问题。马克思和恩格斯认为,从狭义上看,家庭关系即夫妻关系和亲子关系,其内核是社会关系;从广义上看,家庭作为社会的最小单位,是其缩影。在父母和子女的关系方面,马克思和恩格斯从家庭教育出发,重视婚姻观、劳动观、平等观的教育。他

们从历史唯物主义的角度提出"两种生产"理论,高度肯定妇女在物质生产和人类自身再生产中做出的贡献,指出妇女和男子同是历史发展的动力和创造者,建立在爱情基础上的婚姻才是现代家庭的归属。在家庭和国家的关系方面,马克思和恩格斯认为家庭教育是社会发展的结果,现存社会关系中存在的问题和弊病都是历史性的,都将在历史演进的长河中得以消解。家庭教育的内容与社会发展的阶段性相一致,子女的发展离不开家庭教育。马克思还将理论付诸实践,他教育孩子不是通过灌输,而是寓教于形、寓教于乐,借由通俗的故事达到教育目的。马克思和妻子燕妮总是对女儿的问题给出具体而透彻的回答,并支持女儿的选择,在深层次上体现了对孩子的平等和尊重。

习近平总书记家庭教育的重要论述蕴含了马克思恩格斯家庭思想的"基因",他重视子女的教养,认为父母的言行举止都会影响子女的处事方式,而社会和谐的氛围离不开良好家风的建设。他还多次肯定妇女在家庭教育中的重要作用,认为妇女担当着培养子女正确的价值观、弘扬传统家庭美德、扣好子女人生中第一粒扣子的重任。马克思恩格斯家庭思想关于家庭、家庭教育、妇女地位等方面的观点在习近平总书记家庭教育的重要论述中均有体现,在其整个思想体系中构成价值导向的一环。

(二)中国优秀传统家文化的现代性转化

中华民族自古以来就有以"孝"为核心的家文化。"老吾老以及人之老,幼吾幼以及人之幼""天下之本在家",家庭教育可以称作实现人的全面发展的"第一起点"。《大学》中的"欲齐其家者,先修其身",《左传》中的"爱子,教之以义方",诸葛亮的训诫格言、颜氏家训、朱子家训、了凡四训、曾国藩家书等都包含着对家规家教家训的重视,均在不同程度上强调家庭教育的方式方法。良好的家庭家教家风可以促进家庭和谐,也可为国家和社会的未来积蓄力量。自古以来中国人都十分重视家庭家教家风建设,家庭教育的内容涵盖了爱家爱国、奉公守法、心怀百姓和天下为公等高尚品德。

《习近平谈治国理政(第二卷)》中谈到要重视发挥家庭在教育方面的基础性作用,"家庭是人生的第一个课堂"。习近平总书记屡次用到"家"的典故,如"治国平天下""正家,而天下定矣",无不体现着齐家之道,突出了家庭教育是"第一教育"的重要地位。对于传统的家庭美德,他不是进行简单的回溯,而是提取其思想精髓,并结合时代所需进行创新性发展和全民性普及。习近平总书记多次强调坚持党对家庭家教家风建设工作的领导,实现家校社有机协同,阐明新时代家庭教育要从家庭辐射到社会,进而为国家富强和民族复兴积蓄力量。

(三)共产党人家庭教育实践的继承与发扬

共产党人的家庭教育是党的老一辈无产阶级革命家在革命淬炼中形成的家庭规训,战争年代他们自立自强、艰苦朴素、以身示范,为孩子们树立了光辉榜样。这些"好家规"彰显的是爱党爱国、忠于人民、甘于奉献、身体力行的革命精神。毛泽东在教育子女认真学习的同时,时常告诫他们要参加劳动,利用一切机会激励和引导他们将个人的学习与国家社会联系起来,"学为国""学为民",努力成为有社会主义信念和文化自觉的劳动者。朱德和家人约法三章,教育孩子要有规矩意识,自力更生,艰苦奋斗,靠自己的能力和才干为国家做出贡献,形成了勤俭节约艰苦朴素的优良家风。孕育于老一辈无产阶级革命家的红色家庭教育以及言传身教方式都是习近平总书记家庭教育重要论述的思想基础。习近平总书记反复指出,家风不是个人小事私事,而是领导干部作风的重要表现,加强党员领导干部的家风建设,传承革命家庭教育对于净化党内生态、涵养社会正气,对于聚民心暖人心促同心,保持共产党人昂扬向上的奋斗姿态以及坚守政治纪律和政治规矩都有着重要作用。

二、习近平家庭教育重要论述的价值底蕴

习近平家庭教育重要论述蕴含着家国情怀养成、家庭美德传承、劳动教育要求和心理健康培育等方面的价值底蕴,同时也是培养时代新人,引领社会正气,培育和实践社会主义核心价值观的经验总结和现实指导,其重要性不可忽视。

（一）家国情怀养成

习近平总书记在2018年的春节团拜会上提到,要把爱家和爱国统一起来,把实现个人梦、家庭梦融入国家梦、民族梦之中。从国家层面来看,国家富强则家庭幸福,国家和民族的前途命运关系到每个小家庭的幸福;从社会层面来看,家庭友好型社会的建构是千千万万个家庭的合力;从公民层面来看,爱国是本分,也是职责,公民的个人利益与国家最高利益休戚与共。子女教育是家庭教育的核心内容,是营造社会正气的四梁八柱,是国家发展、民族腾飞的重要基点。青少年代表着家庭的希望、民族的脊梁、国家的未来。加强和改进未成年人思想道德建设不是权宜之计,而是一项长期而艰巨的战略任务。社会、学校和家庭都是青少年受教育的重要载体,通过培养广大青少年浓厚的爱党爱国意识、深厚的民族情感和人民情怀,使得他们成为新时代的标兵、新事业的建设者。培养公民的家国情怀是进行社会主义核心价值观教育的重要内容,既体现着习近平总书记对社会主义文明家庭的期许,又展现着弘扬中华传统美德、构筑美好社会的使命。

（二）家庭美德传承

家庭美德是社会规则和主流意识形态在家庭领域的具体贯彻,虽然并不对每个社会成员具有同等的指导性和规范性,但中华民族五千年来形成的尊老爱幼、夫妻和睦、勤俭持家、邻里互助的家庭美德维系着家庭和谐幸福、社会安定团结、公民道德健全。2016年,习近平总书记在会见第一届全国文明家庭代表时指出:"家庭不只是人们身体的住处,更是人们心灵的归宿。"家庭是家庭美德实践的重要载体,对于未来美好家庭的组建,代际关系的和谐都有着不可忽视的作用。尤其要重视妇女在家庭教育中的独特作用,从1995年我国正式提出并实施男女平等基本国策,到党的十九大报告提出要"坚持男女平等基本国策,保障妇女儿童合法权益",在切实保障妇女在家庭、社会生活中的地位的基础上,我们要肯定家庭美德的价值导向和文化传承功能,引导妇女积极推动家庭成员发扬男女平等、夫妻和睦等家庭美德。

（三）劳动教育要求

美好生活的实现、中华民族的伟大复兴离不开少年儿童的"德智体美劳"全面发展。2015年，习近平总书记在会见中国少年先锋队第七次全国代表大会代表时寄语全国各族少年儿童："人世间的一切成就、一切幸福都源于劳动和创造。"习近平总书记多次强调"幸福是奋斗出来的"，奋斗不仅是生存的需要，而且是体验幸福生活、实现自我超越和社会价值的需要。新时代的劳动教育不是在德智体美"四育"基础上的简单相加，而是对整个教育体系立体式育人的相互叠加。以孩子为中心的家庭观念忽视了劳动观的培养，不符合新时代需要。新时代是人人都能够出彩的时代，是平凡劳动者可以发光的时代，而奋斗是必由之路，为幸福而奋斗是对劳动本质的回归和尊重，培养具有民族大局观和健康劳动观的"新青年"应该成为家庭教育的重点。家庭是教育的起点，通过家务劳动启迪孩子的劳动意识，家务劳动中的自主性将带动青少年在未来社会劳动中的积极性、主动性和创造性。习近平总书记家庭教育的重要论述中就包含着劳动教育的本质要求，家长要重新审视孩子在家庭中的地位，培养孩子劳动的主动性。

（四）心理健康培育

党的十九大报告中提出要加强社会心理服务体系建设，培育自尊自信、理性平和、积极向上的社会心态。这对于新时代文明家庭的构建、对于人民健康心态的养成有着深远的指导意义。关于教育的话题是社会各界热议的重点，实行"双减政策"以前，我国青少年学生学业负担普遍较重。青少年从小受到原生家庭的影响，他们的情感生活、心灵归宿迫切需要父母正确引导，如果长期忽视家庭教育或者家庭教育不当，就可能出现一系列心理问题，影响其身心成长与未来发展。2021年，习近平总书记在看望医药卫生界、教育界政协委员时强调："教育，无论学校教育还是家庭教育，都不能过于注重分数。分数是一时之得，要从一生的成长目标来看。如果最后没有形成健康成熟的人格，那是不合格的。"家长共情能力较差、原生家庭结构不完整、亲子沟通缺乏等都可能导致青少年无法排解压力，出现抑郁、焦虑等问题。因此，青少年的心理健康不仅需要通过学校教育予以保证，而且需要每个家庭高度重视。

三、习近平家庭教育重要论述的实践路径

学习贯彻习近平总书记家庭教育的重要论述,意味着家校社联动:家长发挥好塑造良好家庭教育的主体职责,用科学合理的方式教育培养下一代,建设美好幸福家庭;学校承担起"三全育人""五育并举"的主体责任,培养品德高尚全面发展的时代新人;社会营造男女平等、理性平和的社会氛围,助力新型社会关系和文明家庭建设。

(一)政府部门完善家庭教育服务体系

随着政府各项家庭政策的出台和完善,家庭建设已经成为中国特色社会主义制度建设的重要内容。《家庭教育促进法》规定省级人民政府应当编写或者采用适合当地实际的家庭教育指导读本,制定相应的家庭教育指导服务工作规范和评估规范。各省纷纷响应号召,多地颁布家庭教育促进条例,将家庭教育事业发展纳入国民经济和社会发展规划,制定家庭教育工作专项规划,组织对家庭教育工作情况进行评估和检查,把家庭教育工作经费纳入财政预算,结合财力状况,逐步增加对家庭教育工作的投入。在落实方面,要健全家庭教育服务人才体系,通过配齐专职辅导队伍,实行家校结对,优化教职人员专业素养,有效提升家庭教育的培养质量,还需特别关注留守儿童和非典型性家庭儿童的成长需求,实现城乡区域服务的均衡配置。作为家庭教育工作的主导,各级人民政府应当倡导好家规、好家训、好家风,县级以上人民政府妇女儿童工作委员会负责组织、协调、指导、督促有关部门和单位做好家庭教育指导和管理,层层配合,健全服务体系。

(二)社会合力打造家庭教育专业化平台

2018年9月,习近平总书记在全国教育大会上指出,教育、妇联等部门要统筹协调社会资源支持服务家庭教育。教育系统和各级妇女儿童工作委员会可以为家庭教育提供人力支持和人才支撑;妇联组织可以为父母的自我

成长和科学育儿提供亲切关怀,提倡建立良好和睦的夫妻关系,开展"家庭和美,与爱同行"的教育活动;心理咨询、女性社会组织等机构应当承担起社会责任,为家庭教育提供公益服务,促进亲子关系改善,为家庭教育打造专业化服务平台;社区可以补齐家庭教育短板,形成"社区—家长"教育网络,打造青少年"心智成长课堂"等,对学习习惯和自律性差的孩子进行心理疏导,让他们做情绪的主人,从而补足孩子的心理营养。此外,应提升家庭教育指导师的专业度和可信度,培养一批高素质的人才队伍,并通过进社区、进家庭等方式向广大家庭传播科学教育理念。企事业单位要主动转变思想观念,将"育幼"问题视为社会公共事务,创造条件让父母有更多时间陪伴孩子,使孩子有机会获得更好的家庭教育。

(三)万千家长履行全方位家庭教育职责

家庭是社会的基本细胞,家长是家庭教育的主体,要用新时代家庭教育的新观念来指导教育行为,实现家长自身的全面发展。一是涵养家长思想品德与行为风尚。这是提升家长教育水平和育人能力的首要因素。家长应自觉践行家庭美德和社会公德,谨言慎行,只有先端正自己,才可以让子女"择其善者而从之",真正将父母的言传身教铭记心中,并在实际生活中养成符合社会道德规范的行为。二是不断提升健康的心理素质。孩子在成长的不同阶段会呈现出不同的生理和心理特点,同时各种各样的问题也会接踵而来。父母要调整好心态,用积极、乐观的心态处理这些棘手的问题。要从根本上坚持正确的价值导向,用发展的眼光看孩子,对子女有合理的预期,同时要及时发现其心理问题,并给予排解。三是不断扩大知识储备。强化家长主体职责,培养科学教子理念,家长应树立终身学习的理念,不仅要注重专业知识的学习和学历层次的提高,而且要广泛学习社会知识和技能,积极应对网络文化等带来的负面影响,掌握家庭教育的原则、方法和艺术,更新家庭教育的理念。四是营造良好的家庭劳动氛围。家长要注重家务劳动与现实社会的联结,从小培养孩子的家务劳动意识,通过家庭的劳动教育,使孩子成为友好家庭的建设者、和谐社会的实干家。

（四）公民个人树立新时代家庭美德

新时代的家庭美德积淀着中华民族五千年的家国底蕴，是在继承马克思主义男女平等观、科学婚恋观基础上同中国具体实际相结合的产物，要推动广大家庭形成爱国爱家、相亲相爱、向上向善、共建共享的社会主义家庭文明新风尚。每个公民都是中华优秀家庭美德的传承人和践行者，既传承着"孝顺父母、敬爱师长、和睦亲族"的"齐家"情怀，也践行着"婚姻自由、男女平等、善良忠诚"的理念。家庭的和睦幸福与社会的文明和谐紧密关联，要站在历史唯物主义立场扎根中华大地，把自古以来的优良家风家训家教、家庭美德进行创新创造，砥砺社会正能量，构筑新时代美好生活。社会主义核心价值观倡导的自由、平等、友善、和谐等理念，蕴含着性别平等的希冀，引领着和睦婚姻、幸福家庭观念的养成。每个公民都应将个人品德、家庭美德、职业道德、社会公德有机融合起来，发扬新时代家庭美德，在新时代彰显优秀传统文化的魅力。

四、结语

我国正处在全面建设社会主义现代化国家新征程的历史起点上，人的现代化是核心内容和最终目标。家庭是实现人的现代化的起点，家庭教育是现代教育的基础，它的地位特殊，对素质教育有着深远影响。家庭荷担育人大任，孩子的启蒙源于父母。习近平总书记家庭教育重要论述作为家国情怀教育、家庭美德教育、劳动教育、心理健康教育的根本遵循，家庭、社会、政府和个人要各尽其能，发挥合力，以期实现"立德树人"的目标。父母有责任做好表率，督促子女淬炼爱家爱国品格，通过身体力行促使孩子养成良好习惯。家庭美德不仅是家庭的灵魂，也是乡风民风培育的基础，需要把新时代家庭美德置于家庭教育的显要位置，坚持家校社联合，坚持家庭建设共建共享，坚持用马克思主义同中华优秀传统文化相结合。唯有如此，家庭教育的意义才得以彰显，家庭友好型社会才能建成，人的自由全面发展和社会主义现代化才能尽早实现。

恩格斯家务劳动社会化思想及现实启示

吴雨星*

摘　要：恩格斯认为，妇女解放的现实条件是妇女参加社会劳动并且实现家务劳动社会化。学界对前者关注较多，有必要对后者做进一步的梳理。恩格斯家务劳动社会化思想基本内涵体现为：致力于发挥妇女的主体性，置身于客观世界的实践性，根源于唯物史观的科学性。其价值意蕴体现在：促进妇女解放的直接需求，缔结爱情婚姻的理想追求，促进生产发展的根本要求，人的全面发展的必然要求。其对当今家务劳动社会化的启示在于：促进生产力发展提供物质基础，促进科技发展加强现代支撑，加强公共服务供给夯实保障体系。

关键词：恩格斯；家务劳动；社会化；现实启示

一、引言

家务劳动社会化即家庭内部自我服务的私人劳动转由社会来提供。从构成内容来看，其可分为家庭生活消费品以及家庭服务的社会化供给[1]，主要涉及家务劳动、养老、托幼的社会化；从供给性质来看，其既可以由国家、社会以公益的形式实现，也可以通过工业、服务业（主要指家政服务业）等商

---

* 吴雨星，福建师范大学马克思主义学院博士研究生，研究方向为马克思主义理论。

业付费方式实现。

恩格斯指出："妇女的解放，只有在妇女可以大量地、社会规模地参加生产，而家务劳动只占她们极少的工夫的时候，才有可能。"[2]由此，妇女解放的现实条件是妇女参加社会劳动以及家务劳动社会化。但是学界对前者研究较多，对家务劳动社会化专门的论述较少，且鲜有对恩格斯家务劳动社会化思想进行专门、系统的研究。学界对推进家务劳动社会化的意见并不一致，概括有以下三个观点。一是家庭温情与反资本剥削论。本森认为家庭能满足亲密、共有以及安全关系的情感需求，而资本主义制度下家务劳动社会化事实上是家务劳动资本化，会造成妇女的双重负担。[3]二是家庭收益最大化论。贝克（Becker）认为家务劳动的性别分工是出于家庭经济收益最大化的考量。[4]当家务劳动社会化成本高于家庭成员的机会成本时，家庭的理性选择是家务劳动私人化。三是肯定家务劳动价值论。科斯塔认为家务劳动与其他生产性劳动一样也生产价值与剩余价值，只不过是一种隐蔽的方式[5]。因此，在策略上倡导国家对家务劳动价值的肯定与补偿，并非推进社会化。与此相对应的是三种回应。一是资本对家务劳动的剥削未曾离场。家务劳动的隐性价值论事实上回应了反资本剥削论。市场性家务劳动社会化只不过是资本剥削的转场，从隐性转向显性。马克思虽将家务劳动定性为非生产性劳动，但明确指出工资包含生产力再生产所需生活资料，因此家务劳动的价值内涵于家庭工资。哈里森也认为家务劳动所创造的价值与剩余价值都体现在家庭工资里。[6]另外，家庭亲情是家庭成员共同投入的，而不仅在于妻子，且情感的投入是内在的、无法估量的，不应纳入家务劳动的范畴。[7]二是家庭收益最大化内隐性别歧视欠账。贝克认为由于女性长期从事家务劳动，具备家务劳动方面的技巧与优势，从比较优势看，女性更适合家务劳动。但女性所谓的家务劳动优势事实上是传统性别分工积累的欠账，当前要做的是弥补欠账，让女性从传统的束缚中解放出来，而不是继续巩固传统性别分工。三是自由与解放超越物质肯定。有学者认为家务劳动社会化的重要意义在于体现与肯定家务劳动的价值，但事实上更重要的意义在于妇女有机会获得自由与发展。呼吁前者是必要的，但不能因此成为阻碍家务劳动社会化的理由。综上，有必要进一步专门、系统地梳理恩格斯家务劳动社会化思想，指引妇女解放的道路。

二、恩格斯家务劳动社会化思想的基本内涵

恩格斯家务劳动社会化思想内涵在马克思主义妇女解放的理论中,比较集中地体现在马克思、恩格斯合著的《德意志意识形态》《共产党宣言》,恩格斯的《英国工人阶级状况》《在爱北斐特的演说》《共产主义原理》《家庭、私有制和国家的起源》《给盖尔特鲁黛·吉约姆-沙克的信》等著作、书信中。其中,《家庭、私有制和国家的起源》较为全面地展现了家务劳动社会化思想。

(一)致力于发挥妇女的主体性

恩格斯家务劳动社会化思想内涵在于发挥人的主体性及实现人的解放,其直接目的在于发挥妇女的主体性。

一是家务劳动社会化有利于妇女集中地从事家务工作,提高工作效率与发展主体效能。家务劳动社会化促使家务劳动从狭窄的空间中解放出来,揉进更多更有效率的生产要素,集中资源与力量推进,因而能在一定程度上促进人的才能的发挥与发展。恩格斯在《在爱北斐特的演说》中对"公共食堂和公共服务所"提出了设想,认为原先从事家务劳动的人中有三分之二能够解放出来,而剩下的三分之一能够更加高效地完成之前的家务劳动。从家务劳动中解放出来的人能自由选择从事社会工作,而其余三分之一可以通过从事社会化的家务劳动,提升效率,从而能有效发挥妇女的积极性能动性。

二是家务劳动社会化有利于妇女参加社会劳动,获得社会主体地位。妇女只有投身社会劳动才能充分展现自己的劳动价值,才能有效发挥与发展自身的能力。但是恩格斯指出,公共事业与家庭中的义务显然存在矛盾,参与前者就必须舍弃后者,舍弃后者不是放任不管,而是将家务劳动社会化,如此,妇女才能无后顾之忧地参加社会劳动以发挥主体性,实现劳动价值。

（二）置身于客观世界的实践性

实践性是马克思主义的本质特征。实践是发挥人的主体性，作用于现实活动，体现问题在于改变世界的实际目标。

一是家务劳动社会化本身是客观活动。妇女解放只有用客观具体的办法并置身于客观具体的世界才能达成，后者是每个人所生活的社会，家务劳动社会化则是客观具体的办法。恩格斯在《家庭、私有制与国家的起源》中，批判了巴霍芬将母权制及母权制转向父权制诉诸宗教观念，"照巴霍芬看来，并不是人们的现实生活条件的发展，而是这些条件在这些人们头脑中的宗教反映，引起了男女两性相互的社会地位的历史性的变化"[2]20。而事实上，母权制转向父权制是生产发展及私有制产生的结果，伴随着群婚向专偶制婚姻的转变，家务劳动由公共性质转变成"一种私人的服务"[2]87。在专偶制婚姻当中，妇女是家中的女仆，专门料理家务。为使妇女从家务劳动中解放出来，不是靠宗教在人脑中的反馈，而是要使家务劳动社会化，即现实的人在工业社会背景之下的具体实践。

二是家务劳动社会化的正确性需要通过实践加以检验。家务劳动社会化是实践发展的结果，也必然要回到实践中去检验。历史发展的实践结果表明，家务劳动社会化改变了妇女因禁于家庭之中的境遇，改变了被男性压迫的境遇；提升了家务劳动的效率；妇女得以更加投入地从事生产性质的社会劳动，取得经济收入并提升社会地位，通过发挥积极性、主动性、创造性，发展自身的能力，为最终实现人类解放做出贡献。此外，家务劳动社会化将在进一步的实践中得以更充分的发展。

（三）根源于唯物史观的科学性

恩格斯家务劳动社会化思想是基于唯物史观阐述的，体现社会存在决定社会意识、生产力决定生产关系的科学结论。

一是低下的生产力决定实行古代共产制下的家务劳动社会化。恩格斯指出，蒙昧时代及野蛮时代的低级发展阶段，生产力低下，人类需要以"群"的方式生存以"弥补个体自卫能力的不足"[2]45。在家庭生成方式上，表现为群婚。同时，生产资料群体共有，家务料理也是公共的事情。劳动分工只存在于两性之间且是完全自然的,"家庭经济"本质上是共产主义的。

二是社会大分工促使家务劳动私人化。生产力的提高,驯畜业的发展,产生了第一次社会大分工,游牧部落逐渐分离出来。多余的牲畜被用于交换,牲畜变成私有财产。农业、家庭手工业也随之发展。财富的增多,导致家庭的革命。男子因掌握越来越多的生活资料获得了统治地位,妇女地位下降。为了使多余的生活资料私有化延续,使男子的财产由其子女继承,父权制推翻了母权制,先是对偶制替代群婚制,后来专偶制替代对偶制,而家务劳动也从公共的事情转化为家庭内部妇女的事情。生产力的继续发展,手工业和农业分离产生了第二次社会大分工。共产制家庭逐步被摧毁,私有制进一步发展,"个体家庭开始成为社会的经济单位了"[2]183。商人阶层的出现产生第三次社会大分工,商品经济进一步发展,进一步加剧了脑力劳动与体力劳动的对立。

三是生产力大发展为新的家务劳动社会化提供现实基础。现代化大工业的发展促使妇女参加社会劳动,同时"它还力求把私人的家务劳动逐渐溶化在公共的事业中"[2]181,使更多的妇女有更充足的时间与精力能够为现代化大工业发展服务。因此,从家务劳动私人化回归家务劳动社会化,而且是在更高层次上的家务劳动社会化是生产力发展的必然结果。

三、恩格斯家务劳动社会化思想的价值意蕴

(一)促进妇女解放的直接需求

如前所述,家务劳动社会化是妇女解放的现实条件之一。由于时间与精力的有限性,妇女从事家庭私人服务与社会公共生产存在不可协调的矛盾。但是家务劳动是维持人类生存与发展的基础,不可或缺,只有将之"改造为社会主义大经济"[8],实现妇女解放与共产主义才有可能。一是为妇女参加社会劳动提供保障。这是从促进妇女解放先决条件实现的视角论述的。二是妇女从家务劳动中解放出来。家庭是一个狭小的劳动空间,私人、无生产性价值的家务劳动对于妇女来说是一种压迫人的力量。三是妇女从父权制的奴役中解放出来。在父权制下,家庭中的夫妻关系如同资本主义

制度下资产阶级对无产阶级的压榨与剥削,"妻子和儿女是丈夫的奴隶"[9]6,妻子是"单纯的生孩子的工具"[2]68、"主要的家庭女仆"[2]87。家务劳动社会化将促使男子从家务劳动社会化的角度,认识家务劳动的价值,进而重新认识与定位女性的社会经济地位。

(二)缔结爱情婚姻的理想追求

在父权制下,男子因占有生产资料在家庭中具有经济统治地位,对妇女造成压迫。在统治阶级中,婚姻的缔结是"一种由父母安排的、权衡利害的事情"[2]83。恩格斯介绍在资产阶级中婚姻的缔结有两种方式:一种是由父母安排的婚姻,那自然是基于利益权衡,而非基于相互爱慕;另一种是资产阶级的儿子有一定的自由去选择妻子,但仍然是从本阶级中去选择。而且后种婚姻缔结方式是表面上的自由,因为父母有财产遗赠的权利,资产阶级的儿子仍旧受制于父母财富的分配权而不可能有真正的爱情婚姻。对于赋有政权的人来说,"结婚是种政治行为"[2]92,而城市的行会师傅寻找婚姻的对象也是出于家庭利益的考虑。滑稽的是,资产阶级宣称的婚姻自由及基于爱情的婚姻只有在无产阶级当中才能成为现实。在无产阶级的家庭中,除自专偶制以来对妇女的暴力外,男子的最后统治残余已经消失。而妇女常常出于对"后果"的担忧,选择婚姻对象的出发点是经济利益而非相互的爱慕。这个"后果"包括孩子的抚养与教育等,势必产生经济费用。《英国工人阶级状况》介绍,很多家庭,夫妻双方都外出工作,而孩子因无人照顾意外伤亡、病死的情况特别多,资产阶级犯了"无可辩驳的谋杀罪名"[10]423。男女互为利益而结婚,必然导致较为普遍的游淫、通奸行为。在资本主义逻辑下,妇女势必为金钱而卖淫,"资产阶级的婚姻实际上是公妻制"[9]50。只有当"孩子的抚养和教育成为公共的事情"[2]89,家务劳动不再是私人的事情,而变成社会的事业,这时妇女对"后果"的担忧消除。共产主义社会的婚姻成为"和当事人有关而社会无须干预的纯粹私人关系"[10]689-690。

(三)促进生产发展的根本要求

家务劳动社会化既是生产发展的必然结果,又是促进生产发展的根本要求。首先,为工业发展提供充足的劳动力。工业发展为女性参加社会劳动提供了现实基础,随着工业的发展,机器的应用促使劳动简单化,资本为了追求超额剩余价值,必然寻求更低价值的劳动力。而随着男子劳动力价值的普遍降低,家庭仅靠男子的收入已经无法维持生存,妇女也不得不参加社会劳动。妇女成为雇佣劳动的"蓄水池"。当经济繁荣发展的时候,妇女参加社会劳动;当经济衰退或者产生危机时,妇女退居家庭。家务劳动社会化就为妇女在资本需要的时候充分参加社会劳动提供了必要条件。其次,有利于资源的整合与优化。恩格斯大胆设想公共经济的优越性,并指出在家务劳动方面体现得尤为明显。恩格斯以做饭为例,每个家庭都去市场购买食材,自己准备必需的少量膳食,拥有自己的餐具,雇佣自己的厨师,"这白白占了多少地方、浪费了多少物品和劳动力"[9]613,如果实行家务劳动社会化,就能够在社会中更高效地完成家务任务,同时促进妇女参加社会劳动。家务劳动社会化显然不仅使人力资源,还使物的资源得到了整合与优化使用。

(四)人的全面发展的必然要求

生产力发展与社会分工互为促进,但是社会分工促使了人的片面发展。一方面社会分工使人的劳动范围缩小,每个人都存在强加于自身的"一定的特殊的活动范围"[10]537,并且无法超越,每个人所掌握的技能就是片面的,"每一个人都只能发展自己才能的一方面而偏废了其他各方面"[10]688;另一方面社会分工使人的劳动简单化。一开始分工还能使人学习与掌握相对复杂的工作技艺,随着分工的细化,人的劳动变得越来越简单,人的发展趋于片面。恩格斯指出"自愿"与"自然"分工的区别:前者由人驾驭,体现了人的自由自觉性;而后者则是驾驭着人,是"异己的、同他对立的力量"[10]537。自然的分工使妇女固定从事家务劳动,男子专门从事生产资料的生产,每个人都有限定的工作范围。首先,私人的家务劳动不利于才智的发挥与发展。将之变成公共事业以后,妇女可以充分参加社会劳动,学习工作技能,积累工作经验,甚至可以因工作需要获得教育与培训的机会。其次,妇女的发展也有利于男子的发展。男子在与妇女的社会劳动同台演绎中,学习借鉴并进一步发展与完善自己。最后,家务劳动社会化与人的发展逐步行进。家务劳动社会化并不是一蹴而就的,人的发展程度也是渐进的过程。在共产主义社会,生产资料公有,分工消失,家务劳动完全社会化,人的全面发展得以实现。

四、恩格斯家务劳动社会化思想的现实启示

在我国,家务劳动的涵盖内容需要突出两点:一是老龄化问题。2019年末全国大陆地区60周岁及以上人口占总人口的18.1%[11],养老成为家务劳动的重要内容。二是全面二孩给家庭带来较大的抚幼压力。恩格斯家务劳动社会化思想,对推进当今家务劳动社会化的启示主要表现在以下三个方面。

(一)促进生产力发展提供物质基础

从恩格斯对家务劳动社会化发展进程的分析得知,生产力发展是根本动力。生产力的发展决定家务劳动从社会化(低层次)到私人化再到逐步社会化(高层次)及最终完全实现社会化。积极发展生产力为实现高层次、完全的家务劳动社会化奠定物质基础。

针对经济发展不充分导致公共性家务劳动社会化不足的问题,应着力提高国家经济的整体水平;针对经济发展不平衡导致家务劳动社会化阶层分化的问题,应着力加强对贫困落后地区、中低收入人群的扶持与收入再分配。在新时代背景下,关键在于以新发展理念引领经济发展。一是要注重创新发展。以先进的管理理念与管理技术促进家务劳动社会化的现代化水平。二是要注重协调发展。在乡村振兴战略下统筹城乡发展,积极探索乡村家务劳动社会化发展之路。统筹中西部发展,加大对西部落后地区家务劳动社会化的扶持力度。三是要注重绿色发展。须清醒地认识到工业化视域下生态环境问题日益突显,经济发展须突破传统粗放式的发展方式,追求科学发展。四是要注重开放发展。积极借鉴吸收国外先进的经济发展以及先进的家务劳动社会化经验。五是要注重共享发展。经济发展要惠及广大人民群众,着力扶持与民生紧密相关行业的发展,扩大公共性家务劳动社会化范围及提高公共性家务劳动社会化水平。

(二)促进科技发展加强现代支撑

恩格斯指出家务劳动社会化置身于现代化大工业的具体实践。而科技的发展及运用是现代大工业发展的重要条件,换言之,科技能够有效促进家务劳动社会化。

科技发展促使家务劳动社会化更好、更容易实现。一方面,科技发展使家务劳动社会化水准提升,能够满足家庭追求更加精细化、精准化的服务需求;另一方面,科技运用使家务劳动社会化效率提高并直接导致成本降低,家庭更有能力支付家务劳动社会化费用。因此,需促进科技发展,为家务劳动社会化提供效率与安全支撑,主要从以下四个方面着力。一是鼓励科技运用于工业促进家务劳动社会化规模化。规模化发展才能降低成本,促进家庭对家务劳动社会化的消费。二是积极研发科技监管设备促进家务劳动社会化安全化。促进网络科技发展,加强社会化养老、托幼机构的安全设备联网实时监控,建立网络信用平台,严禁信用记录黑名单人员从事家政行业,保障老人、儿童的生命安全。三是促进前沿科技发展促进家务劳动社会化智能化。如优化智能手环、手表,超长蓄电,研发智能定位预警系统[12],防止老人走失。四是大力发展网络科技促使家务劳动社会化便捷化。促进网购更加优惠、多样与便捷,推进家务劳动通过网购社会化方式实现。

(三)加强公共服务供给夯实保障体系

恩格斯指出,家务劳动社会化的完全实现依赖于生产资料公有制的实现。而在现行条件下,体现为尽可能发挥国家公有制为主体的制度优势。

一方面,囿于生产力水平发展不足,国家需充分利用市场资源大力发展生产力,为实现生产资料的全面共有奠定物质基础;另一方面,在公有制为主体的经济体制中,国家能够集中力量办大事,并在马克思主义人本思想的指导下为人民谋取更多福祉。我国需发挥国家制度优势,加强公共服务的供给,主要强化以下两个方面。一是完善法律法规加强制度支撑。完善与民生紧密相关的食品生产加工、养老机构、托幼机构、家政服务业等法律法规的制定,细化条例,突出安全监管措施,加强科学性论证,推进可行性实践。如单列学前教育虐童立法,明确虐童行为构成要件,明确具体法律责任[13]。完善家政服务业服务标准,定期反馈落实情况;提高准入门槛,合理制定服务价格[14],完善个人信用体系建设。二是促进公共服务供给扩容提质。积极扶持优质社会企业对接社区养老,规范与监管机构养老,扩大公益养老机构,满足失智失能贫困老人的养老需求。推进公办幼儿园、普惠性幼儿园扩容提质,提高从业人员工资待遇,加强培训管理,提升学前教育教师素质[15];逐步探索0—3岁婴幼儿抚育举措,满足人们日益追求更加全面、安全、优质的托幼需要。加强扶持家政服务业的公益化与规范化,分地区、分层次、分批次扶持示范性家政企业,持续推进有条件的贫困农村妇女从家庭劳动中解放出来从事家政服务工作。加强对公益组织的廉洁监管力度,同时加强公关培训,避免应对大众舆情时的低级错误,增强大众的信任度。着力培育互助协会,如建立养老协会促进互助养老。考虑到农村家务劳动社会化推进困难,加强对农村幼儿园的补贴力度等。

恩格斯家务劳动社会化思想内涵丰富、价值底蕴深厚,有着积极的实践意义。今后,我国在推进妇女参加社会劳动的同时要注重推进家务劳动社会化,才能有效促进妇女解放、婚姻幸福、生产发展与人的全面自由发展。

参考文献

[1]潘萍.论家务劳动及其社会化与妇女解放[J].湘潭大学学报(哲学社会科学版),2016,40(5).

[2]马克思,恩格斯.马克思恩格斯文集:第四卷[M].中共中央马克思恩格斯列宁斯大林著作编译局,编译.北京:人民出版社,2009.

[3]BENSTON M. The political economy of women's liberation [J]. Monthly review, 1969, 21(4).

[4]BECKER G S. A theory of the allocation of time [J]. The economic journal, 1965, 75(299).

[5]COSTA M D, JAMES S. The power of women and the subversion of the community[M]. Bristol, England: The Falling Wall Press, 1973.

[6]HARRISON J. The political economy of housework [J]. Bulletin of the conference of socialist economists,1973,73(1).

[7]甄美荣.关于家务劳动的经济学研究综述[J].妇女研究论丛,2009(2).

[8]列宁.列宁选集:第四卷[M].中共中央马克思恩格斯列宁斯大林著作编译局,编译.北京:人民出版社,2012.

[9]马克思,恩格斯.马克思恩格斯文集:第二卷[M].中共中央马克思恩格斯列宁斯大林著作编译局,编译.北京:人民出版社,2009.

[10]马克思,恩格斯.马克思恩格斯文集:第一卷[M].中共中央马克思恩格斯列宁斯大林著作编译局,编译.北京:人民出版社,2009.

[11]国家统计局.中华人民共和国2019年国民经济和社会发展统计公报[EB/OL].(2020-02-28)[2021-02-19].http://www.stats.gov.cn/tjsj/zxfb/202002/t20200228_1728913.html.

[12]郑志杰,方荟,沈锐栋,等.老人防走失智能定位预警系统[J].电脑知识与技术,2020,16(3).

[13]赵阳,孙绵涛.学前教育立法必须明确虐童行为法律责任[J].湖南师范大学教育科学学报,2020,19(3).

[14]付铁山,陈芳.我国家政服务市场价格乱象的解析与治理[J].价格月刊,2018(6).

[15]沈有禄.改革开放以来我国学前教育发展的主要成就与问题[J].河南师范大学学报(哲学社会科学版),2020,47(1).

改革开放以来我国婚姻家庭观念变迁及其应对

金亚男*

摘　要:改革开放以来,随着经济社会的转型,人们的思想意识和价值观念也发生了深刻的变化。传统的婚姻观念在社会不断变化的情况下也随之发生了明显的改变。本研究围绕改革开放以来我国婚姻家庭观念的变迁展开,探讨其转变的具体表现、社会影响以及构建幸福和谐婚姻家庭的现实路径,进而提升广大家庭的幸福感、安全感和获得感。

关键词:婚姻家庭观念;变迁;具体表现;社会影响;应对

婚姻家庭是一个世界性的永恒话题。婚姻幸福美满、家庭温馨和睦是人们的美好愿景。目前,我国正处于社会转型期,随着新思想的传播,传统的婚姻家庭观念正逐渐向新型的婚姻家庭观念转变并对社会发展产生重要影响。如何正确认识这一转变并建立积极健康的婚姻家庭观念,是一个值得深入探讨的课题。

一、改革开放以来我国婚姻家庭观念变迁的具体表现

婚姻家庭观念是人们对待婚姻问题的基本认识和态度,是人生观的组

---

* 金亚男,浙江师范大学马克思主义学院硕士研究生,研究方向为思想政治教育理论研究。

成部分之一,包括择偶观、夫妻观、生育观、亲子观等。每个人的生活环境、人生阅历不同,对婚姻家庭的认知也各不相同。改革开放以来,在马克思主义婚姻家庭观的深入影响下,男女关系从形式上的平等逐渐向实质上的平等转变,我国婚姻家庭观念发生了新的转变。

(一)优生优育的生育观

在较长的历史阶段,受传统的"多子多福""开枝散叶""养儿防老""无后不孝"等观念的影响,我国的出生率相较其他发达国家而言要更高。随着国家经济的快速增长、社会的急剧变迁、对外开放程度不断加深,人们的思想观念也发生了历史性的转变。改革开放后,我国为了促进人口与资源环境的协调发展、减缓人口快速增长给经济社会发展带来的巨大压力,把"计划生育"写入了《中华人民共和国宪法》。40多年来,我国适龄妇女的婚育行为、生育孩次结构等发生了显著变化,人口增速明显减缓。随着改革开放成长起来的"80后""90后"群体如今已成为婚育队伍的主力军,优生优育观念早已深入这两代人的骨髓。近年来,我国人口呈现低出生率、低死亡率、低自然增长率的"现代型"人口增长模式。国家养老福利制度的不断完善逐渐消除了人们对老年生活的顾虑,多子多孙不再作为衡量婚姻家庭幸福的标准。为了优化人口结构、减缓老龄化、增加劳动力供给,我国于2016年起实行了全面二孩政策并对二孩家庭给予一定奖励,但低生育率的惯性在短时间内难以改变。

(二)晚婚晚育的婚育观

婚姻家庭观念转变的第二大表现是初婚年龄的推迟。进入21世纪后,我国各地区男女的初婚年龄均普遍上升。2001年修订的《婚姻法》第六条规定:"结婚年龄,男不得早于22周岁,女不得早于20周岁,晚婚晚育应予鼓励。"改革开放以来,教育资源愈来愈均衡,许多偏远地区的家庭也得到了国家的教育援助。普通家庭可支配收入的增高,也使得越来越多的学生有条件接受高等教育。随着对教育水平和学历要求的逐渐提高,新时代青年承受着巨大的学习和工作压力,大多选择先完成学业或者稳定事业后再考虑恋爱、结婚、生子问题,晚婚晚育成为普遍现象。

（三）自由平等的夫妻观

封建社会的婚姻关系倡导"男尊女卑""夫为妻纲""男主外，女主内"，女性不但没有婚姻自主权，更没有完善的法律法规保障其婚后的个人权益，还需相夫教子，承担一切家庭琐事。1995 年，我国将男女平等作为一项基本国策，使得男女两性在婚姻关系上逐渐平等化，夫妻双方享有平等的权利、承担平等的义务。女性参与社会劳动、男性承担家务劳动的现象越来越普遍，也由此诞生了"家庭煮夫""超级奶爸""女强人"等新式名词。女性经济地位的提高和自由独立意识的增强使得她们在婚姻家庭关系中不再只是被动接受，而是越来越注重个人的情绪感受和自我实现。随着婚姻观念的转变，女性主动提出离婚的比例增多，封建社会的"休妻"成为真正意义上的历史。除此之外，当代社会的婚恋观念日益民主，不再一味地强调"男婚女嫁"，"男不婚，女不嫁"的"并家"婚俗在一些地区兴起，嫁出去的女儿也不再是泼出去的水，男女双方父母由夫妇二人共同赡养，孩子也由两个家庭共同抚养。无产阶级妇女运动先驱奥古斯特·倍倍尔指出："人类的进步就在于消除人与人之间、阶级与阶级之间、性别与性别之间的所有隶属关系。"[1]当代人的婚姻家庭观念越来越注重两性之间的独立、自主与平等，这是人类发展的巨大进步。

（四）注重维权的法治观

法律是治国之重器，良法是善治之前提。新时代，人民的法治意识不断增强，对保障婚姻权益的需求也越来越高。《民法总则》首次在"民事权利"一章中明确规定"自然人因婚姻、家庭关系等产生的人身权利受法律保护"。《民法典》婚姻家庭编修改禁止结婚条件，完善无效婚姻与可撤销婚姻制度，完善离婚救济制度，体现保护弱者利益的实质正义，取消离婚家务劳动经济补偿的前提条件、增设离婚损害赔偿法定事由的兜底性条款。离婚损害赔偿制度体现了法律正义，对离婚自由具有重要的衡平作用。完善法定夫妻财产制，增设日常家事代理、婚内析产、夫妻共同债务认定等规定。《妇女权益保障法》第七章明确提出"国家保障妇女享有与男子平等的婚姻家庭权利""国家保护妇女的婚姻自主权""禁止对妇女实施家庭暴力"。《反家庭暴力法》设立家庭暴力告诫、强制报告、人身安全保护令和紧急庇护四项制度。家庭暴力,一直是舆论关注的重点问题。近年来,因家暴问题产生的伤害案件和离婚案例呈上升趋势。家庭暴力不再是简单的家庭内部纠纷或丑闻,越来越多的家暴受害者开始拿起法律武器,为自己争取法律上的庇护。2016年6月1日开始,全国100多家法院正式启动家事审判试点工作,标志着我国家事审判工作进入崭新的历史阶段,也为广大家庭寻求法律保障提供了更多的选择。

二、婚姻家庭观念变迁带来的社会影响

1978年至今是我国从传统社会转向现代社会的快速发展阶段,我国逐渐由农业大国过渡到工业大国、由计划经济体制过渡到市场经济体制。改革开放不仅使国家的政治、经济得到了发展,也在很大程度上解放了婚姻家庭观念。1981年新修订的《婚姻法》出台,进一步助推我国婚姻家庭观念发生巨大改变。价值观念的转变,需要一定的时间和契机,社会转型就是价值观念转变的特殊时机。婚姻家庭观念的转变,有赖于社会结构的转型、经济变革的深化、科学技术的发展、信息技术的跃进、多元文化的融合以及思想文化素质的提升。社会发展推动婚姻观念的转变,婚姻观念的转变也促进社会朝着更加开放、自由的方向发展。社会转型时期,市场经济发展为婚姻家庭建设提供了新的经济基础,催生了人们的个体意识、契约意识和对自由权利的追求,促进了妇女解放,对社会和个人都产生了许多积极的影响。首先,与传统社会的包办婚姻相比,现代婚姻恋爱更加自由,当事人拥有了更多的自主选择权。其次,夫妻关系平等化。社会转型初期,男主外、女主内的家庭分工还很普遍,但随着思想观念的转变,女性参与公共劳动的人数越来越多,其创造的社会价值也在快速提升。女性独立经济地位的确立,强化了夫妻平等意识。最后,婚姻家庭观念的转变促进了妇女的解放。婚姻家庭观念的转变对整个社会和个人的发展都产生了深刻的影响。

（一）对社会发展的影响

民政部2019年1季度各省社会服务统计数据显示，2019年1季度，全国结婚人数281.5万对，同比下降6.7%；离婚人数104.8万对，同比上升7.6%。而回看近5年1季度的结婚数据可知，结婚登记人数已经连续5年下降，并于2019年首次跌破300万对；离婚登记人数亦连续5年上升，并于2019年首次突破100万对。随着女性社会地位的提高以及经济的独立，当代女性不再惧怕离开男性后丧失收入和生存能力，婚后出现不和时便可能选择离婚。2018年最高人民法院发布的《司法大数据离婚纠纷专题报告》显示，婚后2—7年为婚姻破裂高发期，77.51%的夫妻因感情不和向法院申请解除婚姻关系。高离婚率是伴随婚姻家庭观念转变出现的一个不可忽视的问题，也是影响社会稳定的重大威胁。可以预见，受适婚年龄人口数量和结构变化的影响，结婚率、生育率和出生率或将持续走低，进而影响人口数量和结构，最终影响国家经济发展。高离婚率和低结婚率将成为我国建设社会主义和谐社会的障碍。

（二）对个人发展的影响

男女平等和妇女发展是人类社会追求的崇高理想，是社会文明进步的重要标尺，是实现可持续发展的基本目标。新时期，我国将男女平等作为基本国策写入法律，有利于妇女与经济社会同步发展、男女两性平等协调发展、妇女自身全面发展。妇女解放的程度是衡量任何社会普遍解放程度的天然尺度。恩格斯认为："只要妇女仍然被排除于社会的生产劳动之外而只限于从事家庭的私人劳动，那么妇女的解放，妇女同男子的平等，现在和将来都是不可能的。"[2]181因此，在恩格斯看来，只有妇女不再囿于家庭内部、局限于家庭内务劳动，男女平等才能真正实现。随着现代大工业的发展，广大妇女群众走出家庭，放下琐碎的日常家务，广泛参与社会经济大生产，为社会发展贡献自己的力量。马克思主义认为人的本质是一切社会关系的总和，人不能脱离社会而独立存在，社会发展的最终目的是人的自由而全面的发展。男女平等的婚姻家庭观念使妇女得到进一步的解放和发展，在婚姻、家庭之外的地方找到绽放自我价值的舞台。

（三）对子女成长的影响

离异家庭容易给孩子的成长带来多方面的影响。第一，个性方面。夫妻离婚，最大的受害者往往是孩子。父母离异后，孩子大多与父母中的一方共同生活，父爱或母爱的缺失会对孩子的性格造成不利影响。父母是孩子的第一任老师，离异家庭带给孩子的却往往是残缺不全的教育与影响。调查显示，单亲家庭的孩子往往更加孤僻、自卑、胆小。第二，学习方面。离异家庭大多在经济方面会比之前下降，再加上不完整的父母之爱和教育，有时候会让孩子缺乏自信心和上进心。第三，心理方面。有研究证明，离异家庭的孩子更易出现情绪低落、意志消沉、多疑、孤独、缺乏安全感等心理问题，需要更多的关注。第四，行为问题。研究发现，父母离异的孩子更容易在日常行为上具有逆反行为，出现易怒、说谎、对抗、暴躁等问题。

三、构建幸福和谐婚姻家庭的现实路径

习近平总书记指出："家庭是社会的基本细胞，是人生的第一所学校。不论时代发生多大变化，不论生活格局发生多大变化，我们都要重视家庭建设，注重家庭、注重家教、注重家风，紧密结合培育和弘扬社会主义核心价值观，发扬光大中华民族传统家庭美德，促进家庭和睦，促进亲人相亲相爱，促进下一代健康成长，促进老年人老有所养，使千千万万个家庭成为国家发展、民族进步、社会和谐的重要基点。"[3]家庭是社会的基本单元，家庭和谐则社会安定。婚姻与家庭是社会稳定的基石，我们应注重家庭，重视婚姻，积极应对新时期婚姻家庭观念带来的不利影响。

（一）缓解适婚青年群体的经济压力

伴随着社会转型，城市化水平不断加深，社会竞争日益激烈，生活节奏加快，工作压力增大，人与人之间的感情愈发不稳定，导致结婚率的持续走低和离婚率的持续走高。这一趋势必将进一步加深人口的老龄化，影响国家的健康发展。面对这一现状，首先，国家要研究出台相应的政策，鼓励适龄青年结婚生育。引导青年平衡工作与家庭，在努力工作的同时也要妥善解决个人情感问题。加强对就业市场的监管，扩大就业，缓解年轻人就业压力，适当缩减工作时间，增加家庭成员间的交流时间，促进婚姻稳定性。其次，出台有关家庭友好的公共政策，如以家庭为单位纳税的税收政策，降低家庭的税务负担。最近网络上流行一句话"谈得起恋爱却结不起婚"，这一调侃也从侧面反映了当下青年人对于结婚的成本以及条件的预设较高。有些年轻人认为拥有一份稳定的工作和收入是进入婚姻的必要条件，从而选择先立业再成家。因此，政府可以通过出台家庭友好型的政策，适当降低青年婚恋成本和家庭负担。最后，要加大婚姻法律知识以及婚前婚后道德观念的宣传，引导年轻人正确认识和对待婚姻，确立婚姻的观念，增强当事人的婚姻家庭责任意识。

（二）形成促进家庭教育的社会合力

青少年时期是一个人思想观念形成的重要时期，也是一个人接受知识与教育的黄金阶段。家长、教师、社会对青少年婚姻家庭观念的形成起着极为重要的引导作用，好的家庭教育、学校教育以及社会实践教育会帮助孩子树立正确的婚姻家庭观。首先，父母是家庭教育的主体，应当履行家庭教育义务。家庭教育应积极践行社会主义核心价值观，弘扬中华优秀传统文化，传承和培育良好家风。家庭教育还应当遵循未成年人身心发展的规律，尊重未成年人人格尊严，保障未成年人合法权益。在家庭关系中，夫妻关系应先于亲子关系。父母是孩子的第一任老师，相亲相爱、举案齐眉、融洽幸福的夫妻关系也会使孩子对婚姻充满美好的憧憬。反之，父母毫无顾忌地在孩子面前争吵、对抗甚至出现暴力行为会给孩子的心理造成创伤，甚至导致孩子对婚姻产生恐惧情绪。其次，学校是学生接受教育的主阵地，是学生三观形成的重要场所。学校教育具有主体性、目的性、组织性、系统性，既要注重知识文化教育，还要注重学生性格养成和思想品德的培养。在中学阶段，学生对恋爱既懵懂又好奇，应引导学生树立正确的恋爱观，切忌将男女同学间过密的交往都视为"早恋"而反应过激、处理过当、损害学生的自尊心。在大学阶段，不少学生开始恋爱，这时，应开设相关选修课程帮助学生探究恋爱、婚姻、家庭等问题，引导学生树立正确的择偶观，同时加强婚恋心理辅导,帮助学生排解压力,积极应对恋爱中可能出现的各类问题。最后,社会教育机构以及有关的社会团体或组织应根据我国婚姻现状,传递积极正面的主流婚姻家庭观,为青少年营造一个人人文明、家家和睦、社会稳定的文化环境。

(三)增强青年适婚群体的家庭责任感

青年要主动接受家庭、学校和社会教育,践行社会主义核心价值观,弘扬中华民族传统家庭美德,树立正确的婚姻家庭观。恩格斯曾说:"结婚的充分自由,只有在消灭了资本主义生产和它所造成的财产关系,从而把今日对选择配偶还有巨大影响的一切附加的经济考虑消除以后,才能普遍实现。到那时,除相互的爱慕外,就再也不会有别的动机了。"[2]93婚姻是爱情的自然延伸,感情应成为缔结婚姻、组成家庭的主要动机,以爱情为基础的婚姻观应成为社会的主流婚恋观。婚后,双方应注重婚姻内的爱情维护,让爱情保鲜。[4]对待婚姻要严肃认真,对待家庭要负责任、肯担当。夫妻关系要靠双方共同维护,婚姻中,要多一些理解与尊重,少一些猜忌与抱怨。夫妻应当互相忠实,互相包容,互相关爱,家庭成员应当敬老爱幼,互相帮助,维护平等、和睦、文明的婚姻家庭关系。对于一段美满的婚姻而言,社会的主流价值观的引导是外在推动力,婚姻主体建构和谐婚姻家庭的意愿和行动才是内在驱动力。稳定、幸福的婚姻,是夫妻双方以及两个家庭的需要,也是对和谐社会发展的贡献。

参考文献

[1]毛泽东.毛泽东选集:第一卷[M].北京:人民出版社,1991.

[2]马克思,恩格斯.马克思恩格斯文集:第四卷[M].中共中央马克思恩格斯列宁斯大林著作编译局,编译.北京:人民出版社,2009.

[3]习近平.习近平在2015春节团拜会上的讲话[EB/OL].(2015-02-17)[2022-05-06].http://www.xinhuanet.com/politics/2015-02/17/c_1114401712.htm.

[4]于晓琪.马克思主义婚恋家庭思想研究[D].南京:南京航空航天大学,2016.

浅析古代状元家庭教育在新时代的运用价值

——以江西省为例

凌 云[*]

摘　要：古代江西在封建科举考试中出了42个文状元、5个武状元和2个恩赐状元。江西状元的成长成才之路，有一个共同的特点——受过良好的家庭教育。优质家庭教育为他们夺魁天下打下了坚实的基础，也为以后的人生道路塑造了优良品格。总体来说，状元们接受的家庭教育，以及他们对子孙进行的家庭教育，主要体现在立德、立学、立家、立业、立世五个方面。汲取状元家庭教育中的精华，对新时代的家庭教育具有重要的参考与借鉴意义。

关键词：江西状元；家庭教育；新时代；运用价值

中国人自古以来就认识到了家庭教育的重要作用。古人认为，良好的家庭教育有助于培养个人品德，有助于光耀家庭兴旺家族，有助于治国安邦抚境安民。中华民族积累了十分丰富的家庭教育经验，这些已经成为我们历史文化宝库中的重要组成部分。

自隋唐实行科举考试制度以来，金榜题名就成了读书人最大的追求目标，天下夺魁更被读书人视为最高理想。自唐代卢肇考中江西第一个状元

* 凌云，江西省妇女儿童中心副主任，江西省家庭教育学会副会长，江西省妇女研究会秘书长，研究方向为马克思主义妇女理论和家庭教育。

起,江西人在科举考试中出了42个文状元、5个武状元和2个恩赐状元。梳理古代江西状元的成长成才之路,不难发现他们有一个共同的特点——受过良好的家庭教育。优质家教为他们高中状元打下了坚实的基础,也为以后的人生道路塑造了优良品格。

《中共中央关于制定国民经济和社会发展第十四个五年规划和二〇三五年远景目标的建议》提出要提倡艰苦奋斗、勤俭节约,开展以劳动创造幸福为主题的宣传教育。加强家庭、家教、家风建设。好的家庭教育,不仅直接影响到孩子的未来、家庭的幸福,而且关系到国家强盛和民族振兴。汲取状元家庭教育中的精华,对新时代的家庭教育具有重要的参考与借鉴意义。本文采取历史文献研究法、综合归纳法等研究方法,梳理古代江西状元家庭教育的内涵特点,提出了新时代开展家庭教育的运用价值。

一、古代江西状元家庭教育的内涵

纵观古代江西状元的成长之路,有一个共同之处,就是与代代传承的优良家庭教育密不可分。状元们成名之后,通过家规家训、著书立说、写诗作文等多种方式把这种家庭教育经验留给子孙后辈,代代传承。总体来说,状元们接受的家教或者他们为子孙后代进行的家教,主要体现在立德、立学、立家、立业、立世五个方面。

（一）修身立德

以德为先,立德修身,是江西古代状元家庭教育最为看重的一点。立德修身,就是强调人的道德品质。具体来说,道德品质包括人的品格培养,诸如忠、孝、礼、义、信等传统儒家思想所倡导的品质。

古人修德,首要方面是求忠爱国。古人的"忠",主要是忠于封建君主,但也体现出强烈的爱国主义色彩。南宋宝祐四年(1256)状元文天祥(吉州庐陵人),自小家教严厉,精通经史,能文能武。文天祥所处的时代,恰逢国家飘摇,昏君无能,奸佞当道,外族入侵,百姓苦不堪言。文天祥的父母临终时留下遗言告诫儿子:"我死,汝惟尽心报国家。"文天祥遵从父母教诲,一面陈书朝廷,提出改革强国意见,一面拿出家财充作军资,招募义军起兵抗元。他在《哭母书》里写道:"母尝教我忠,我不违母志。"兵败之后,文天祥被元军俘虏,不被利诱、不畏威武,留下"人生自古谁无死,留取丹心照汗青"的千古绝句,表达了以死殉国的决心,给后人留下了宝贵的精神财富。南宋绍兴五年(1135)状元汪应辰(信州玉山人)在《挽宣抚吴郡王》中说:"节义传家久,艰难始见忠。一心惟殉国,百战竟平戎。"其爱国之心得到世人称赞,人称"玉山先生"。

古人认为,积善就是修德,积善就能成德。德与善是相辅相成、密不可分的。明永乐十三年(1415)状元陈循(吉安泰和人)是一位富有才学的台阁重臣,怀抱治理国家和为民请命的愿望,又是一位好为别人排忧解难的至善之士。他坚持行善不在乎大小,而在乎长期积累,认为积小善也可以成大德。明成化二年(1466)状元罗伦(吉安永丰人),一生粗茶淡饭、衣着朴素,稍有余资就接济他人。高州太守饶秉鉴见他衣服单薄,赠他一件丝料长袍。罗伦在回家路上看到一个饿死的乞丐,马上脱下那件长袍盖在乞丐身上,还买来棺材将其埋葬。罗伦留下的"与人子言依于孝,与人臣言依于忠,与居官者言民所疾苦",成为后辈子孙和门下弟子奉为传承圣贤、劝人修德的经典训示。北宋嘉祐四年(1059)状元刘辉(信州铅山人)做官后,在家乡大力兴办义田赡养族中贫困老人,设置义学收纳各地学者教授家乡子弟。当地县令赞称其学堂为"义荣斋"。清顺治六年(1649)状元刘子壮(临江清江人,今樟树市)一生行善不疲,走到哪里就把好事做到哪里。

(二)治学立人

读书治学是古代家庭教育的重要内容,是一个人扬名立万的重要方式。唐宋以来,江南逐渐成为中国的经济重心,物产丰富、气候宜人的江西自然成为人类繁衍的良选之地之一。经济的发展为文化的繁荣提供了丰厚的物质基础,古代江西的教育在宋明两代达到顶峰,人们高度重视治学立人,大批文化名家在科举考试中脱颖而出。

立学先要立志。在古代江西状元的家庭教育中,很多人把立志看作立学的基础和跨向事业成功的第一步。北宋绍圣四年(1097)状元何昌言(临江人),自幼聆听父辈教诲,勤奋读书,志向宏远。宋哲宗见何昌言的对策,振朝纲见识非凡、兴社稷才智超群,特赋诗赐:"庐江才子文胆雄,家世簪缨台省中。今年来献康时策,跨得青天第一龙。南国从来学者多,因此人人壮心赤。淦阳有翁霜鬓须,满眼儿孙皆读书。"北宋嘉祐状元刘煇自幼失去父母护佑,与祖母相依为命,他很有志气,四处拜师求学。少时曾游石井庵,作《石井联句》痛斥官场腐败现象,如"今之处高位者⋯⋯持禄养高,不兴毫利,不去民瘼",认为"柄权而不惠""沿民而不廉",是为罪人。刘煇科考夺魁后,担任大理评事,签河中府节度判官,做了很多为民请命的好事,深得百姓爱戴。

立学还需勤奋苦读。在古代状元的家庭教育中,自幼勤学苦读是日后成为国家栋梁的必由之路。南宋状元文天祥自小便勤学苦读。父亲文仪每天亲自为儿子授课,布置新课,要求他夜夜灯下诵读,遇到书中精辟之处,还要他反复诵读,不仅要能诵读流利,还要能讲清其中含义。南宋状元汪应辰,少时家贫,无油点灯,无钱买书,他便拾柴点火,借书看,苦读诗书。他交不起学费,为了听老师讲课,不畏严寒酷暑,多站在室外聆听,十岁便能作诗填词。明成化二十三年(1478)状元费宏(上饶铅山人),是明代最年轻的状元,自小聪颖异常,喜爱下棋。有一次与同学下棋,二人发生争执导致失和。其父亲知道后,命老仆送来竹板一块,并附诗一首,诗中写着"翰林事业如许多,博弈何劳枉费心"以示责备。费宏看后,感到非常惭愧,立即伏倒在地,请老仆用竹板责罚,受责之后又主动找同学赔礼道歉。同学也非常感动,两人抱头痛哭,此后成为莫逆之交。从此,费宏对学业更加专心勤谨。在京城任兵部员外郎的伯父费瑄听说此事,称赞说:"亢吾宗者,必此子也。"明永乐十九年(1421)状元曾鹤龄(吉安泰和人),自幼好学,他刻苦钻研,20岁时与哥哥同榜中举。做官后,他教育子侄,做人要坦荡率直,勤勉有加。在他的影响下,两个儿子成为进士,孙子曾追于成化十四年考中探花。祖孙三代四人金榜题名,至今在当地仍为佳话。

（三）孝俭立家

家庭是以情感为纽带,由配偶、父母、子女和其他共同生活的近亲属等构成的基本生活单位。古人认为,百善孝为先,以俭为美德。在江西古代状元的家庭教育中,孝和俭是两种最重要的美德。

江西古代状元家庭教育认为孝可和家。孝能让家庭成员之间和睦相处,使长辈得到尊重、照顾,使幼小得到保护、疼爱,从而使家庭长期处于其乐融融的状态。北宋建隆三年(962)状元马适(江州湖口人),其祖父马良俊是一位恂恂长者,积德不懈,其父更加勤劳修德。马适自幼受祖父和父亲的影响,非常孝顺母亲,常说:"吾束发读书,不愧科名足矣。安能忘老母温清耶?"考中状元后,马适被派到外地为官,因母亲年迈体弱多病,他请辞官职,归养母亲,直到老母亲去世后才回汴京复职。明代状元陈循(吉安泰和人)在《省亲诗赠郭绍容》中写道:"忆别严亲久,今朝定省游。满斟桑落盏,稳驾木兰舟。燕语东风暖,莺啼绿树稠。倚门亲望久,去去莫迟留。"该诗表现了事亲至孝的情感,语调亲切和谐,感情真挚深厚,从中也看得出作者的个人品德。明代正德十二年(1517)状元舒芬(南昌进贤人)一生尽忠尽孝,被武英殿大学士杨一清等称为"忠孝状元"。清朝状元刘子壮九岁时失去母亲,每念及母亲就痛哭不已,因此对长辈更加孝顺。为纪念母亲并教育子孙孝顺长辈,刘子壮将家中堂屋命名为"屺思堂"。这些状元中,除了个人文采出众的,更有因"孝"而获得赞赏旌扬的,如清道光十五年(1835)状元刘绎(吉安永丰人)。他的父亲刘振军,少年丧父,家境贫寒,32岁才娶妻,45岁生子。虽然家庭贫困,但刘振军依然节衣缩食,供养儿子求学读书。赴京考试前,刘父叮嘱刘绎:"倘得外用,毋轻就。"刘绎考中后,尊父命,请求改任教职,担任宜黄县教谕。父亲赞许说:"此官不失读书本色。"刘绎入值京城南书房,道光皇帝知其孝,为便于他侍奉父母,特准许双亲进京,住在澄怀园。除此之外,道光皇帝还经常拿刘绎做例子,教导皇子皇孙行孝可兴家。

古人以俭为美,以俭兴家,以俭养德。俭能使家庭成员懂得节约珍惜,防止贪欲产生,淳养个人品德,使家庭物质充实富足、精神振奋。江西历史上第一个状元卢肇(袁州宜春人)自幼家贫,家中余粮不多。唐朝会昌三年(843)卢肇考中状元后,在《送弟》诗中写道:"去日家无担石储,汝须勤苦事樵渔。古人尽向尘中远,白日耕田夜读书。"他勉励弟弟要勤劳节俭,挑起家中担子,不仅要种好田,还要勤奋好学。南宋绍定五年(1232)状元徐元杰(信州上饶人)崇尚生活节俭,不仅对子孙后辈要求戒骄奢,而且在乡里提倡移风易俗,以俭兴家。明朝罗伦高中状元为官后,清廉节俭,一生粗茶淡饭,律己甚严,稍有余资也用来接济他人。他教育家人要勤俭节约,不能见利忘义。家中晚辈都听从其教诲,优良家风影响了乡里四邻,故里人们都以在家勤俭、在朝有义为佳。

(四)仁政立业

与修身、治学相比,江西古代状元的家庭教育中关于出仕为官的内容相对较多,内容较为丰富。因为自身为官,所以几乎所有的状元在进行家庭教育时,都要求子孙为官要讲"官德"。这里的"官德",主要强调两点:其一是以民为本,做到为民、爱民、护民、安民;其二为勤政清廉,不附权贵,忠于职守。这种家庭教育深刻地反映了儒家"修身、齐家、治国、平天下"的理想追求,也是古代读书人"家国一体"的情怀体现。

为民请命、爱护百姓是古代江西所有状元家庭教育的重要内容。北宋皇祐五年(1053)状元郑獬(赣州宁都人)自幼关心民生,其文章诗词多反映民间疾苦。如《明皇》中的"是年傲尧舜,一笑破乾坤",十分形象地概括了开元至天宝治乱兴衰之迹。《捕蝗》中的"只应食尽田中禾,饿杀农夫方始死",反映了他对农民的关注和同情。南宋宝祐元年(1253)状元姚勉(瑞州宜丰人)做官之后,为人正直,关心民生。他在《新昌陈令生祠记》中写道:"重夫为政,以得人心为本。然而得吏心易,得军心难;得军心易,得民心难;得民心易,得士心难。"这明确指出得民心的重要性。明状元舒芬(南昌进贤人)关心百姓疾苦,多次向皇帝进谏要爱护百姓。他在诗歌《青青麦》中写道:"青青麦,麦未黄,万家儿女饥肚肠。莫将空釜辱新火,煮豆啜水终斜阳。"舒芬当时与夏良胜、万潮、陈九川被人称"江西四谏"。明崇祯十年(1637)状元刘同升(吉安吉水人)对后辈家教甚严,教育子孙要关心民间疾苦,其留下的"我瘠天下肥,我忧天下乐"的家训,告诫为官的子孙要体恤百姓,爱护平民。明天顺四年(1460)状元谢一夔(南昌安义人)在《鳌溪归乐》中写道:"未及稀年蚤挂冠,急流涌退似君难。数茎发为忧民白,一寸心缘报国丹。"这反映了谢一夔忧国忧民的情怀。

清廉为官、不附权贵则是状元家庭教育中对为官者的准则要求。状元何昌言(峡江县人)历经宋徽宗、宋钦宗两朝,他不畏权势,上书弹劾奸佞权臣,历经五次降职又五次复职,自始至终表现得无畏无私、忧国忧民。谏官陈瓘赞其气节,赋诗曰:"何郎清节照寰瀛,况是登科压俊英。玉殿传呼群辟耸,金门宣出万人惊。远惊庐肇龙头志,独压刘公榜眼名。从此文星照江右,不知谁复继芳声。"明王朝科举考试第一个状元吴伯宗(抚州金溪人),刚毅正直,不愿依附权贵,不违心迁就他人,因而长期被宰相胡惟庸排挤在外。虽然仕途受挫,但吴伯宗依旧鞠躬尽瘁报效国家,为后世做出了典范。清乾隆四十三年(1778)状元戴衢亨(赣州大余人),出生在一个书香世家,戴家一贯对子弟要求清廉谨慎。优良的家风造就了戴家的显赫:戴衢亨的父亲戴第元,乾隆二十二年进士,官至监察御史,专事朝廷百官监察职责;叔父戴均元,乾隆四十年进士,官至内阁学士兼礼部侍郎;兄长戴心亨,乾隆四十年进士,官为翰林编修,湖北学政;戴衢亨官拜工部尚书、太子少师、体仁阁大学士。父子、兄弟、叔侄都是翰林出身,交替执掌衡文大权,且谨遵为官清正的家训,世人称他们为"西江四戴"。清朝状元刘绎在老家讲学30余年,授徒无数。刘绎要求学生和子孙为官要做到"不烦不扰",其留下"上无言利之臣,则贤才进;下无贪暗之吏,则间阎安"的家训学训传承至今。

(五)慎独立世

人是社会的主体,社会的发展离不开人的发展。江西古代状元家庭教育中,坚持静以修身,倡导注重从自我层面教育子孙从事社会交往,要求注意为人处世,做到谨言慎行、宠辱不惊。

谨言慎行,是古人的修养标准和修炼方法。所谓谨言慎行,就是说话要小心谨慎,做人做事要自律慎重。明建文二年(1400)状元胡广(吉安吉水人)入仕之后不随便结交他人,也不私自议论他人过失。他经常陪伴明成祖左右,所谈之话只涉及自己职务分内之事。有人想私下打听涉密之事,胡广断不回答,与家人也不谈及朝廷军机大事,深得皇帝喜爱。胡广去世时年仅49岁,明成祖感其勤勉,赐胡广礼部尚书,谥号文穆。其灵柩路过南京,太子亲自摆案祭祀。明代文臣获得皇赐谥号的,胡广是第一人。明天顺八年(1464)状元彭教(吉州吉水人)曾上书论修身是治国平天下的根本。谨言慎行还包括待人真诚、说话真实,这主要体现在状元们对后世文学方面的要求上。南宋状元徐元杰(信州上饶人)对后辈子孙写诗作文的要求是文风清新、内容真实、感情真挚。例如收录在《千家诗》中徐元杰所作的一首七绝《湖上》:"花开红树乱莺啼,草长平湖白鹭飞。风日晴和人意好,夕阳箫鼓几船归。"该诗毫无斧凿雕刻的痕迹,似是信手拈来,描绘出一幅幅生动的风景图画和生活场景,广受人们喜爱。

宠辱不惊、去留无意是江西状元处世的另一种追求,也是对后世家教的一种要求。这种追求主要体现在仕途不顺、官场失意的状元身上。明王朝第一个状元吴伯宗因不愿依附权贵,长期被宰相胡惟庸排挤在外。吴伯宗在《山南小隐赠余仲芳》中写道:"竹深晴野闰,林响夜窗虚。古巷多回辙,匡床剩贮书。"其表达出一种被贬后追求清雅恬静的心情。南宋状元汪应辰虽受秦桧排挤,流落岭峤长达十七年,差点饿死,但他依然温逊,好贤乐善,以修身讲学为日常消遣。北宋状元何昌言历经五次降职又五次复职,自始至终表现得无畏无私、忧国忧民。宋哲宗曾赐诗高度赞赏何昌言的文才和品格。清朝状元刘绎从京城辞官回家后,在吉安白鹭洲、青原山两书院讲学达30多年。在白鹭洲书院主讲时,他曾撰写对联,训导学生和家人:"鹭飞振振兮,不与波上下;地活泼泼也,无分水西东。"明代费宏年仅19岁就夺魁天下,然而仕途并不顺利。当仕途遇到坎坷,无法施展抱负时,费宏作诗安慰自己,同时教勉子孙"始终不变师丹议,进退常怀范老忧"。费宏优良的家庭教育起到了良好效果:家人子孙都发奋读书,其弟费案考中进士,官至少保、礼部尚书;儿子费懋贤进士出身,官至兵部郎中;侄子费懋中进士出身,官至湖广提学副使。嘉靖帝时,费宏担任首辅大臣,加少师兼太子太师、吏部尚书、华盖殿大学士。

二、古代江西状元家庭教育的作用

状元的才华都是出类拔萃的,更令人惊奇的是,江西历史上的42个文状元中,没有一个是被百姓憎恨的奸贼败类,大都被民间传颂。他们中既有千古流芳的民族英雄文天祥,为中华民族树立了一座精神丰碑;又有关心百姓疾苦,不惧个人安危、敢于直言进谏的杨慎、舒芬,他们即便触怒皇帝被贬官流放,仍然正言不屈的精神受到后世敬仰;还有命运坎坷、遭遇战乱仍甘愿清贫、保持高尚情操的罗伦、刘同升,他们宁愿粗茶淡饭、蜗居山野,也不忘传道授业、为别人排忧解难的品德被人们称颂至今。可以说,他们的家庭教育发挥了无可替代的重要作用。

（一）培养治国安民的人才

隋唐以后的古代中国封建王朝，依靠科举取士来选拔治理国家的人才。江西古代状元就是科举考试选拔出来的人才的重要代表。良好的家庭教育造就了大批治国安民的优秀人才。历史上，江西状元中不乏善于治国安邦的名臣将相，也有不少闻名于世的政治家、思想家、教育家等，他们为社会的发展进步做出了重要贡献。

得益于家庭教育中的"官德"教育，很多状元为官之后，心系群众，为百姓谋利，受到赞誉。北宋状元郑獬曾担任开封府知府，为百姓除弊兴利，宋神宗曾称赞他"为治甚好，百姓便之"。北宋状元彭汝砺关心朝政，向朝廷提出条陈，所述理财、兴事、变法、青苗等"十事"震惊朝廷。明朝状元陈循经常深入民间体察民情。有一年河南河北遭遇大雪，麦苗冻死，陈循上书请求朝廷拨款购买麦种，给百姓补种，避免了来年的饥荒之灾。明朝永乐二年（1404）状元曾棨（吉州永丰人）奉诏修撰《天下郡县志》，为国家科学治理提供了借鉴。清代状元戴衢亨前后任职30年，刷新政治，整顿吏治，清除奸佞，整顿财政，节约开支，清廉谨慎，成为清朝官员的典范。1811年，戴衢亨去世时，嘉庆帝亲临其家中祭奠，特赐戴衢亨太子太师衔，谥文端，入祀贤良祠。

（二）推动文化教育的发展

在古代江西状元接受的家庭教育中，学识培育是重要的方面，因此，状元们最为普遍的是文学成就。1981年，由上海书店出版、谭正璧主编的《中国文学家大辞典》中，收集的古代江西状元文学家多达21名，他们分别是：卢肇、伍乔、乐史、郑獬、彭汝砺、汪应辰、徐元杰、姚勉、文天祥、吴伯宗、朱善、胡广、曾棨、曾鹤龄、刘俨、彭时、陈循、彭教、费宏、罗洪先、刘子壮。他们的文学成就，推动了中国古代文学的发展，也极大地丰富了国学教学资源。

状元们在家庭教育的耳濡目染中，认清了教育对个人成长的重要作用。状元们回报家乡的主要做法是举办学堂，兴办教育。有的状元还直接授课，推动教育发展。宋明时期，江西书院发展迅速，白鹿洞书院享有"海内第一书院"之誉，每年招收学生上万人，规模之大一时无出其右。庐山白鹿洞书院、吉安白鹭洲书院、铅山鹅湖书院、南昌豫章书院被称为江西四大书院,吸引了全国各地学子前来求学。北宋状元刘辉,在家乡兴办义学,收纳各地学者,教授乡民子弟。南宋状元徐元杰任南剑知州时,大兴文教,以理化诲,亲自到延平书院公开讲学。明正德六年(1511)状元杨慎(吉州庐陵人)在云南任职时,带出了很多学生,为边疆文化发展做了大量有益的工作,促进了汉文化与边疆少数民族文学的融合发展。清朝状元刘绎是一位著名的教育家,曾任宜黄县教谕,并在吉安白鹭洲、青原山两书院讲学,前后长达30余年,门下弟子成千上万。

受家庭教育的熏陶和影响,很多状元还在科技、法律、书法、绘画、艺术、天文、地理等方面取得了巨大成就。元朝至顺元年(1330)右榜状元笃列图(吉州永丰人)、清代状元戴衢亨等是著名的书画家。戴衢亨尤其擅长工笔山水,遗作《庐山瀑布图》等受到后世追捧。明朝洪武四年(1371)状元吴伯宗是一位天文学家。洪武十五年,吴伯宗奉诏翻译回历、经纬度、天文书。明朝洪武五年(1372)状元朱善(宜春丰城人)是一位法学家,任翰林待诏时,上疏议定有关婚姻条律,禁止姑舅两姨子女通婚,得到明太祖朱元璋允准,开了中国禁止近亲结婚的先河。明代状元罗洪先是著名的地理学家。他一生致力于地理学等科学的研究,考图观史,以计里画方的办法,创立地图符号图例,绘成中国历史上第一本分省地图集《广舆图》。明朝状元杨慎更是公认的一代雄才,不但在经、史、诗、文、词、曲、戏剧、音韵、文字方面造诣颇深,而且对天文、地理、金石、书画、草木、虫鱼、医药也很有研究,各类著作繁多,被誉为"明代三大才子之首",其知识之渊博在整个明代罕有其匹。

(三)促进家庭社会的稳定

儒家历来把"修身、齐家、治国、平天下"作为人生理想的最高境界。可以说,江西古代状元们就是贯彻儒家这种理念的代表群体。在这种儒家理念的影响下,状元们的家庭教育,既包括贯穿于家庭建设方面的"仁慈孝悌"思想,也包含了国家社会方面的"忠信礼义"。

儒家的"仁慈孝悌"思想,是以祖先的仁义之德对家庭成员之间做出具体的规范,教育晚辈要尊敬父母、孝顺老人,长辈要慈爱晚辈,弟弟妹妹要尊重哥哥姐姐,哥哥姐姐要爱护弟弟妹妹。这种上敬长辈、下睦宗亲的要求,对于维持祖孙父子、兄弟姐妹等家庭关系发挥了重要作用。明朝状元曾鹤龄(吉安泰和人),20岁时与哥哥同榜中举,其兄曾椿龄考中进士后,却因病英年早逝,留下妻儿。曾鹤龄上要赡养父母,下要供养兄长的遗孀、幼子和自己的妻儿,生活异常拮据,但他不畏困难,一人操持家务仍井井有条。曾鹤龄教育子侄,对家庭要事亲至孝,举家和睦。在曾鹤龄的影响下,他两个儿子考中进士,孙子考中探花。也就是这样的家庭教育,既为小家培养了优秀的后代子孙,又为国家培养了忠良之臣。所以,良好的家庭教育,既维护了家庭的稳定,又促进了社会的稳定,实现了家与国的共同价值目标。

三、古代江西状元家庭教育的运用价值

(一)优秀的家教内容

习近平总书记指出,家庭是人生的第一所学校,家长是孩子的第一任老师,要给孩子讲好"人生第一课",帮助扣好人生第一粒扣子。发于童蒙、启于稚幼,从孩子无意识时便潜移默化、深入其骨髓的家庭教育,对其良好的行为习惯、思想品德、价值观的形成,健全人格培养等都具有基础性作用,需要认真对待、高度重视。

成功的家庭教育,必须有优秀的教育内容。在古代江西状元的家庭教育中,心怀天下、爱国为民的精神,仁爱有义、诚信友善的品格,尊老爱幼、勤俭节约的美德,勤劳勇敢、求真务实的品德,都是新时代家庭教育中值得传承学习的重要内容。因此,新时代的家庭教育要包括:社会主义核心价值观、理想信念;爱国主义、集体主义、社会主义;社会公德、家庭美德和个人品德,勤劳奋斗精神;中华优秀传统文化和地方特色文化;安全常识、法律和科普知识;身心健康、行为习惯、生活技能以及其他有益于促进未成年人健康成长、提高其综合素质的教育内容。

(二)父母的榜样力量

家庭是社会的细胞,家长是孩子的榜样。未成年子女在家庭中接受的教育,大多是通过生活中潜移默化的方式而形成的,因此,父母要在家庭中发挥示范和榜样的作用。

古人云：以身教者从，以言教者讼。在现实生活中，身教比言传更有说服力。孩子处于认知阶段的时候，父母就要注意自己的言行举止。如果父母品德高尚，谈吐文明，衣着得体，待人礼貌，孩子自然也能自小培养高尚品格、文明话语、礼貌待人接物。当孩子在外受到他人夸赞时，就会以效仿父母的言行为荣，也更会对父母产生崇敬之情。相反，孩子受到别人的鄙视、冷眼、批评甚至责骂时，就会知道不能效仿父母的错误行为，久而久之，父母在未成年子女的心目中就缺乏威信。所以，家长在教育子女时，一定要严格要求自己，具备正确的道德认识和良好的思想修养，努力使自己成为孩子的榜样，用自己的言行产生滴水穿石的作用，日久天长地影响和教育着子女。

（三）良好的亲子关系

亲子关系是指父母与子女的关系，包含抚养、管教及培育等几种形式。在家庭教育中，如何处理好爱和教的关系，是值得重视和研究的问题。古人对亲子关系有很多论述。《三字经》中"养不教，父之过"和"子不学，非所宜"指的就是亲子关系。

爱教结合，重在严教，重在引导和约束孩子的行为，这是古代江西状元家庭教育的一个显著亲子方式。南宋状元文天祥小时候，父亲对其要求十分严厉，伴子读书时经常检查功课。明代状元费宏因下棋与朋友争执，父亲知道后没有偏袒儿子，反而命老仆送来竹板和训示，让费宏懂得交友的道理。此外，状元家教还特别重视对子女要一视同仁，提倡均爱分享，反对偏袒偏爱，认为如果对子女施爱不均，必然会导致家庭失和、亲人失睦，会伤害子女，更会损害家庭，甚至危害社会。

（四）文化浸染的手法

文化是一个国家、一个民族的灵魂。中华传统文化博大精深，是中华民族的智慧结晶，包含丰富的哲学思想、深厚的人文精神，可以让人们提高认知、启迪智慧、构建精神家园。古代江西状元家庭教育多采取文化浸染的方式。

在古代江西状元的家庭教育中，所有状元接受的教育都是从《三字经》

开始的。在耳濡目染中,状元们从小就接受儒家思想的影响,一代又一代地传承中国传统文化,学习中华民族的语言文字、历史地理、风土人情、生活方式、法律规范、文学艺术、科学技术,从而形成了以儒家为主的思维方式、价值理念和审美情趣。在建设社会主义文化强国的今天,我们在开展家庭教育时,要坚定文化自信,把握文化浸染的目标方向、科学内容、有效方式,让中华民族的优秀传统文化、先进文化、红色文化伴随着孩子们健康成长。

(五)科学的家教方式

在古代,人们已经充分认识到了分阶段进行家庭教育的科学规律。传统家庭教育特别重视早期教育并进行了有益探索,给新时代开展家庭教育提供了珍贵的借鉴和经验。《大戴礼记·保傅篇》中提出的"正其本,万物理,失之毫厘,差以千里,故君子慎始也"就明确指出了早期教育的重要意义。

在古人看来,胎教是家庭教育的重要组成部分。《颜氏家训》中就提出了胎教主张:"古者圣王有胎教之法:怀子三月,出居别宫,目不斜视,耳不妄听,声音滋味,以礼节之。"其认为"人生小幼,精神专利,长成以后,思虑散逸,固须早教,勿失机也"。文天祥的父亲,在妻子怀孕的时候,就经常大声朗诵经典文章,对文天祥进行文学胎教。

儿童从出生到幼牛这一阶段,是幼童成长教育的黄金时期,具有很强的可塑性。古代江西状元们自幼就接受品德教育、知识教育,注重良好习惯的养成。明朝状元罗伦自幼家境贫寒,但勤勉有礼。五岁时随母亲入果园,每遇到地上有落下的果子,别人都争着去捡,但罗伦不捡。有人问他原因,罗伦回答:"母教之,非主人之赐不取。"高中状元为官后,罗伦果然一生清廉节俭,淡泊名利,成为清官典范。

成家以后,家庭教育依然成为状元们日常生活的重要内容。一是作为家人成长的榜样。明代状元彭时(安福县人)为官三十年,忠于职守,勤于国事,坚持和弘扬正义,他教育弟弟和子孙"阿谀奉承乃万世罪人""不义之物丝毫不取"。在彭时的影响下,弟弟彭华、彭礼尽心尽责,勤奋政务,兄弟三人同宴礼部,士林以之为荣。二是以专著、诗歌、家书、语录、箴言、格言等多种形式,为后世子孙留下家规家训。例如文天祥的"人生自古谁无死,留取丹心照汗青"告诫子孙要忠勇爱国,汪应辰的"节义传家久,艰难始见忠"告诚子孙要有节有义,谢一夔的"数茎发为忧民白,一寸心缘报国丹"告诫子孙要为国为民等。

四、结语

党的十九大报告指出,要推动形成适应新时代要求的思想观念、精神面貌、文明风尚、行为规范。家庭教育是促进思想观念、传播文明风尚、培育行为习惯的重要抓手。因此,我们要努力抓好新时代家庭教育工作。

时代在发展,社会在进步,家庭教育的内涵、资源、形式也在不断丰富。家庭教育是一门科学,也是一门艺术。古代江西状元的家庭教育思想中存在一定的弊端,对此我们应该加以批判。在批判其糟粕的同时,更重要的是探寻精华,认真地总结成功经验,汲取营养,结合时代家庭建设、家庭教育的新要求,赋予新思想新内容新方法,使古人的家庭教育真正发挥其应有的作用。

当代青年婚恋价值观

——基于3804份调查问卷的实证分析

陈晓玲　曹雨轲　程滨滨　吴　锦[*]

摘　要：在中国现代化发展进程中，文明健康的婚恋观不仅是个人实现幸福婚姻家庭生活的前提，也是社会稳定与和谐发展的基础。青年是重要的社会群体，是祖国的未来、民族的希望，对社会的发展有重要影响，了解青年的婚恋观尤为重要。本研究在文献梳理的基础上，借助问卷调查、访谈等手段，在全国范围内开展青年婚恋观的调查，获取富有时效性的真实数据，并在数据分析的基础上归纳新时代青年群体的婚恋观特征。本研究重新界定和阐释婚恋相关概念，深化青年群体价值体系研究，从宏观、中观、微观三个角度提出建议与对策，助力健全青年婚恋的社会支持体系，为构建文明和谐的社会贡献力量。

关键词：当代青年；婚恋观念；影响因素；发展举措

一、引言

婚恋是一种社会现象，也是个体生命历程中的一种体验，关联着个体的幸福，影响着社会的稳定和可持续发展。婚恋价值观，即一个人在婚恋问题

＊　陈晓玲，杭州师范大学讲师，研究方向为高等教育与公共政策。曹雨轲，杭州师范大学本科生，研究方向为人文教育。程滨滨，杭州师范大学本科生，研究方向为汉语言文学。吴锦，杭州师范大学本科生，研究方向为应用统计学。

中的基本心理倾向和基本价值标准，是影响婚恋的直接因素。婚恋观回答为什么恋爱结婚、以什么标准选择婚恋对象、组建什么样的家庭等问题。从宏观角度来看，婚恋观是婚恋行为和家庭的基础，反映着社会的变迁和婚姻制度的变化。青年是推动国家发展社会进步的主力军，其婚恋观会对未来社会发展产生巨大影响。

2017年4月，中共中央、国务院印发《中长期青年发展规划（2016—2025年）》（以下简称《规划》），将青年婚恋作为青年发展的重要领域，明确了目标任务，制定了发展措施。为贯彻落实《规划》，推动服务青年婚恋工作，同年，共青团中央、民政部、国家卫生计生委制定《关于进一步做好青年婚恋工作的指导意见》，推动青年婚恋观念更加文明、健康、理性。

《中国婚姻报告2021》指出，当前，中国婚姻出现了"结婚少了、离婚多了、结婚晚了"等情况。婚姻形态的转变，反映了当代青年群体婚恋价值观的变化。随着中国现代化进程的不断推进，人民生活水平不断提高，青年的婚恋观也呈多样化的发展态势，出现了许多不同于以往的"新质"。了解青年婚恋观现状、特征，探讨影响青年婚恋价值观的影响因素，已成为十分重要的问题。特别值得关注的问题有：青年群体的婚恋观现状如何，有怎样的具体特征，影响其形成的因素是什么，以及如何引导青年婚恋观念朝着健康理性的方向发展等。

二、文献评述

作为社会学、心理学、教育学、人口学等学科的一项重要议题，婚恋观问题长期为各大学科的学者所关注，由此也产生了许多可供参考与借鉴的重要学术成果。目前学界的研究主要集中于当代青年总体婚恋观和"80后""90后"青年婚恋观的研究。

对于"当代青年总体婚恋观"这一议题，大多学者是以"婚恋观的动态变迁"为视角，基于其所处时代所能获取的有关数据资料，尝试挖掘不同于以往的婚恋观"新质"。例如，单光鼐认为中国青年择偶逐渐抛弃以某种利益为目的的观念，如"经济恋爱"已逐渐退出历史舞台，"情爱恋爱"成为恋爱的主流,择偶方式逐渐"自主化""社会化"。越来越多的女性不再把结婚看作谋生的手段,不再依附男子,而是追求男女双方的自愿结合。[1]叶松庆认为大多数青年既保持对婚恋道德的恪守,又追求婚恋方式的多样化、自由化。网络恋爱、电视速配、媒体助婚等形式出现,大多数青年讲究婚恋质量,追求"幸福"指标;"传宗接代""重男轻女"等传统观念进一步淡化。[2]侯万锋研究发现当代青年虽坚信爱情至上,有较强的自主意识,但恋爱动机并不单纯;择偶标准多元化,虽看重人品、感情和能力,但现实考量较多;性爱观念更加开放,对婚前性行为、性越轨行为较为宽容;注重婚姻质量和家庭成员平等,但婚姻忠诚度和责任意识淡化。[3]冯春苗、陈捷、张胸宽认为当代青年自主意识增强,但父母的影响不容忽视;性生活质量成为衡量婚姻质量的重要标准;对精神层面的要求高。[4]

对于"青年婚恋观"这一议题,大多学者是以"80后"或"90后"为考察对象展开研究。例如,李勃认为"80后"日益注重婚恋选择中的个人权利、个人幸福和人格尊严;崇尚民主、平等,追求个人在爱情、婚姻、家庭中的独立地位和自主发展;经济基础的重要性日益突出;性观念从封闭走向开放,对性越轨行为宽容度增加等。[5]唐土红、陈兰研究发现,由于成长于特定的历史时代,"90后"青年的爱情观已呈现出新的特点,如恋爱动机多元、恋爱方式大胆、恋爱过程简单、恋爱态度前卫等。[6]李海伟发现"90后"谈恋爱现象普遍;恋爱动机多样化;择偶标准是内在和外在、感性和理性的统一。[7]还有学者对"80后""90后"婚恋观展开对比分析。例如,高中建、李艳艳从"爱情与情爱""恋爱与结婚""主体与客体""传统与现代""感性与理性""线性与非线性"等六个方面对"80后"和"90后"的婚恋观展开对比分析。[8]游鑫以问卷调查和个别访谈相结合的办法,对"80后""90后"大学生的婚恋观进行对比研究。[9]

已有研究成果为本研究提供了重要的研究资料和学术经验。就特点而言,以往有关"青年总体婚恋观"的研究大多侧重在社会调查、分析数据的基础上得出青年婚恋观的一般特征,并提出相关对策建议。但在青年婚恋观生成的影响因素方面,以往的研究大多未做深入探索,或只是从社会、教育、家庭等宏观层面做出概括性的分析,或只是从结论出发倒推影响因素。本研究则尝试在大量访谈、数据推理分析的基础上,深入探索青年婚恋观的影响因素,以期做出更有说服力、针对性的分析。

三、研究设计与调查思路

本研究采用以问卷法为主、访谈法为辅的社会调查方法。研究所采用的数据是项目组于2020年8—9月在浙江、安徽、广东、黑龙江等全国21个省份针对3804名青年所进行的"青年婚恋观状况"问卷调查数据,调查对象为18—35周岁的青年。

婚恋观是青年心理健康的重要组成部分,是其价值观在两性恋爱、婚姻等问题上的折射。本研究主要从恋爱观、婚姻观、两性健康观、生育观、家庭观等五个方面对青年婚恋观念进行探究,围绕恋爱/结婚/生育年龄期望、恋爱/生育动机、青年恋爱行为的可接受程度、择偶标准、婚姻与性的关系、两性知识的获取途径、家庭与事业的关系等设计17道单选题、7道多选题、43道赋分题以及5道多选题,其中赋分题为5分制,平均分越高则代表认同度越高。同时设计访谈提纲,选取一部分青年群体开展个案访谈。在此基础上开展问卷预调查,对问题设计、问题排列顺序、语言文字以及格式排版等方面存在的问题及时调整和优化。

抽样方法采取多阶段分层整群抽样方法。首先,将调查点分为浙江省内与省外的指定省份。就浙江省内而言,先在杭州、宁波、温州、台州等城市分别简单随机抽取3个城区,再分别根据身份职业(学生、教育业、卫生和社会工作等)进行分类抽取,最后在教育、卫生和社会工作等单位由调查单位协助抽取调查对象,而学生则由调研组直接选取。其他各指定调查省份则分别随机抽取1座城市,再在各个城市分别简单随机抽取3个城区。

调查大多采取"现场发放问卷,当场填答,当场回收"的方式。调查采用自填式问卷,问卷的填答时间约为10—15分钟。调查共计发放问卷3900份,实际纳入数据库进行分析的问卷为3804份。

四、结果分析

当代青年婚恋观总体积极向上,女性地位的提升使得青年愈加重视恋爱关系中的平等地位,大部分人都认识到平等、尊重和理解是维系美好婚姻生活的必要条件,"重男轻女"观念逐渐淡化,两性知识的来源途径越来越广泛,性观念自由开放,但也存在择偶标准物质化、婚恋规划模糊迷茫等问题。

(一)恋爱观:以现实之爱为主

加拿大社会学家约翰·李将男女之间的爱情分为6种形态,现实之爱、友谊之爱、游戏之爱、情欲之爱、占有之爱、利他之爱[10],项目组选取了生活中常见的前3种类型进行调研。74.61%的青年"对恋爱持谨慎态度,会考虑性格爱好各方面",即符合现实之爱。现实之爱者在择偶时理性高于情感,会考虑对方的现实条件,以期让自己的酬赏增加且减少付出的成本,呈现出受市场调节的现实主义态度,具体表现为"爱人最好和我门当户对"。

此次实地调研收集到的问卷中,有2743名(占72.11%)青年有过恋爱经历,有恋爱经历是青年群体的主流。其中70.25%的青年的恋爱经历集中在1—2次,24.39%的青年经历过3—5次恋情,5.65%的青年恋爱次数在6次以上。研究发现,青年自身的恋爱经历与能接受对方恋爱次数之间存在相关关系。

研究结果表明青年自身恋爱次数和要求对方的恋爱次数相关,即青年自身的情感经历影响选择对象的标准,青年自身恋爱次数越多,越能接受对方有丰富的情感经历。大部分(占63.62%)恋爱次数在2次以下的青年可接受另一半的恋爱次数在1—3次之间,而恋爱次数在3—5次之间或6次以上的青年,对另一半恋爱次数的限制也相应减少,选择"无所谓"的比例明显提高,本身恋爱次数在6次以上的青年更是如此(选择"无所谓"占56.49%)。青年的恋爱次数往往是决定恋爱关系能否建立的一个重要因素,调研过程中多名受访者明确表示,恋爱次数过多会让人觉得对方对待恋情的态度不够认真或是人品有问题,不会考虑与之进一步交往。

(二)婚姻观:感性与理性并存

王瑞通过对《非诚勿扰》节目的研究发现,当代青年的婚恋观已出现"理性、务实、功利"的物化倾向。[11]当代青年在择偶时更加注重经济条件,日益呈现出物质化、世俗化和功利化的特点。本研究调查显示,当代青年的婚姻观中确实有学历、职业、车、房、收入等现实考量,但也有崇尚爱情、两情相悦的浪漫追求。

以学历为变量,青年自身学历越高则对物质要求越高。在众多的婚恋物质考虑因素中,"车"和"房"是青年婚恋中较为看重的两个选项,同时,青年对于"房"的需求要高于"车"的需求。数据表明,青年对房的需求(得分3.63)相比于对车的需求(得分3.3)来说更加强烈。此前,廉思和赵金艳的研究也发现,处于不同婚恋状态的青年,在住房和婚姻的关系上具有不同的特征,但无论哪个群体,拥有房产都会在婚姻市场中占据更加有利的位置。[12]在中国的文化体系中,房子始终是青年婚恋中的重要参考因素。随着经济的发展,对房的需要也从农村房变成城镇房甚至是城市房。"无房不嫁"已成为青年婚恋条件的重要特点之一。

尽管存在经济条件的理性考量,爱情仍是青年群体婚恋观中的重要指标。"我认为婚姻应以爱情为基础"的平均得分高达4.05,超过"非常赞同"的程度,且远高于"我认为婚姻应以经济为基础"3.71的平均得分。

(三)生育观:偏爱生女孩

从远古时代发展至近代,生育观念经历了从"重生唯生"到"重男轻女"的转变,有学者认为"传宗接代""重男轻女"等传统观念将进一步淡化,本研究则发现当代青年对女孩偏爱较高于男孩。

在选择生育一个孩子时,选择生女孩的比例比选择生男孩的比例高7.53%。生育两胎时,选择间隔3—4年的人数最多(占59.48%)。被采访者表示,生育时间间隔太短不仅会对母亲身体造成伤害,而且两个年纪相仿的孩子也难以照顾周全,劳心伤神。对于生育年龄,55.12%的青年选择在26—30岁,13.71%的青年选择在31—35岁,生育年龄有增长的趋势。二孩政策的实施提高了生育意愿,选择生育两个孩子以上的青年占总被调查人员的一半以上，57.73%的青年认为一儿一女最理想。

（四）性观念：既保守又开放

受访者对青年恋爱行为的接受程度呈现出双重性。大部分青年对恋爱行为持比较保守的态度，表现在恋爱中可接受接吻的青年占受访者总数的40.14%；而另一方面，恋爱中选择同居、性抚摸、性行为的青年合计占比高达36.57%，这一部分青年性观念大胆且开放。由此可见，青年的性观念介于保守与开放之间，两极分化明显。

进一步分析，青年恋爱行为可接受程度与青年婚恋状况有关。无恋爱经历的受访者中，47.5的青年可接受恋爱行为程度为接吻，高于其他任一婚恋状况中接受接吻的人数占比。相反，无恋爱经历的青年在"性行为""同居"层面的接受人数占比都低于有恋爱经历的青年，可见有情感经历促使青年恋爱行为可接受程度更高。

对于性开放程度，研究发现青年在婚前和婚后有较大的差异，婚后对于性的约束明显高于婚前。邓倩指出，大多数青年对婚外情持否定的态度，愿意承担婚恋伦理责任。[13]本研究中青年对"不能容忍婚外性行为的发生"（认同值4.07）的赞成度远高于"允许青年未婚同居"（认同值3.27）和"允许婚前性行为"（认同值3.28）。青年未婚同居是青年自身的自由，但已婚者在婚姻之外与他人发生关系则是一种严重的越轨行为，无论是什么情况下的婚外性行为，都不值得提倡。

（五）群体差异：女性自我意识增强，追求婚恋关系中的平等地位

男性和女性是婚恋主体，通常被赋予不同的角色。在社会发展过程中，逐渐形成了特定的性别分工和角色扮演，男子赚钱养家、女子相夫教子是我国传统的家庭模式。随着我国现代化进程加快，这一传统家庭模式的认同程度逐渐降低。

林樾、郭茜的研究发现女性的主动意识与独立意识逐渐增强[14]，本研究对此进行了更深入的调研。男性在"我认为应该倡导'男主外女主内'的家庭模式"上综合得分2.89分，女性得分2.25分，对"我认为应该倡导'夫妻双方都工作，家务共同承担'的家庭模式"男性认同值3.81分，女性认同值为

4.09分；在"我认为家庭是核心，事业为家庭提供经济支持"上，男性平均3.79分，女性平均3.62分；在"我认为家庭与事业同等重要，二者相辅相成"与"我认为婚后没有感情就要离婚"两题的得分上，女性都略高于男性。新时代青年女性的生活不再以家庭为中心，她们敢于拼搏、勇于追梦，有自己的事业蓝图，对家庭与事业的关系进行了重新界定。

女性的独立意识在经济层面的体现更为明显。在"我认为恋爱时男生应多花钱"上男性平均得分3.48分，女性则只有2.88分；在"我崇尚恋爱消费AA制"上男性平均分是3.17分，女性以3.45分的平均得分略高于男性。与男性相比，女性更强调经济上的独立与平等。

五、原因简析

通过调查发现，青年在择偶方面既追求精神契合，也关注现实条件。同时，青年的性观念逐渐变得开放，对性羞于启齿、谈性色变的现象逐渐减少，婚前性行为等接受程度提高，但对婚外性行为等越轨行为的宽容度不高。婚恋关系中两性的平等地位得到重视，女性追求事业甚至超过爱情。"重男轻女"的生育观念逐渐淡化。通过结合典型个案展开质性分析，调查组进一步探索影响青年婚恋的主要因素。

（一）女性在劳动力市场中占据重要地位，逐渐获得平等权利

新中国成立之初，通过宪法来保障女性的劳动就业权，在法治层面保障青年女性参与公共领域活动的权利。近年来，女性受高等教育的比重持续增长，女性大学毕业生如今已成"半边天"态势，占51%左右；女硕士毕业生从1998年的1.2万人增加到2015年的25.4万人，占比从1998年的29.8%增加到2015年的50.9%，年均增速达到了17%；女博士毕业生年均增速则为20%。[15]学历方面性别结构的改变也影响了劳动力市场。2019年《中国劳动力市场发展报告》显示，分别有31.2%的男性和29.6%的女性大学生进入了国有企事业单位，男女从业者比例差距不大。教育和劳动力市场中女性比例的提高，改变了婚姻市场中女性对男性的依附关系，甚至重塑了婚姻市场

中男女之间的关系。裴谕新指出,妇女不借助伴侣获得经济资助和事业成功,甚至成为家庭经济的主要承担者,形成一种"反向亲密关系";她们利用社会服务消解家庭内部的不平等,有机会追求个人空间、平等协商权以及伴侣所提供的情绪价值,借此获得她们的配偶对她们的情感支持以及个人空间的让渡。[16]在女性看来,婚姻不再是唯一的生存方式,如果婚姻不幸福,也可以通过事业实现人生价值,因此,女性把事业放在与婚姻同等重要的地位,也更加强调婚姻关系中男女的平等分工。

(二)社会文化多元,重塑和再造青年群体的婚恋价值观

当今社会文化多元化,并且在不断的碰撞过程中,对当代青年的主流文化意识有着很大的冲击。[17]影视作品作为大众传媒的重要组成部分,日渐成为青年休闲娱乐的首要选择。此外,在自媒体时代,观众可在收看相关作品后通过微博、朋友圈等就一些影视情节与他人展开讨论,这可以增强影视作品的社会影响力,使其对青年群体的价值观产生日益重要的影响。一方面,各式"高能甜宠剧"满足了人们对纯洁美好的爱情的向往,使不少青年开始憧憬这类"爱情童话",格外注重恋爱中的精神体验,形成对恋爱婚姻的美好幻想。另一方面,各式"现实主义大戏"以逼真描摹现实或放大部分细节的刻画手法,揭示了婚恋中可能会遇到的种种因金钱、利益而引发的现实冲突,让不少青年在心理上被假想的物质障碍击倒,过分强调婚恋中的物质要素,甚至产生"恐恋""恐婚"情绪。

(三)市场化程度高,区域性人口流动规模大,婚恋观存在"市场化""量化"倾向

随着我国市场经济改革加快,市场化程度逐渐提高,有些青年的行为也有市场化的倾向。就婚恋观而言,"无房不婚""无车不婚"等思想开始出现,"金钱"因其具有直接客观地反映婚恋对象的经济实力的作用,成为某些年轻人的择偶标准之一。

"我认为每个人都有寻找美好生活的权利,而拥有金钱的确能够让生活变得更好。"(女,20岁,甘肃兰州,恋爱中)

同时,受工业化、城市化的快速发展等因素影响,我国流动人口的数量

规模趋于庞大,人口流动总体呈现出从农村到城市、从中西部到东部的基本特征。流动人口,尤其是外出打工的流动女性,普遍缺乏安全感,这使得他们在选择婚恋对象的时候往往会采用"试验情"这一策略。

"在深圳工作这么多年也没混出头,还是在离工作岗位很远的郊区租房,有时的确非常希望可以找到一个让我真正在这座城市扎根的那个人。"(女,28岁,浙江丽水,单身,有恋爱经历)

黄丹、倪锡钦指出:"这种'试验情',往往具有婚前试性、保持开放、持续考察、精算资本等特征。'试验情'可以被理解为这些未婚的流动女性为改变自身在社会阶层之中的劣势地位、在城市之中争取一席之地的个体主观能动性发挥的具体实践。"[18]事实上,不同类型的流动人口会采用不同的婚恋策略,但在流入地获取"身份认同"是他们的共同追求,而这一追求可以借由婚恋行为来实现。这使得部分流动人口的婚恋观念呈现出极强的"物质导向",表现在婚恋价值取向上,就是对于婚恋中的物质因素较为看重。

(四)多维度生命经历影响青年婚恋观

纵然社会因素与家庭因素会对青年的价值观造成重大影响,但除却周边的大小环境,青年的婚恋观也与自身经历密不可分。

个体的婚恋经历直接影响了青年婚恋的选择。对于有婚恋经历的青年而言,过往的婚恋经历在一定程度上是下一段婚恋的指导,青年会吸取之前恋爱婚姻经历中成功的经验,尽量摒弃导致恋爱、婚姻失败的因素。受教育程度不同也呈现出不同的婚恋特征。受教育程度较高的青年与受教育程度相对较低的青年,这两种群体的婚恋观存在较大的区别。例如,对于伴侣的选择,受教育程度较高的青年往往更加注重与伴侣在话题上的契合度、情感上的共鸣等精神因素。受教育程度较低的青年在伴侣选择上较多提及财力、外貌等外在物质因素。对"闪婚是被允许的"这一观点的认可度调查中,学历为硕士及以上的青年中比较赞同的占了27.46%,而在高中及中专学历的青年群体中比较赞同的仅占15.06%。这说明,学历会对青年的婚恋观产生影响。

六、对策建议

当下青年的婚恋观存在着许多可喜的"新质",如提倡平等尊重的婚恋关系、"重男轻女"观念逐渐弱化；同时，在青年婚恋观中也出现了一定比例的"三不"主义，即不恋爱、不结婚和不生育；在市场经济发展过程中，物化和攀比也成为青年婚恋价值观中不可忽视的因素。从国家发展战略来看，人口可持续发展是以生育为基础的，生育制度的维系依赖于婚姻制度，而健康文明的婚恋观又是稳定婚姻的基石。因此，培育健康的、文明的、积极向上的婚恋观，有利于国家的长远发展。

（一）完善青年婚恋观教育的顶层设计

从微观来看，青年婚恋观是个体的价值选择行为；从宏观来看，青年婚恋观具有社会性，是社会群体在一定社会环境中集体选择和判断的一种价值取向。婚恋观最终会产生婚恋行为，从而影响社会的发展走向。因此，婚恋观既是个体的行为，又是一种社会现象。针对当前青年婚恋中出现的一些与社会发展不匹配的价值取向，需要加以完善和引导，从而为家庭幸福和社会稳定奠定价值基础，系统地推进青年婚恋观教育。第一，从全局出发，出台青年婚恋观教育的指导意见，充分考量家庭、朋辈、学校、公共媒体等在青年婚恋观形成中的作用，对不同对象在青年婚恋观教育中的地位、角色进行界定和引导。第二，婚恋观教育是一种成长教育，与婚恋观相联系的教育还有两性教育、性教育、健康教育、心理教育等，因此，要完善青年婚恋观教育的顶层设计，系统思考婚恋观教育与其他教育的联系，并结合青年的生命历程，根据青年发展的不同阶段推进婚恋教育。

（二）群团组织创新青年交流载体和形式，为青年恋爱结婚提供平台

调查显示，青年将爱情视为婚姻的基础，在多种恋爱和结婚形式中，对自由婚恋认可度最高。因此，需要发挥各级群团组织的力量，采取具体措

施,为推动青年群体交流、增进了解提供服务平台。第一,各级团组织、妇联、工会应定期调研属地青年群体的婚恋情况,了解青年群体的婚恋需求,掌握本地区婚恋现状。第二,在新媒体时代,各级群团组织可采取实名验证的方式,推动网络交友平台建设,为青年牵线搭桥;鼓励善于网络交友的青年,通过联谊会、团建会等活动来拓宽交际圈。第三,各级群团组织整合资源,跨界合作,形成合力。各级团组织、妇联、工会等群团组织应整合青年群体资源,扩大相亲会、交友会、团建等人脉圈子,为青年了解工作单位、学习单位之外的异性群体提供更广阔的平台。

(三)建立健康向上的大众传媒环境,规范宣传秩序

调查显示,青年群体的两性健康主要来源于网络。随着自媒体的发展和传播的便捷,青年群体受大众传媒的影响将更广泛、迅速和直接。此外,大众传媒对于青年价值观的影响还会形成二次扩散的效应,即青年群体通过自身的媒体工具讨论、分享和表达,形成价值观的传播链条。因此,需要采取措施规范传媒环境,如借助各类媒体矩阵,宣传美好、健康、向上和奋进的爱情故事以及婚姻故事,以榜样的力量影响青年、熏陶青年和感染青年,鼓励青年将个人的婚恋与国家的发展紧密结合起来。

(四)营造民主和谐的家庭氛围,建立民主型家庭

核心家庭已成为当下中国家庭形式的主流,而在青年群体中,核心家庭仍是未来理想的家庭结构。在核心家庭中,父母是影响青年婚恋观的第一要素,是青年在处理婚恋问题时的主要意见参考者。在核心家庭中,家庭是专制还是民主,会影响青年婚恋的价值选择和判断。研究显示,民主型的家庭能够促进青年在成年后较早地恋爱,并更倾向于与父母交流感情。因此,在父母、子女之间搭建沟通交流的桥梁,营造民主和谐的家庭氛围,有利于青年形成健康的婚恋观。第一,民政局婚姻登记处、妇联等机构可开设免费的婚姻辅导课,并通过长期跟踪服务等方式来支持民主型家庭的构建。第二,街道社区推广"家庭教育"科普类课程,定期组织社区沙龙、婚姻家庭关系讲座、邀请社区街道家庭共同学习家庭建设的有关课程。还可以聘请婚姻家庭咨询师,定期为社区居民提供个性化辅导。第三,树立民主型家庭典

范,弘扬好家风。各级政府应将民主型家庭建设纳入青年成长教育规划中,通过宣传民主型家庭故事,汇编民主型家庭故事,提升各地区民主型家庭建设的质量和水平。

(五)发挥学校教育的主导作用,引导青年树立健康向上的婚恋观

教育是一种文化熏陶,会在润物细无声中改变和重塑青年的婚恋观。随着青年群体接受外来信息渠道的多元化,学校应主动介入青年婚恋观形成的教育,帮助青年主动识别不合理或者不健康的婚恋价值观,引导青年积极主动构建健康向上的婚恋观。第一,分层分类推进婚恋观的课程体系建设,将婚恋观的引导与青年发展经历紧密结合起来。中小学应在正常的学科知识学习之外开设异性交往课、性教育课,使中小学生对异性之间的交往形成正常的认知,学会平等健康地与异性交往。针对高校青年的校园恋爱,高校应积极主动开设恋爱课,通过课程的形式引导青年的恋爱实践,在恋爱中学会建立平等尊重的恋爱关系。第二,高校应积极展开以婚恋教育为核心的校园活动,如开设恋爱沙龙、婚恋话题辩论赛等,帮助青年提升恋爱认识,提高恋爱质量。

本项目组借助来自全国范围内的3804名青年完成的问卷和访谈记录,对青年群体的婚恋观现状与特征、影响婚恋观的因素展开分析,并提出了相关的对策建议。随着社会发展,青年群体对恋爱的期待、男女在婚恋中的角色、地位、生育等方面的婚恋价值观都出现了变化,这些变化既受到个体生命经历的影响,也受到社会结构的形塑。婚恋观是个体价值取向和社会环境熏陶在婚恋中的反映,是青年价值观中的重要组成部分。拥有良好的婚恋价值观有利于提升青年群体的幸福感,有利于社会的稳定和谐。

参考文献

[1]单光鼐.中国青年婚恋观的变化趋势[J].当代青年研究,1986(6).

[2]叶松庆.内地青年的婚恋观现状与基本趋向[J].广西青年干部学院学报,2003(5).

[3]侯万锋.当代青年婚恋价值观及其教育引导:基于1185份调查问卷的实证分析[J].青少年犯罪问题,2015(5).

[4]冯春苗,陈捷,张胸宽.新世纪以来青年婚姻变迁状况研究[J].青年探索,
    2018(3).

[5]李勃."80后"青年婚恋选择特点及影响因素分析[J].山东省青年管理干
    部学院学报,2008(6).

[6]唐土红,陈兰.价值多元时代"90后"青年的爱情观及其引导[J].青年探
    索,2013(3).

[7]李海伟."90后"大学生婚恋观现状调查与对策研究[J].湖北函授大学学
    报,2017(15).

[8]高中建,李艳艳."90后"与"80后"大学生的婚恋观及其差异性研究[J].青
    年探索,2013(2).

[9]游鑫.80后、90后大学生婚恋观比较研究[D].武汉:华中科技大学,2018.

[10]刘淑娟.社会心理学[M].延吉:延边大学出版社,2017.

[11]王瑞.从《非诚勿扰》看当代青年婚恋观的物化倾向[J].广西青年干部学
    院学报,2012(2).

[12]廉思,赵金艳.结婚是否一定要买房?:青年住房对婚姻的影响研究[J].
    中国青年研究,2017(7).

[13]邓倩.当代中国青年婚恋价值取向的调查分析[J].内蒙古社会科学(汉
    文版),2006(4).

[14]林樾,郭茜.代际冲突:当代青年婚恋价值观的现状与对策:从《中国式
    相亲》谈起[J].中国青年研究,2017(7).

[15]北京师范大学劳动力市场研究中心.2016中国劳动力市场发展报告
    [R].北京:北京师范大学出版社,2016.

[16]裴谕新."反向依赖性":女性创业与亲密关系实践的个案研究[J].华东
    理工大学学报(社会科学版),2020(3).

[17]孙梦琪.新时代大学生婚恋观调查研究[D].南京:南京信息工程大学,
    2019.

[18]黄丹,倪锡钦.浪漫爱与现实婚夹缝下的新生代流动女性婚恋策略[J].
    青年探索,2020(3).

嵌入家庭服务的女性社会组织在社会治理中的作用探析

朱凌云　　王金华[*]

摘　要: 女性社会组织以家庭服务的方式服务民生,参与社会治理,其展现的作用日益显著。该文以市级女性社会组织杭州护心心智工作开展及相关调研为基础,考察女性社会组织在参与社会治理过程中的重要作用。在社会治理过程中,女性社会组织充当倡导者、宣传者、参与者、服务者、志愿者、赋能者、资源整合者及资源链接者等多重角色,家庭服务在提供公共服务、化解社会矛盾、保障社会稳定、提高服务质量、引领示范、精细化服务、扩大社会参与、提升基层群众自治能力等方面发挥着独特而重要的作用,是社会和谐的基石。

关键词: 社会治理;家庭服务;女性社会组织;作用

社会治理是指以实现和维护群众权利为核心,发挥多元治理主体的作用,针对国家治理中的社会问题,完善社会福利,保障改善民生,化解社会矛盾,促进社会公平,推动社会有序和谐发展的过程。[1]社会组织是推进国家治理体系和治理能力现代化的重要组成部分,是社会治理的重要主体和依托。社会组织作为基层治理结构中的重要一环,被越来越多的专家和学者所关注。[2]我国的社会组织主要是指在民政部门登记的社会团体、民办非企业单

---

* 朱凌云,浙江省社会组织服务中心主任,浙江省妇女研究会常务理事,研究方向为社区治理和社会组织。王金华,杭州护心心智心理咨询服务中心创始人兼理事长,研究方向为女性发展和家庭教育。

位和基金会三类组织。女性社会组织因服务女性群体而深入社会的各个层面,服务的内容涉及生理、心理及社会功能,是女性群体的知心人、娘家人,也是女性问题的关注者、思考者、服务者、研究者、解决者、践行者、保卫者及守护者[3]。

在党建引领下,女性社会组织通过自身专业及整合能力,通过家庭服务推动社会服务,做到服务人群广、服务内容多、服务质量高、服务形式多样、服务方式灵活、服务回应性强、服务效果好。家庭服务以其贴近百姓需求、专业精准、紧跟时代、直击痛点的属性,多维度服务女性及所属家庭,有效弥补政府提供公共服务的不足或低效,在为民众点燃心灯,为民生照亮前路,为百姓守望幸福中发挥着其独特的作用。社会治理共同体是习近平总书记总结社会治理经验,把握新时代社会治理规律提出的新理念。社会治理共同体意味着社会治理命运共担,人人有责。作为女性社会组织的杭州护心心智心理咨询服务中心,充分认识到家庭服务在社会服务中的作用,以家庭服务作为参与社会服务、参与社会治理的基本手段,在社会治理中发挥重要作用。

杭州护心心智心理咨询服务中心(简称"护心心智")是在杭州市民政局登记的专业女性社会公益组织,十余年来,一直以嵌入家庭服务的方式服务妇女儿童及弱势群体。秉承"助人自助"的服务理念,以"合家欢,幸福心"为服务目标,重视家庭教育,倡导文明家风,树立家国情怀,精准服务家庭。护心心智用资源链接、社会融入、心理疏导、志愿倡导的专业方法积极开展社会工作,是家教家风的拥趸者、实践者、受益者及推动者,服务人次破万,获得中央、省、市、区级媒体正面报道几十次,在家庭服务和社会治理中具有引领示范作用。

一、在基层社区治理中的作用:提供公共服务,化解社会矛盾,提升基层自治能力

社区是社会组织参与社会治理的重要领域,社区治理是社会治理最基本的单元。通过大力开展"三社联动",社区、社会组织、社工合力促进社区

居民解决民生问题,化解社会矛盾,推动社会治理向基层下移。通过积极倡导和共同服务,让社区居民、社会各方人员更广泛地参与社区治理,成为社区治理的主体,提升基层自治能力。

2015年护心心智在某街道某社区开展"合家欢"项目,设立婆媳热线,为社区的老中青三代提供家庭融合服务,把服务点扎根在社区,与社区居民近距离接触,成为社区居民的贴心人。通过读书会、家庭教育知识讲座、沙龙、亲子互动、家规家风知识普及、家庭纠纷调解、个案跟踪、家庭教育理念传播、电话热线解答等方式,广泛开展工作。这些举措,大大充实和深化了社区内的居民服务,让社区居民把进入社区的社会组织看成自己的贴心人,居民个人的烦恼事、邻里之间的纠纷都能在社区内部解决,居民的知心话、贴心建议都愿意在社区内分享。居民以社会组织的活动为互动纽带,积极、主动、热情地参与其中,主人翁精神得到更多展现。社会组织是服务者、倡导者,也是街道社区政策以及百姓诉求的传声筒、居民问题的解决者、社会文明的宣讲者。社会组织通过家庭服务、活跃邻里关系,成为社区居民实现自治、促进共治共享的志愿者、宣传者、推动者和促进者,是社区的黏合剂。

二、在养老领域的新作用:化解社会矛盾,保障社会稳定,精细化多样化服务

目前,我国养老问题已经成为社会性问题。在机构养老、社区居家养老、家庭养老三种养老方式中,政府着重支持社区居家养老服务业,而这需要社会力量增加非基本公共服务供给,满足群众多层次、多样化需求,其中社会组织有其不可替代的优势。

2017—2019年,护心心智承接某区退役老兵的社会化服务,对信访老兵进行心理干预,缓解信访人员的心理冲突,稳定信访人员的不安定情绪,构建信访群体的家庭互助系统,把党和国家的政策、温暖送进老兵心里。在此过程中,社会组织是公共冲突的调节器,尽力化解冲突,保障社会稳定。在老兵体检安排上,首先给每个老兵办理外出保险,同时安排志愿者一对一全程陪护80岁以上及有特殊需求的老兵,定期进入老兵家庭开展精神慰藉,陪

护老兵家属清明祭奠。护心心智还印制了各类宣传册,录制了12期军魂展示视频,帮助老兵家属跨省对接,找回墓地祭拜。省市领导莅临指导,深圳市、山东省双拥办也来参观学习。护心心智获得2019年浙江省爱国双拥模范单位。社会组织进入养老领域,充当资源链接者、服务者、倡导者、参与者、志愿者等多重角色,用精细化、人性化的方式介入,提高个性化养老服务的普及率,成为老年人的治愈剂和贴心人。

三、在脱贫攻坚中的新作为:引领示范,精细化服务,提高社会参与

党的十八大以来,以习近平同志为核心的党中央,把脱贫攻坚摆到治国理政的重要位置,动员全党全社会力量,打响了反贫困斗争的攻坚战。2019年,中央财政支持东部优秀社会组织支援西部,尤其是扶持"三区三州"。护心心智凭借自身专业优势和在东部地区社会服务的影响力,成功获得2019年中央财政支持社会组织示范项目。护心心智针对青少年群体进行心理测试,对其家庭情况及社会功能进行调查,并且分类别设计心理团辅,跟踪个案,重点挖掘,找出关联及应对办法,提出意见和建议,形成了一份当地青少年心理状况调研报告,并联合学校老师、家长共同干预,在当地示范了社会服务项目的落地执行方式。

2020年末,护心心智承接当地困境儿童的服务项目,通过救助困境儿童,既深化弱势群体的服务内容,又带动当地社会组织的发展。在某乡政府的一次沙龙活动中,对部分困境儿童进行心理绘画投射观察,其中有一个家境困难的维吾尔族男孩迟迟不愿动画笔,而最后呈现出来的一幅画是一棵黑树及周边空白。男孩躲在角落里,借口身体不舒服,不参与互动。在仔细看了男孩所有的绘画后,根据绘画心理学投射原理,项目工作人员决定入户拜访这个男孩。在当地妇联主席的带领下,工作人员进入了男孩的家。男孩的父母不在身边,和奶奶住在一起,平时比较内向、胆小。问了男孩两个问题,男孩只简单地用一两个字回答。笔者内心颤抖着又问了两个问题,孩子沉默了,突然靠在笔者怀里压抑着情绪抽泣了很久。奶奶笑着说:"奇怪,

孩子平时从来不哭,今天不知怎么了。"此项目联合了当地公安、司法、教育、共青团、妇联、民政等各方力量参与,可以说是困境儿童的及时雨。

以社会组织的方式参与脱贫攻坚服务,能最大化体现社会组织的公益性、灵活性及公共服务性,也能起到引领示范作用,促进更加精细化的服务。在项目实施过程中,社会组织是专业服务者,是资源整合者,是爱心守护者。针对困境儿童及青少年的社会服务,可以提高社会组织的参与力度,让更多弱势群体感受到关爱,为国家的脱贫攻坚目标助力。

四、在应急灾害领域显身手:提供公共服务,扩大社会参与,提高服务质量

在应急事件中,国家大力倡导多元化社会主体的共同参与,鼓励并支持充分发挥社会组织的专业精神及重要作用,提高应急管理的有效性。在家庭支持、个人救助方面,社会组织都可以积极参与。

每个人的背后都有一个家庭,每个应激事件都与家庭和谐、社会稳定息息相关。社会组织参与应急灾害领域,成为服务者、志愿者、倡导者,服务更加细化及多元化,不仅可以降低政府应急管理的成本,而且可以提高应急管理能力,促进应急管理多元主体意识的确立和巩固。

五、在教育领域的新机遇:提供专业化、精细化服务,延展深化服务

家庭是社会的基本细胞,是人生的第一所学校,家庭对每个人的成长有着举足轻重的作用。家庭教育是对人生影响至深的教育,它直接或间接地影响着人生目标的实现。家庭教育与学校教育、社会教育并立,是现代化教育不可或缺的三大支柱之一。家庭教育不是拉长板,也不是补短板,而是兜底板,决定着每个孩子的生命底色,有着学校教育和社会教育不可替代的作用和意义,对人的影响深刻且持久。

护心心智针对青少年设计定向品格训练，在学校和社会教育之外，针对青少年关键期的关键品质——爱、勇敢、专注、积极、守时、合作、尊重——进行训练。社会组织参与家庭教育，进入街道社区、机关学校、园区部队、广场福利院、企业图书馆等，让良好家庭教育和家规家风传遍各个角落。护心心智不仅针对家长进行宣传普及，还针对学生个人问题，提出个体解决方案。护心工作室接待过一名男生，他不愿意学习，自我否定，注意力不集中。了解之后发现，男生来自单亲家庭，父亲有强烈的愧疚心理，不断把内心冲突转化成压迫式的爱传递给单亲男孩。护心工作室通过空椅疗法，让男生父亲接纳自己，减轻愧疚感，男生的状态也因此逐渐好转。

让正能量的家庭教育和家规家风落地生根，这不仅能促进家庭的和睦与稳定，还能促进社会和谐、家国共兴。社会组织还可以采取四点半课堂、考前解压、父母课堂、亲子沙龙等方式，在教育领域有所作为，弥补学校教育及社会教育的不足。

六、特殊群体的新补充：完善社会福利，改善社会民生，保障社会稳定

针对福利院、救助站、殡仪馆、工疗站等社会机构中的特殊群体，在传统业务基础上，社会组织可以介入家庭教育普及、家规家风宣传、家庭功能修复融合等服务。

2018年，护心心智承接市救助站受助人员融入社会项目，针对每个受助人员进行家庭情况调查，研判其社会不适应心理轨迹，对于有需要的个体进行一对一的心理干预。2016年，护心心智为工疗站残障群体的家属进行心理干预，提供社会心理支持，提升家属与残障人员融合技巧，缓解残障家属的压抑情绪，建立家属、社区、社会组织闭环支持服务系统。2014年，护心心智承接某街道失独群体干预项目，一对一帮助失独群体缓解心灵伤痛，一对多建立正向心理缓释通道，还组织和培育失独群体互助圈，支持他们互相支持，抱团取暖。

在办理未成年人刑事案件时，受时间和职能限制，司法机关不能给未成

年人提供更多的心理和家庭系统支持。处在心理飞速发展期的未成年人,经历刑事案件的刺激,短时间内无法调整自己的心理状态,也很难正确梳理和袒露自己的脆弱以获得更多的社会支持,容易钻牛角尖,产生退缩或偏激心理。此时,由社会组织介入,从第三方接纳和共情的角度给予未成年人更人性化的关怀和支持,让其产生内生动力,度过艰难的时期,逐步恢复自愈力,从而减少重复犯罪,保障社会稳定。可以说社会组织在拓宽服务模式、深入服务群体、延展服务内容、提升服务效果、完善社会福利等方面做出了有益尝试。

七、为群团组织的新赋能:提供公共服务,赋能女性, 倡导和谐

工会、青联、妇联、残联、科协等群团组织充分发挥桥梁纽带作用,为各自所属群体发声、解忧。这些群团自身及所服务群体,都离不开家庭,离不开家庭教育,离不开家规家风家训。因此,专业社会组织介入家庭服务意义深远。专业社会组织介入家庭服务,尤其要赋能女性,让每一个女性安好,让每一个女性身边的成员心有所属,心有所安,家庭稳定,关系和谐。这种服务是家庭和睦与社会和谐的疗愈剂、黏合剂和稳定剂。

2014年,护心心智承接某区妇联项目,联合工会、共青团、科协等部门举行建设美丽家庭、经营幸福生活等一系列活动,赋能区机关、学校、园区等单位的女性,从相亲交友沙龙、婚姻家庭指导到亲子关系调节,发挥组织功能、专业功能及落地执行功能。赋能群团组织,促进性别公平正义,使女性拥有获得感、幸福感、安全感。社会组织以志愿者、服务者、倡导者、资源链接者角色,赋能女性,为群团组织注入新的活力。

党的十九届四中全会提出,必须加强和创新社会治理,完善党委领导、政府负责、民主协商、社会协同、公众参与、法治保障、科技支撑的社会治理体系,建设人人有责、人人尽责、人人享有的社会治理共同体,确保人民安居乐业、社会安定有序,建设更高水平的平安中国。家庭服务涉及每一个人,影响一个人的方方面面,是参与社会治理的重要手段。女性社会组织具有

组织性、民间性、非营利性、自治性和志愿性等特征，在家庭服务与社会事务管理中具有独特优势，能够与政府的服务和治理优势互补，成为家庭服务和社会治理的重要力量。

嵌入家庭服务的女性社会组织通过项目化服务延伸基层民政的臂力，夯实教育功能的基础，查漏补缺，精准服务，在家庭服务和社会治理中发挥引领示范作用。当然也要看到，嵌入家庭服务的女性社会组织所涉及服务的内容，并没有覆盖社会组织的全部服务范畴，需要在实践过程中不断拓展服务领域，提高服务质量。我们相信，不断壮大的女性社会组织，将在家庭服务和社会治理中发挥越来越大的作用。

参考文献

[1]姜晓萍.国家治理现代化进程中的社会治理体制创新[EB/OL].(2014-02-28)[2021-01-09].http://theory.people.com.cn/n/2014/0228/c83863-24494502.html.

[2]王名,王春婷.推位让治:社会组织参与社会治理路径[J].开放导报,2014(5).

[3]恽伟杰.江苏省女性社会组织发展研究[J].中华女子学院学报,2014(4).

社会交往视角下农村留守幼儿依恋状况及其改善

刘　琳*

摘　要：农村留守幼儿的依恋状况既是农村留守幼儿社会交往的重要内容，又是影响农村留守幼儿心理发展的重要因素。本文在对农村留守幼儿的依恋状况以及对其身心发展的影响进行分析的基础上，依据依恋理论和相应的原则，从亲子交往、师幼交往和同伴交往三个方面探索相应的改善措施，以期农村留守幼儿从积极的社会交往中获得安全感、信任和心理支持，建立安全的依恋关系。

关键词：农村留守幼儿；依恋；社会交往；改善

依恋不是一种与生俱来的特质，是幼儿与依恋对象相互作用的产物。依恋为我们提供了了解儿童社会性发展以及心理健康状况的途径。农村留守幼儿所处的环境，特别是所在家庭结构类型，与他们的依恋状况密切相关，对他们的认知、情绪和社会化的发展乃至一生的发展产生深远影响。农村留守幼儿的依恋状况既是农村留守幼儿社会交往的重要内容，又是影响农村留守幼儿心理发展的重要因素，可以从社会交往的视角对其依恋状况进行探讨和改善。

---

* 刘琳，泰山学院教师教育学院讲师，研究方向为儿童心理发展与教育。

一、农村留守幼儿依恋状况及其影响

(一)农村留守幼儿的依恋状况

农村留守幼儿的依恋状况和身心发展植根于家庭。家庭是一个复杂的系统,由相互依赖的家庭成员构成,其中的个人行为会影响到其他成员的行为。由于农村留守幼儿所处家庭结构的特殊性,不同的家庭结构类型导致农村留守幼儿的依恋状况有所不同。农村留守幼儿生活的家庭类型主要有隔代监护型(主要是祖辈监护)、单亲监护型(主要是母亲监护)和亲朋监护型这三种形式。其中,以祖辈监护和母亲监护为主,前者所占比例最大。

1. 祖辈监护下农村留守幼儿的依恋状况

《中国儿童福利与保护政策报告2019》显示,2018年,全国共有农村留守儿童697万人。从监护情况看,96%的农村留守儿童由祖父母或者外祖父母隔代照料。《2019年度中国留守儿童心灵状况白皮书》揭示,由于父母双方或一方不在身边,留守儿童多由祖辈进行照顾,这种养育方式导致留守儿童在教育和成长过程中出现亲子分离、依恋关系疏离等问题,给留守儿童的认知、情感、社会化等发展产生较大影响。

一般情况下,双亲外出的农村留守幼儿由祖辈抚养的比较多。幼儿父母大多注重精神呵护和严格管教,祖辈监护者大多采用物质型或放任型的管教方式,较多地给予物质的满足和过多的宽容。有的祖辈监护者思想观念相对保守,教育方法简单,不懂得要对农村留守幼儿身心发展进行积极引导的教育理念。此外,大多数祖父母(外祖父母)年龄较大,有的监护远不止一两个留守幼儿,除了生活照顾,难以提供有益于幼儿身心发展的具体引导和细致关照。这就导致一些农村留守幼儿形成不安全的依恋关系,产生行为或心理偏差,不利于他们的健康发展。

2. 母亲监护下农村留守幼儿的依恋状况

父亲外出的农村留守幼儿主要由母亲监护。幼儿期正是儿童身心发展的关键期。但是,有的农村留守幼儿的母亲文化水平有限,往往不太注重或者没有意识到积极的依恋关系、积极的心理安全对孩子身心发展的重要影响,容易忽视依恋关系的建立,忽视早期教育的核心内容,这往往导致孩子形成不安全的依恋关系。

(二)农村留守幼儿依恋状况对其身心发展的影响

依恋关系是幼儿生活中最重要的社会关系,是个体社会性发展的开端和重要组成部分,对幼儿的身心发展尤其是社会性的发展具有重要影响。依恋关系可以帮助幼儿建立内在的工作模型,幼儿需要利用这一模型去了解自己、他人和世界。即使成年之后,这种内在的工作模型同样会引导个体在人际关系中的思维和预期。

安全的依恋关系有助于农村留守幼儿对外部环境进行积极探索,给他们提供安全感和归属感,给予他们一定的情感支持和社会支持。同时,安全依恋关系中的农村留守幼儿的积极情绪更多、社交能力更强、心理和行为问题更少,更有可能发展出友谊和更多的情感联系。

但是,由于农村留守幼儿生活的特殊家庭结构和依恋对象自身的特点,农村留守幼儿的依恋状况对其身心发展也可能产生消极影响。不安全的依恋状况会影响到农村留守幼儿的认知、社会交往和情绪技能等。有的农村留守幼儿会因为缺少父母的心理支持和指导而产生交往障碍,对人际交往产生逃避。这些不仅会妨碍农村留守幼儿在儿童期的人际交往,也会影响农村留守幼儿成年后的人格发展,甚至产生反社会行为。

二、农村留守幼儿依恋状况改善的理论依据和原则

(一)理论依据

依恋关系最早引起关注是基于它与婴幼儿心理健康的密切联系。依恋关系的产生发展是儿童早期社会生活的主要成就。弗洛伊德高度重视家庭成员之间的关系对儿童健康发展的重要性,并开创性地提出儿童的早期生活经验对成年人格发展的决定性作用,引起了人们对儿童早期身心健康发展的重视。

依恋理论强调儿童身心发展和主要照看者之间依恋关系的重要性,认

为儿童与其主要照顾者之间的最初关系构成了以后所有关系的起点,儿童同照顾者建立的依恋关系对人的一生具有重要作用。依恋和本能反应具有类似的根源,对物种的自我保护和生存具有非常重要的作用。个体心理的稳定和健康发展取决于个体的心理结构中心是否有一个安全基地。

依据多重依恋关系理论,儿童可以与不同环境(如家庭、幼儿园)中不同角色的人(如父母、祖辈、老师、同伴)建立不同的依恋关系。虽然依恋关系得以产生的家庭类型不同、依恋对象的角色不同,但是,与提供安全基地的依恋对象在一起时,儿童感到安全、支持和鼓励,会产生积极的探索行为,而与提供安全基地的依恋对象分离时,儿童则会产生分离焦虑。

(二)遵守的原则

对农村留守幼儿依恋状况改善措施的探讨,需遵守客观性原则和发展性原则。客观性原则是首要原则。农村留守幼儿依恋的主体是"人",而人的行为和心理现象是复杂多样的,受到各种因素的影响和制约。每个农村留守幼儿的发展基础和速度是不一样的。改善农村留守幼儿依恋状况措施的客观性原则主要包括两个方面:一是必须考虑到农村留守幼儿自身的身心发展特点、生活的客观环境及条件的差异、家庭类型等;二是也应考虑到照顾者等依恋对象自身的特征等。要客观全面地综合考虑各种因素,以便有效地改善农村留守幼儿依恋状况。

发展性原则指的是必须用发展的眼光看待农村留守幼儿依恋状况的改善。农村留守幼儿的依恋对象不仅要注意农村留守幼儿已经形成的身心特点,更要关注他们正在萌芽的身心特征以及发展趋势。从社会交往的视角积极引导农村留守幼儿形成安全的依恋关系,通过榜样作用和情感支持提供安全感和归属感,使其积极探索周围的世界,健康成长。

三、农村留守幼儿依恋状况的改善措施

依恋是幼儿和主要照顾者之间的一种积极的、亲密情感联结,是幼儿在发展过程中与"重要他人"建立的一种深层的、坚固的、持续的情感联结。"重

要他人"是指在个体社会化以及心理人格形成的过程中具有重要影响的具体人物。每个人都有依附的需要,这个可以依附的对象必须是可以信任的并且能够提供支持和保护的"重要他人"。由于父母双方或一方外出工作而被留在家乡,农村留守幼儿一般与父母一方、祖辈亲人等一起生活。所以,能够为留守幼儿提供支持、信任、保护和安全感的"重要他人"可能是亲人、老师、同伴等。他们就是农村留守幼儿的社会交往的三种形式(亲子交往、师幼交往和同伴交往)中所涵盖的"重要他人"。因此,社会交往视角下农村留守幼儿依恋状况的改善措施可以从农村留守幼儿三种社会交往的角度进行分析和探讨。

(一)积极的亲子交往增强依恋

有关中国留守儿童心灵状况的调研提出,对留守儿童心灵帮扶的有效路径有两条:对内,引导其核心自我评价提升;对外,帮助其亲子关系改善。亲子关系是指父母与子女的关系,也可以包含隔代亲人间的关系。广义的亲子交往是指儿童与主要养育者之间进行的语言的和非语言的信息传递和理解反馈的过程。由于农村留守幼儿生活的家庭类型主要是单亲监护型和隔代监护,其"重要他人"可能是父母亲,也可能是与个体关系密切的祖辈等。

农村留守幼儿所处的家庭类型导致祖父母或者母亲往往成为农村留守幼儿身心发展过程中的"重要他人",成为其依恋关系建立过程中的主要依恋对象。所以,祖父母和母亲在农村留守幼儿依恋关系的建立过程中担负着十分重要的责任,对其安全依恋关系的建立有重要的影响。

1. 依恋对象的积极回应

母亲是幼儿能够产生依恋的首选对象,但是,在特殊的家庭类型下,农村留守幼儿同样也可以和其他家庭成员形成依恋关系。如果农村留守幼儿的依恋对象对幼儿的信号很敏感,能准确地理解它们,并迅速、恰当地做出反应,能根据幼儿的状态来调整行为,尊重幼儿的兴趣,这些积极的回应有助于农村留守幼儿安全依恋关系的建立和心理健康发展。艾因斯沃斯的抚养假说认为,具有交互性、敏感性、同步性、支持性以及积极态度和积极回应特征的依恋对象,更可能使儿童形成安全依恋风格。

2. 增加联系频率

很多儿童心理发展理论都强调童年早期亲子交往的经验对个体毕生人格发展的影响。对于双亲或者单亲外出的农村留守幼儿而言,增加联系的频率有利于亲子交流,有助于依恋状况的改善。增加联系频率可以借助多种形式,例如,父母和孩子进行网络视频聊天;有条件的话,父母可以在假期把孩子接到打工的城市一起生活。各级政府和教育部门应加快推进城乡融合,让农村留守幼儿有机会在制度保障下与进城务工父母一起生活。

3. 营造积极的家庭氛围

融洽、温暖的家庭氛围是形成安全依恋关系的重要条件。民主、平等、和谐的家庭氛围有利于农村留守儿童形成积极乐观的态度、良好的心境,有助于建立积极的依恋关系。研究发现,相比父母一言不发地离开孩子,通过向孩子解释离开的原因,更能够减少孩子的分离痛苦。当然,随着农村留守幼儿的成长,他们开始明白父母的暂时离开无法避免,面对分离,他们不再表现得那么焦躁不安。

对于缺少父母陪伴的农村留守幼儿,担负守护责任的祖辈应努力为其创造有利于成长的、积极的家庭氛围。其中,最重要的是学会尊重孩子。在尊重和关爱的氛围中,祖辈给予农村留守幼儿积极的情感关注。帮助他们建立积极依恋关系,这样有助于他们今后的生存和发展。

(二)积极的师幼交往提供依恋的支持

农村留守幼儿的师幼交往和良好的亲子交往、同伴交往一样,可以给农村留守幼儿带来安全感和归属感,成为幼儿的情感依赖。师幼交往是指幼儿园中教师和幼儿之间的交往,是师幼之间发生的各种形式、各种性质和各种程度的相互作用和影响。多重依恋关系理论表明,当师幼依恋关系的特质被用来预测幼儿的社会交往能力时,其预测性高于亲子依恋关系。《幼儿园教育指导纲要(试行)》指出,在社会教育方面,要引导幼儿参加游戏和其他各种活动,体验和同伴共处的乐趣;加强师生之间、同伴之间的交往,培养幼儿对人亲近、友爱的态度,教给必要的交往技能,学会和睦相处。在幼儿园里,教师是农村留守幼儿模仿的榜样,更是积极社会行为的主导者。教师应尽量为农村留守幼儿创设使他们感到安全、温暖、可信任的心理环境,并鼓励他们探索与创造。

当农村留守幼儿进入幼儿园后,幼儿园教师在其依恋关系的发展中起到重要作用。教师的作用主要体现在三个方面:一是改善与提高农村留守幼儿在家庭中未能很好形成的社会能力;二是根据农村留守幼儿不同的社会能力与特点,有针对性地为其创设交往的机会;三是直接参与农村留守幼儿的交往活动,在交往中给予榜样示范、引导帮助,培养农村留守幼儿形成良好的社会交往能力与品质。良好的师生依恋关系能够对不安全类型的亲子依恋关系起到补偿作用。

(三)积极的同伴交往弥补依恋的缺失

同伴交往是指年龄相同或相近的儿童之间的交往,是同龄人之间或心理发展水平相当的个体之间在共同活动中的相互作用和影响。随着农村留守幼儿年龄的增长,农村留守幼儿与其他儿童的交往持续增加。日益增多的同伴交往对农村留守幼儿的社会化进程及发展具有独特、重要的意义。幼儿与幼儿之间良好的交往关系,和良好的亲子关系一样,能使农村留守幼儿产生安全感和归属感,成为幼儿的一种情感依赖,对农村留守幼儿依恋的发展具有重要的情感支持作用,可以弥补亲子依恋的缺失。

四、结语

"依恋理论之父"约翰·鲍尔比认为,不仅仅是儿童,而是处于人生各个年龄阶段的个体,只有他们坚信在他们的背后永远站着一些在任何时候都能够给予他们信任和支持的人,他们才能够在发展的过程中尽情发挥自己的天才,挖掘自己的潜力。改善依恋状况有各种具体措施,与父母一方或双方分离的农村留守幼儿,更需要从积极的社会交往中获得安全感、信任和心理支持。

新时代农村老年女性居家养老服务的现实需求与路径探讨

——基于A县B镇31所农村幸福院的实证分析

杨　铮[*]

摘　要:居家养老服务是新形势下农村社会保障的探索创新,将社会性别视角引入养老服务研究领域,对关注老年女性群体特殊性、保障妇女基本权益、推进妇女全面发展有着重要意义。本文选取福州市A县B镇部分村(社区)老年女性作为调研对象,选取镇域内31所村级农村幸福院作为养老服务信息采集点,通过文献整理、问卷调查、观察访谈等实证调查方法,深入了解农村老年女性养老服务需求,分析居家养老服务的现存问题与原因,进而有针对性地提出对策建议,致力构建多元主体参与的良好养老格局,持续提升农村广大老年女性的获得感和幸福感,助推基层社会治理体系和治理能力现代化。

关键词:新时代;农村老年女性;居家养老服务;路径探讨

一、农村居家养老服务的时代背景

人口老龄化是全球共同面临的挑战,是关系民生福祉的社会焦点。

---

* 杨铮,福建省福州市闽侯县青口镇人民政府基层党建办公室主任,研究方向为组织人事和社会保障。

《2019年中国民政统计年鉴》显示，截至2019年底，我国60周岁及以上人口25388万人，占总人口的18.1%。比照2018年，60岁以上人口占比增加0.2%，65岁以上人口占比增加0.7%。而2019年老年抚养比为19.6%，增幅2.8%，增幅为10年来最大。综合来看，我国人口老龄化形势严峻，高龄化趋势显著，社会化、专业化、多元化的养老服务缺口较大，其中，农村的老龄化程度明显高于城市平均水平。近年来，受劳动力红利外流、失地农民增加等因素影响，老龄化城乡倒置现象加剧，乡村小型化、核心化与空巢化家庭涌现，亲族纽带松弛、支持力度减弱，传统的家庭养老模式呈现出逐步解构的态势。面对养老体系城乡二元结构的失衡格局，深化农村养老服务供给侧结构性改革成为关键对策，居家养老服务这一模式应运而生，成为落实"健康中国"战略打通"最后一公里"的利器。

《乡村振兴战略规划（2018—2022年）》指出，适应农村人口老龄化加剧形势，加快建立以居家为基础、社区为依托、机构为补充的多层次农村养老服务体系。福州市主动适应新形势，贯彻落实《福建省推进养老服务发展（2019—2022年）行动方案》，提出《福州市居家社区养老集成改革试点总体方案》，重点推进城市社区嵌入式家园—居家社区养老服务照料中心—居家养老服务站（农村幸福院）三级三类养老服务设施建设，计划用3年时间建成福州特色"3443"养老服务模式。新时代背景下，A县B镇新型城镇化步伐加快，公共服务体系日渐完善，留守妇女、空巢老人等弱势群体权益保障工作被列入重要议程，农村幸福院建设如火如荼，妇联组织发挥积极作用，有效推进转型期乡村社会善治。

二、新时代农村老年女性居家养老服务的重要意义

居家养老服务是破解我国养老难题的重要出路，是新形势下农村社会保障的探索创新，其实质是以家庭为核心、社区为依托、社会力量为支撑、多主体协同互促的社会化养老模式，以上门服务和社区日托为主要形式，具备公益性、专业性、多样性、特色性、可持续性等特征，是农村老年女性养老事业发展的客观需求和现实选择。

一方面，居家养老服务是农村养老事业发展的客观需求。目前，我国经济社会发展水平难以满足农村日益增长的养老服务需求，亟须寻求经济高效可行的实践模式。居家养老通过优化整合政府、社区、家庭与社会组织的资源，以基层社区网点为依托，组织专业医护人员和志愿者深入社区、家庭，将"请出来"与"走上门"相结合，针对普通老人、半失能老人、失能老人等群体，提供日间照料、生活护理、家政服务和精神慰藉等综合性养老服务。通过健全农村互助型社会养老服务保障体系，有利于构建文明、健康、和谐的理想养老宜居社区。同时，农村老人大多成长和生活于乡土"熟人社会"，维持邻里间的互动交往、在熟悉的人际关系网络中再社会化是满足老人心理需求的优选，有利于全面实现"老有所养、老有所医、老有所为、老有所学、老有所教、老有所乐"。

另一方面，居家养老服务是老年女性养老服务的理性选择。习近平总书记提出，要把握妇女对美好生活的向往，有针对性地做好联系妇女、服务妇女各项工作，为她们做好事、解难事、办实事。随着基层妇女权益保障的组织基础不断夯实，基层妇联组织积极开展丰富多彩的公益性志愿、维权宣传、家庭创建等活动，"保障妇女基本权益，推进妇女全面发展"逐渐成为新时代民生事业发展的重要导向。当前，农村老年女性人口增长的速度、占农村总人口比例和平均预期寿命均超过农村老年男性，老龄化问题严重；同时，受地域、教育、就业、生育、社会观念等多重劣势影响，农村老年女性应对养老风险的能力较弱，成为社会弱势群体。然而，老年女性的生存发展状况及养老服务诉求的特殊性易被忽视。将社会性别视角引入居家养老服务研究领域，对贯彻落实男女平等基本国策、增进社会整体福利有着积极意义。

三、B镇农村老年女性居家养老服务的现实需求

本研究选取福州市A县B镇部分村（社区）老年女性作为调研对象，选取镇域内31所村级农村幸福院作为养老服务信息采集点，历时2个月，以抽样问卷与个体访谈为主，通过文献整理、内业材料翻阅、问卷调查、观察访谈等实证调查方法，深入了解农村老年女性养老服务需求，分析居家养老服务的

现存问题与原因,进而提出相关对策建议,为了解基层村情民意与科学决策提供参考资料和参考意见。

本次调研分两个部分,一是随机抽取若干名村(社区)老年人开展问卷调查,共发放调查问卷300份,实际收回243份,回收率为81%,有效问卷239份,有效率为79.7%;其中,老年男性134人,占比56.1%,老年女性105人,占比43.9%。二是抽取部分村(社区)老年女性和管理人员作为访谈对象,共入户或电话访谈20余名老年女性,10余名管理人员,收集了较为翔实的第一手资料。

(一)B镇农村老年女性基本情况

农村老年女性情况整体上呈现出"两高一低"的特征,即高龄老人占比高、丧偶率高、文化程度低。通过对比老年男性数据,高龄老年女性人口比重较大(尤其在80岁及以上年龄段),丧偶率较高(达29.4%),受教育程度较低,文化程度多集中在小学及以下。(见表1)

表1　调查样本基本情况(N=239)

样本特征	分类	男性人数(人)	女性人数(人)	男性占比(%)	女性占比(%)
年龄	60—64岁	31	20	23.1	19.0
	65—69岁	37	23	27.6	21.9
	70—74岁	28	27	20.9	25.7
	75—79岁	17	14	12.7	13.4
	80岁及以上	21	21	15.7	20
婚姻状况	未婚	5	1	3.7	1.0
	初婚	83	67	62	63.8
	离婚	7	3	5.2	2.9
	再婚	4	3	3.0	2.9
	丧偶	35	31	26.1	29.4

样本特征	分类	男性人数(人)	女性人数(人)	男性占比(%)	女性占比(%)
文化程度	小学及以下	75	83	56.0	79.1
	初中	32	12	23.9	11.4
	高中及中专	21	8	15.7	7.6
	大专及以上	6	2	4.4	1.9

访谈中,笔者了解到,较多丧偶女性具有传统守节思想,不愿选择再婚;在老年女性群体中,大多数原生家庭带有"重男轻女""男尊女卑"观念,因此对女性教育重视程度不足、资源投入不足,受教育程度低对女性就业机会、劳动待遇、社会地位、退休养老、精神生活等方面产生不良影响。

(二)B镇农村老年女性养老需求现状

农村居家养老服务包括日间生活照料、医疗保健、精神关爱等内容。目前农村老年女性养老服务供需矛盾突出,供给不足,经济供养状况差、日常生活照料支持不足、医养结合有待推进、精神文化生活匮乏等问题,降低了老年女性生活的幸福指数。

1. 生活照料需求情况

农村老人生活主要收入来源有劳动收入、离退休金、养老金、五保低保等补助、家庭成员供养、租金等。男性的劳动收入(38.8%)、离退休金、养老金(25.4%)、土地、店面租金等(8.2%)占比均高于女性,老年女性对社会补助、家庭成员供养的依赖性较强,总体经济供养稳定性差。(见表2)

表2　分性别收入来源情况(N=239)

收入来源	男性人数(人)	女性人数(人)	男性占比(%)	女性占比(%)
劳动收入	52	35	38.8	33.3
离退休金、养老金	34	22	25.4	21.0
五保低保等补助	3	5	2.2	4.8

收入来源	男性人数(人)	女性人数(人)	男性占比(%)	女性占比(%)
家庭成员供养	34	35	25.4	33.3
土地、店面租金等	11	8	8.2	7.6

新形势下,农村劳动力红利外流,"4-2-1"家庭不断增多,家庭养老功能日渐弱化,家庭养老服务质量不断降低。从本次养老服务选址意向统计来看,约87%老年女性表示更愿意选择在家中养老,她们不想给子女添麻烦加负担,认为留在乡土邻里环境感觉更加舒适,熟人间的沟通交流有助于缓解孤独感,提升日常生活幸福感。愿意入住专业养老机构的老人相对较少。在农村老年晚年照料中,配偶、邻里乡亲发挥了重要的支持作用。(见表3-1和表3-2)

表3-1　老年女性居住方式(N=105)

居住方式	人数(人)	占比(%)
独居	34	32.4
夫妇同居	59	56.2
同子女居住	12	11.4

表3-2　老年女性生活照料情况(N=105)

生活照料情况	人数(人)	占比(%)
乡亲邻里	35	33.3
配偶照料	46	43.8
子女照料	24	22.9

2. 医疗健康需求情况

个体访谈发现,受访的27名老年女性均表示存在不同程度的健康问题,例如妇科疾病、脑血管疾病、骨关节疾病等。随着年龄增长、健康状况每况愈下,医疗服务需求成为老年女性群体的刚性需求。从调查结果来看,农村老年女性的医疗服务需求难以得到满足,主要影响因素(可多选)包括经济困难(看病贵)(72.4%)、农村居家养老服务站点功能不足(87.6%)、交通不便(看病难)(39.0%)等。看病难、看病贵的问题普遍存在,因病致贫、因病返贫的潜在风险值得警惕。(见表4)

表4 老年女性择医意愿影响因素

影响因素	人数(人)	占比(%)
经济困难(看病贵)	76	72.4
农村居家养老服务站点功能不足	92	87.6
交通不便(看病难)	41	39.0
自感病轻	36	34.3
久病不愈	7	6.7
其他	3	2.9

3. 精神文娱需求情况

"子孙满堂""天伦之乐"是国人对家庭和乐的美好期盼,而空巢老人面临着精神慰藉困境。农村地区公共服务体系不健全、基础设施不完善、文化娱乐场所有限,加之女性平均预期寿命高于男性,一旦老伴去世,缺少陪伴,易伤心过度,导致抑郁、老年痴呆等疾病。调查中发现,农村老年女性的主要休闲娱乐方式(可多选)有看电视、听广播(41.9%),聊天散步(84.8%),打牌打麻将(49.5%)等。(见表5)

表5 老年女性的主要文娱方式

文娱方式	人数(人)	占比(%)
看电视、听广播	44	41.9
聊天散步	89	84.8
打牌打麻将	52	49.5
跳广场舞	23	21.9

文娱方式	人数（人）	占比（%）
读书看报	11	10.5
其他	14	13.3

受经济因素和文化教育水平影响，多数女性更倾向于选择集体性社交活动来满足精神需求，但随着年龄增长，她们逐步退出社交场所，精神慰藉渠道缩窄。在访谈中发现，农村女性对子女看望慰问的需求更高，部分女性带有消极抑郁情绪，对社区集体性活动的潜在需求大。

四、农村老年女性社区居家养老服务的发展困境

当"把握妇女对美好生活的向往"成为新时代民生事业发展的重要导向，农村老年女性这一处于社会边缘的弱势群体进入了公共视野。关注农村老年女性特殊养老需求，关乎国家发展全局，关乎民生基本福祉，也是贯彻落实乡村振兴战略的应有之义。新形势催生新发展，居家养老恰是实现农村老人"六个老有"的关键所在。当前，农村居家养老服务总体供给水平发展滞后，可及性、可得性有待提高，现有资源无法满足农村老年女性老人的基本养老需求。

（一）资金紧缺，服务覆盖面有待拓展

多数农村居家养老服务站面临上级政策支持力度不足、财政补贴杯水车薪、村集体经济薄弱、筹集渠道有限、社会保障标准低、老人购买能力弱等情况，资金短缺成为居家养老的梗阻问题。据统计，截至2020年上半年，B镇人口91275人，老年人口19969人，占比21.9%，老龄化现象严重。全镇共有31个村居建有村级幸福院，合计31所，总建设面积16740m²。所有站点均长期免费对外开放，优先保障留守老人、孤寡老人需求。全镇幸福院共设有床位124张，少部分配有厨房、餐厅、洗衣房、日间休息室、娱乐活动室、图书

阅览室等用房,以及休息床、电视机、棋牌桌等基础设施。目前,B镇居家养老服务仍处于初步发展阶段,建设面积不足,基础设备薄弱,尚未形成一定规模,发展前景较为模糊,服务群体受限,大多数农村老年女性被排除在养老服务之外。

农村居家养老服务站大多依靠县级与乡镇财政,资金多源于社会福利彩票公益金,每个服务站点每年可获县级民政部门下拨的护理人员工资补助费1.8万元、运营补助费1万元。由于筹资渠道单一,资金规模较小,居家养老服务投入经费不足;同时,农村老年人口众多、失能老人居住分散、上门服务成本高、社会组织发育不成熟、社会资本进入较少,居家养老服务难以进入良性循环运作轨道。

(二)功能欠缺,服务供给质量有待提升

当前,镇域居家养老服务站大多未制定服务细则,对业务流程、服务等级、人员配备等缺乏规范性标准,服务项目少,内容不够丰富,未从农村老年人的实际需求出发科学设计有针对性的服务项目;同时,由于缺乏社会性别政策视角,忽视老年女性群体的特殊性,倾斜性支持举措缺位,难以满足农村老年女性养老服务需求。经实地走访调查,近九成村级幸福院不提供医疗服务,绝大部分无人居住,仅供村民闲暇时社交娱乐,存在重建设轻使用以及供给质效不足等问题。

据统计,约70%受调查者对居家养老服务表示不太满意或完全不满意,约69.5%老年女性对服务表示不太满意或完全不满意,对生活照料、康复保健、体育健身等服务供给提出了更高要求。(见表6、图1)

表6　农村老年人居家养老服务满意度情况(N=239)

满意情况	男性人数(人)	女性人数(人)	男性占比(%)	女性占比(%)
满意	17	10	12.7	9.5
一般	23	22	17.2	21.0
不太满意	59	44	44.0	41.9
不满意	35	29	26.1	27.6

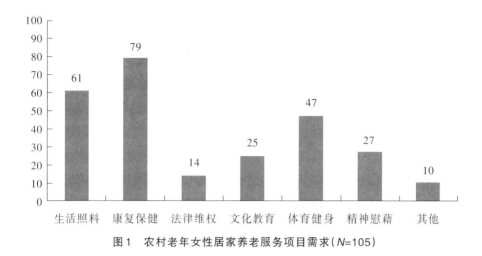

图1　农村老年女性居家养老服务项目需求（N=105）

（三）人才短缺，服务队伍建设有待加强

专业性服务是居家养老产业发展的重要支撑。目前，农村居家养老服务人力资源队伍缺乏长效管理机制，在项目内容、人员招募、服务评定、组织管理等方面未形成成熟规范的标准，工作队伍组织性、稳定性、专业性不足。具体表现为：经营管理人员主要是村居主干或乡贤，无专业知识背景，接受学习培训的机会较少，缺少社会化运营、组织管理等经验；护理人员招录门槛较低，受教育程度较低，大多数未接受过专业医护培训，职业精神的缺乏和专业能力的匮乏阻碍了医养结合项目的推进；由于农村养老服务工作量大、条件较艰苦、资金不足、激励措施有限、社会动员倡导力度不足，专业人才队伍易流失，志愿服务队伍稳定性差。

老年女性的养老服务需求存在特殊性，例如：由于体力弱，年迈独居女性需要入户服务，帮助其完成体力型家务劳动；部分老年病的女性发病率较高，存在医疗咨询、医护诊疗、监测照料等服务需求；女性情感较丰富，社交需求相对较大，对于晚年陪聊或心理疏导服务有潜在需求。

（四）机制缺位，资源整合力度有待加大

"有人管事、有钱办事、有章理事"是农村居家养老服务发展的重要目标。因农村社区居家养老服务涉及多部门业务职责，所涉政府部门的权责范围需明晰、协作机制需完善、考核评定规则需确立。在同基层民政工作人

员、幸福院运营管理者的个体访谈中发现,政府在推动居家养老服务运行进程中存在"重财政补贴、轻市场培育""重文件通知、轻业务指导""重项目建设、轻按需规划""重政策执行、轻评估监督""重硬件设施、轻软件服务"等突出问题。

农村居家养老服务资源广泛分布于政府、社区、社会组织、企业、专业养老机构等,由于缺乏统一的统筹协调,难以实现跨系统、跨区域、跨行业的资源流动和整合,难以有效调动各方积极性、主动性、创造性。

五、农村老年女性居家养老服务的优化路径

农村女性居家养老服务是一项系统工程,是基层社会治理和公共服务的重要组成部分。深入学习贯彻党的十九届四中全会精神和习近平总书记关于民政工作的重要指示精神,坚持以人民为中心,加强对民政工作的组织领导和支持保障,完善政策体系,整合各方力量,健全供给网络,优化女性服务,致力构建多元主体参与的良好养老格局,持续提升农村广大老年女性的获得感和幸福感。

(一)坚持政府主导,突显社保民生兜底功能

1. 优化制度供给,完善养老保障体系

在扩大农村养老保险的覆盖面的同时,秉持性别平等政策理念,将社会性别视角纳入农村居家养老工作。借鉴发达国家关于老年妇女的社会支持政策,健全切实可行的农村女性养老政策法规体系,加大农村女性基本权益保障力度,探索完善女性弹性退休、遗属津贴、农村女性教育等制度,探索新农合、农村最低生活保障制度、五保户制度与老年女性权益保障制度的创新融合。建立健全科技化、智能化、信息化远程电子平台,打通基层养老服务"最后一公里"。发挥政府在农村老人社会保障中的兜底作用,满足老年女性基本养老需求。

2. 强化经济支撑,拓宽资金来源

一是加强经济引导扶持,提质养老硬件设施。乡村经济发展水平对农

村老人社保水平和生活质量有直接影响。乡村振兴战略为推进"三农"事业发展提供了良好机遇,通过发展现代农业、盘活土地资源、引入产业合作社股份制等举措,壮大村集体经济,促进妇女就业增收,探索建立稳定可持续的养老服务内源性动力。二是加大财政投入力度,完善民生保障体系。按照兜底线、织密网、建机制的要求,精准发力优化养老服务供给,完善农村幸福院建设,探索社会性别差异差量补贴措施,全面推进农村养老设施增量、服务增能、监管增效。

(二)积极组织动员,分级分层优化人力资源

1. 注重人员培训,培育专业人才

根据工作性质把工作人员分为专职、兼职助老员;根据服务内容将专职服务人员分为管理人员、护理人员、专护人员,其中管理人员主要由民政部门、养老机构、社区组织中具备管理经验的人员组成,专护人员主要由具备专业照护知识背景与实践经验的人员构成。逐步推行养老服务人员资格准入制度,实行持证上岗、定期培训、绩效管理、评估监督,尤其是加大对女性特殊疾病医疗、健康管理、日常照护、文娱活动、精神慰藉等方面的业务培训力度,实现农村养老服务人力资源队伍服务意识、服务能力的"双提升"。

2. 发扬互助传统,充实志愿队伍

按照"邻里互助、多方参与、协同为老"的路线,基层妇联积极组织动员村干部、女性社工、党员志愿者、离退休妇女等为留守女性老人提供结对帮扶,通过入户走访、梳理需求、认领服务、邻里互助,深化乡村互助型养老服务功能。创新开展多形式的敬老家风评选活动,树先进、立典型,营造社会尊老、爱老、敬老的良好风尚。

(三)搭建社区载体,完善老年人社会参与体系

1. 集中多元服务,释放综合效能

以社区为基层一线邻里服务主体,与当地卫生院、幸福院等医疗机构签订家庭医生协议,定期提供上门体检、上门会诊;与当地村级文化礼堂、文娱中心、体育馆棋牌室等形成合作共建关系,丰富农村空巢女性老人的精神生活,多渠道满足老年女性多样性的精神需求。

2. 畅通参与渠道，发挥社会余热

一方面组建老年民间艺术团、老年公益活动、老年人互助、老年协会等社区活动，让老年女性走出家门，融入社区。另一方面，通过加强与关工委、文化教育服务中心等组织的密切联系，丰富集中式的综合服务内容，为社区老年人提供建言献策、终身教育、志愿公益服务等机会，帮助他们发挥余热，实现社会价值。

（四）强化资源整合，实现多元主体有机协作

1. 密切内部配合，共享政务资源

由民政部门牵头，组织构建上下联动机制，织密村级服务管理网络，做细做实基层民生工作。协调卫健、人社、财政等职能部门以及妇联、共青团、工会等群团组织，参与配合农村居家养老服务，突破部门障碍，加强分工合作，通过制定老年女性居家养老服务的优惠政策、建立农村老年女性信息数据库、拨付统计居家养老服务资金等方式，整合服务资源，提升供给质量。

2. 挖掘社会资源，强化互助共济

明确社会资本和社会力量参与改造、运营获利的政策支持，细化改造资金政府与居民、社会力量合理共担机制，畅通社会组织参与渠道，将更多社会资源引入社区养老事业。推进医养结合市场化运作机制，在优化女性服务内容的供给等方面积极引入社会化操作，通过挖掘和整合政府、家庭、社区、社会组织等多元主体力量，辅之以专门的民间监督委员会，以营造良好的社区居家养老服务环境。

妇女权益与法律保障

虚假身份婚姻登记案件救济模式研究

周　祺[*]

摘　要： 婚姻登记司法实务中由于登记程序方面存在瑕疵而引发的纠纷时有发生，尤其是基层人民法院，每年都受理不少相关案件，其中以虚假身份信息进行婚姻登记后一方当事人下落不明的案件数量较多。相关司法解释虽然确定了瑕疵登记问题应通过行政诉讼的途径进行救济，但对该类案件的婚姻效力问题，始终存在着争议，导致司法实践中"同案不同判"现象频发。本文从若干案例出发，结合基础的法理分析，遵循传统的逻辑路径，探索以虚假名义进行婚姻登记的救济路径选择问题。

关键词： 婚姻登记；诉讼救济模式；刑民交叉

一、问题的提出

结婚登记，是双方当事人向婚姻机关递交结婚的法定证明材料，婚姻登记机关对材料进行一定审查后对于符合法定条件的予以登记、颁发结婚证书的行政行为。《中华人民共和国民法典》第一千零四十九条规定："要求结婚的男女双方应当亲自到婚姻登记机关申请结婚登记。符合本法规定的，予以登记，发给结婚证。完成结婚登记，即确立婚姻关系。未办理结婚登记的，应当补办登记。"2003年施行的《婚姻登记条例》第七条规定："婚姻登记

---

* 周祺，台州市三门县人民法院法官助理，研究方向为行政法。

机关应当对婚姻登记当事人出具的证件、证明材料进行审查并询问相关情况。对当事人符合结婚条件的,应当当场予以登记,发给结婚证。"

随着政府职能角色的逐渐改变,其由管理型向服务型的转化也体现在相关的法规变化中。2003年施行的《婚姻登记条例》删掉了原《婚姻登记管理条例》的"管理"二字,婚姻登记机关对婚姻登记过程中的审查范围也缩小到形式审查,婚姻当事人申请登记的婚姻法律关系实质上是否真实、合法、有效,并不在登记机关确认审查的范围之内,登记机关也无法定义务甄别申请人提供的材料是否真实、有效。当然,囿于技术水平等原因,过去登记机关对申请人提供的身份、户口信息的真实性也较难识别,这也给当事人骗取婚姻登记留下了可乘之机,常常引发婚姻登记纠纷。这类案件寻求救济往往是因为婚姻登记中提供虚假身份的一方当事人下落不明,另一方当事人试图解除婚姻关系。《最高人民法院关于适用〈中华人民共和国民法典〉婚姻家庭编的解释(一)》第十七条规定:"当事人以结婚登记程序存在瑕疵为由提起民事诉讼,主张撤销结婚登记的,告知其可以依法申请行政复议或者提起行政诉讼。"但对于行政诉讼后,之前"婚姻关系"的效力问题始终没有明确规定。学界主张存在争议、各地做法不甚统一,婚姻登记机关与人民法院之间、人民法院的民事审判庭与行政审判庭之间,一直存在意见冲突,当事人往往求助无门。如何认定该种情形下婚姻的性质及效力,从而适用恰当的程序更好地维护受害方的权利,一直是法学理论界争论的热点和司法实务界处理的难点。

二、虚假身份婚姻登记行为法律救济面临的困境

笔者搜集了几则涉及虚假身份婚姻登记行为的案例,都面临诉讼程序选择的问题。

案例1:陈某在与黄某登记结婚前在黄某家做保姆。2000年11月7日,两人共同向所在区民政局提出登记结婚申请,因陈某当时未达到法定结婚年龄,故隐瞒真实身份,以虚假身份信息办理了结婚登记。双方于2005年协议离婚,黄某以民政局为被告诉至法院,以民政局在婚姻登记时审查不严、

登记有瑕疵为由，要求法院撤销结婚登记，后法院以原告起诉超过期限驳回。

案例2：2000年4月18日，顾某龙与韦某萍申请办理结婚登记，韦某萍提交了虚假的"韦某全"的身份材料，A区B镇人民政府经审查，准予顾某龙与"韦某全"登记结婚，颁发了结婚证。2014年，顾某龙发现与其共同生活的"韦某全"系韦某萍，故提起行政诉讼，要求撤销被告A区B镇人民政府之前作出的结婚登记行为。法院经审理认为顾某龙与韦某萍向被告申请婚姻登记时，韦某萍提供了以不正当手段获取的"韦某全"的身份信息及婚姻状况证明，过错在于韦某萍和原告顾海龙。但被告准予原告顾某龙与"韦某全"登记结婚，作准予婚姻登记行为中的"韦某全"系虚假身份，行政行为认定事实不清，遂判决撤销了该结婚登记行为。

案例3：徐某和周某在外打工相识并登记结婚，登记时周某使用的是虚假身份信息。周某于2010年11月突然离家出走，下落不明，徐某以夫妻感情破裂为由请求法院判令双方离婚。法院在无法查明周某真实身份和下落的情况下，对周某进行公告送达后进行了缺席审理，判决准予双方离婚。

以上案例，都是以虚假身份进行婚姻登记的纠纷案件，诉讼程序的选择却不尽相同，产生了不同的处理结果。在诉讼实践中，该类案件有哪些路径选择，又面临怎样的诉讼难题，值得分析探讨。

（一）行政撤销缺乏依据

《婚姻登记条例》实施后，原《婚姻登记管理条例》第二十五条规定的婚姻登记机关对婚姻登记的撤销权不复存在。这一变化删除了"弄虚作假、骗取婚姻登记"这一模糊的撤销婚姻登记界定标准，确定了只有受胁迫结婚的，才能向婚姻登记机关主张撤销婚姻登记，并且需要提供受胁迫的证据材料。但登记机关的撤销权删除后，登记瑕疵的婚姻登记行为缺乏补救途径，对于当事人以婚姻登记信息虚假为由，请求撤销婚姻登记的请求，行政机关普遍遵循相关规定①，不予受理。《民法典》婚姻家庭编司法解释第十七条规

---

① 2003年10月1日民政部颁布的《婚姻登记工作暂行规范》第四十六条规定："除受胁迫结婚之外，以任何理由请求宣告婚姻无效或者撤销婚姻的，婚姻登记机关不予受理。"

定以"告知其可以依法申请行政复议或者提起行政诉讼"的方式,为当事人明确了行政复议的救济途径。当前一些民政部门也出台了指导性文件——对于已经进入行政诉讼程序中的该类案件,由法院发函,民政部门撤销登记的方式进行处理。这一方式依据并不充足,已经被严格限定撤销权行使范围的婚姻登记机关还是面临着两难选择。行政复议撤销行政行为,没有法律法规依据;不纠正行为,对当事人难以交代。最后,行政机关往往选择不纠正,将问题交由司法机关判断。

(二)民事诉讼道阻且长

《民法典》规定了无效婚姻的几种情形①,以虚假身份进行婚姻登记不属于其中的任何一种。该类案件不符合民事诉讼无效婚姻的条件,通过民事诉讼对虚假身份进行婚姻登记的案件主张婚姻不成立或者无效时,其诉讼主张往往无法成立,于是选择提起离婚诉讼成为民事途径的唯一出路,司法实践中也有一些类似案例3的判决。但是,以虚假身份进行婚姻登记的当事人的真实身份往往难以查明,而且离婚是以承认婚姻效力为前提的,法院处理这类案件的普遍做法是以该案无明确被告为由不予受理。若起诉离婚,还涉及财产分割问题和对方当事人是否同意的问题,处理起来障碍重重,困难众多。

(三)行政诉讼问题诸多

由于婚姻登记程序存在瑕疵,法官在处理婚姻登记案件时往往会有不同的处理方式及结果。针对婚姻登记纠纷适用法律的不统一,统一确定行政复议和行政诉讼的救济途径实属必要。一般情况下,与一方为虚假身份进行婚姻登记的另一方当事人,在其婚姻状况稳定时,不会密切关注其婚姻登记是否真实合法。只有当以虚假身份登记的当事人下落不明,另一方当事人才会开始寻找救济途径解除婚姻关系,这时往往已经过了最长的权利保护期,行政相对人再提起行政诉讼,法院通常会依照起诉期限规定,裁定

---

① 《中华人民共和国民法典》第一千零五十一条对无效婚姻作了如下规定:"有下列情形之一的,婚姻无效:(一)重婚;(二)有禁止结婚的亲属关系;(三)未到法定婚龄。"

不予受理或者受理后裁定驳回起诉,使当事人寻求救济的期盼落空。即使案件没有超出起诉期限,行政裁判对这类案件也存在着功能障碍。撤销婚姻登记行为的前提是登记行为违法,但行政行为违法非必然无效,例如形式瑕疵经补正后并不影响其效力。在实践中,利用虚假身份进行婚姻登记的原因多种多样,不能排除双方当事人在结婚登记时虽然提供了虚假身份,但符合结婚登记的实质要件这一情形,若该类案件都不符合婚姻登记的形式要件予以撤销,就不利于维护婚姻关系的稳定,也给一些想要通过虚假身份登记达到不法目的的人提供了可乘之机,存在让行政诉讼原告误以为其婚姻关系已经解除,再次结婚时就会导致"重婚"的隐患。在婚姻登记机关实行形式审查的情况下,在这类案件的整个诉讼过程中,行政机关充当的是一个构筑案件形式完整的桥梁,这就把行政诉讼对行政机关的监督演变为行政机关当"无责被告"或桥梁被告,而其目的则是解决当事人之间的民事婚姻关系纠纷。这样的行政诉讼无疑偏离了行政诉讼的宗旨。可见,要想通过行政诉讼解决以虚假身份进行婚姻登记的情形,也存在诸多不容忽视的问题。

三、以行政诉讼途径解决虚假身份婚姻登记问题存在弊端

我国现在有关婚姻关系的法律规定主要来自《民法典》及其司法解释及三部法律规章。[①]以虚假身份进行婚姻登记的当事人想要解除婚姻关系,一般会选择向行政机关申请撤销,向法院提起民事诉讼和行政诉讼几种方式。

对于以虚假身份进行婚姻登记的婚姻效力如何,没有明文规定。由于人们对此类案件的判断认定差异较大,司法实践中往往出现各种各样大相径庭的处理结果,当事人寻求救济屡屡碰壁,裁判起不到良好的社会效果和

---

① 具体为:《中华人民共和国民法典》(2021年1月1日施行),《最高人民法院关于适用〈中华人民共和国民法典〉婚姻家庭编的解释(一)》(2021年1月1日施行),《婚姻登记条例》(2003年10月1日施行),《婚姻登记工作暂行规范》(2016年2月1日施行,部分失效),《关于贯彻执行〈婚姻登记条例〉若干问题的意见》(2004年3月29日施行)。

法律效果。面对现实需求,不妨在现行法律规定下进行探讨,寻找一条适于解决问题的进路。

如果无法实现通过行政机关纠错,那么可以将目光投向司法途径。在找到一条妥善的司法途径解决以虚假身份进行婚姻登记的问题之前,对现有裁判进行梳理是题中应有之义。在实际工作中,以行政诉讼程序处理该类问题明显占较大比例,这与《民法典》婚姻家庭编司法解释为程序瑕疵婚姻登记纠纷指明了解决途径有直接关系。2010年,浙江省高级人民法院还发布了《关于审理婚姻登记行政案件具体适用法律若干问题的指导意见(试行)》,其第六条指出:"人民法院经审理查明,婚姻登记机关在作出婚姻登记行为时履行了审慎合理的审查职责,但由于申请人的原因造成婚姻登记行为存在下列违法情形的,在确认婚姻登记机关履行了审慎合理审查职责的同时,可以判决撤销被诉婚姻登记行为:当事人持虚构身份或者假冒他人身份,申请办理婚姻登记的。"这则意见在浙江法院的行政庭被普遍采用,大多数虚假身份婚姻登记案件也因此通过行政诉讼途径进行裁判,但裁判结果往往是:几乎所有的该类案件都被判决撤销结婚登记行为、结婚证,或确认结婚登记行为无效。既然当前司法实务中多以行政诉讼解决此类问题,那么就需要对其进行检视,以辨析此途径是否可行。

从可操作性和便利性出发,支持通过行政诉讼途径撤销虚假身份婚姻登记的观点认为,当提供虚假身份证明的一方下落不明时,由于被告的真实身份不明确,当事人无法提起民事诉讼,其婚姻关系的解除无法实现,只能通过行政诉讼给当事人提供司法救济。那么,当事人因虚假登记的一方身份和下落不明无法提起民事诉讼,行政诉讼是否可行?很多学者认为,对于虚假身份假结婚,可以通过行政程序或行政诉讼程序撤销双方当事人的结婚登记行为,主要理由有二。第一,作出虚假婚姻登记的行政处理的主要证据不足,故应当撤销虚假婚姻登记。《婚姻登记条例》第七条规定:"婚姻登记机关应当对结婚登记当事人出具的证件、证明材料进行审查并询问相关情况。对当事人符合结婚条件的,应当当场予以登记,发给结婚证;对当事人不符合结婚条件不予登记的,应当向当事人说明理由。"由此可见,对结婚登记的双方当事人进行审查的过程是婚姻登记机关的程序性义务。《行政诉讼法》第七十条规定,行政行为主要证据不足的,人民法院可以判决撤销或者部分撤销。主要证据不足的行政行为尚且可以撤销，行政行为的主要证据是虚假的话当然更有适用撤销规定的理由。虚假婚姻登记是可以撤销的行政行为，通过撤销婚姻登记行为，自然达到了消灭婚姻关系所追求的效果。第二，利用虚假身份假结婚的当事人主观上具有欺骗性，故应当撤销该婚姻登记。《婚姻法》要求结婚的双方必须亲自到婚姻登记机关进行结婚登记，其目的就在于审查结婚双方的身份、结婚意愿是否真实，而利用虚假身份信息登记结婚，本身就带有结婚意愿不真实的性质，所以根据法律规定并以目的解释的方法解读立法原则，通过行政诉讼撤销结婚登记，是符合《婚姻法》立法精神的。

支持通过行政诉讼途径解决虚假身份婚姻登记问题的观点不少，实际案例也较多，但笔者认为通过撤销婚姻登记行为解除婚姻关系值得商榷。

第一，双重标准处理婚姻关系，不利于司法协调。婚姻关系是平等主体之间缔结的民事关系，属于民事实体法和民事诉讼法调整的范围；婚姻登记行为是一种具体行政行为，属于行政法的调整范围。实际上，利用虚假身份假结婚等婚姻登记瑕疵纠纷，与因重婚、近亲、疾病、未达到法定婚龄等婚姻登记引起的无效婚姻纠纷，两者性质相同，即都属于平等主体之间的法律关系，都属于民法调整的范围，现实中后者由人民法院按照民事案件处理，利用虚假身份假结婚等婚姻登记瑕疵纠纷则是通过行政诉讼。同样是涉及当事人双方的婚姻关系，却使用民事诉讼与行政诉讼两种完全不同的诉讼程序，有双重评判标准之嫌。若民事法庭与行政法庭同时处理婚姻关系纠纷，则会造成法院内部民行分离，不利于司法协调，还可能造成司法混乱。

第二，行政诉讼缺乏正当性，行政机关作为"无责被告"并不妥当。婚姻登记机关在婚姻登记过程中承担的责任应不超出其形式审查所确定的义务。从婚姻登记机关的能力来看，它并不是专业鉴定机构，对申请材料的真伪并不具备甄别能力。从婚姻登记的职能来看，随着政府职能向服务型转变，登记机关对公民的意思自治给予了更多尊重，这也与形式审查的意旨相符合。根据法律法规规定，婚姻登记机关不受理除胁迫之外任何因婚姻登记引起的纠纷，对于行政机关无权处理或不能处理的事情，当事人提出起诉，理由不充分。当事人既不是对婚姻登记机关的不作为起诉，也不要求婚姻登记机关承担因登记错误而产生的法律责任，其诉讼目的就是要求法院确认其婚姻是否成立或有效。事实上,无论婚姻是否成立或有效,法院在审理时,往往是对结婚登记这一过程进行实质审查、认定和判决,并不涉及行政机关是否违法。这类案件的主要过错在于伪造身份的当事人,登记机关一般并没有过错。通过行政诉讼将"无责"的婚姻登记机关列为被告,似乎是为了把该类案件作为行政案件而虚设一个被告,这样的处理缺少法理依据。

第三,行政诉讼不适合判断婚姻的效力。这类案件中,主张行政诉讼撤销该婚姻登记的主要理由是"作出具体行政行为的主要证据不足",也就是说要求法院确认婚姻登记机关做出该婚姻登记行为违法。但虚假身份婚姻登记所引发的纠纷,当事人所要确认的事项是婚姻关系是否成立,婚姻登记行为违法与否与婚姻关系是否成立并不完全相同。例如1994年2月1日以前的登记结婚效力案件,单纯撤销婚姻登记行为不能真正解决问题,甚至会间接否认事实婚姻,误判当事人双方无婚,再婚就会构成重婚。行政行为与婚姻关系属于两个不同的范畴。行政诉讼判决确认的对象是行政行为而不是婚姻关系。因而,婚姻登记这一具体行政行为违法或无效并不一定必然导致婚姻关系无效。特殊情况下,通过行政诉讼认定婚姻登记行政行为违法的,当事人婚姻的效力仍无法得到确认。因而,行政诉讼案件的判决原则并不完全适用婚姻登记纠纷。

第四,行政诉讼有起诉期限限制。《中华人民共和国行政诉讼法》第四十六条和《最高人民法院关于适用〈中华人民共和国行政诉讼法〉的解释》第六十四条都对行政案件的起诉期限进行了限定,如果严格参照期限规定执行,就无法满足现实中因虚假身份登记结婚提请撤销婚姻的实际需要。司法实务中,对该类案件的登记行为是否属于无效行政行为尚有争议,对起诉期限的把握也存在着处理不一的情形,除少数案件以超过起诉期限驳回起诉外,大部分案件对起诉期限的认定都比较宽松。对于超过起诉期限的案件作过于宽松的处理,不利于巩固既有的行政管理秩序,也违背了行政诉讼的基本理念。

在行政路径存在着诸多弊端的情形下,既然一方利用虚假身份进行结婚登记,当事人不宜通过行政诉讼要求撤销婚姻登记,那么选择民事诉讼救济途径便成为必然,另外一方选择民事诉讼中的离婚之诉是合适的救济途径。

四、以民事诉讼途径解决虚假身份婚姻登记问题的合理之处

以虚假身份进行婚姻登记,一方当事人提起离婚诉讼,最大的阻碍是虚假身份当事人真实身份的查明。我国《民事诉讼法》第一百一十九条规定,起诉要有明确的被告,对此类案件提起离婚诉讼,法院一般会以被告身份不明确、属于无明确的被告的情形为由不予受理。事实上,当事人提起离婚诉讼,其目的是解除法律上的婚姻关系,享受婚姻自由的权利,若因为无法查明当事人的真实身份驳回起诉,就会因为缺乏合理的救济途径束缚当事人的婚姻自由,不符合我国婚姻自由的立法目的。使用虚假身份结婚的一方下落不明,只是不能认定其真实身份,并不影响查明其真实身份的可能性,也不影响法院对案件的受理和审理。被告具体明确,符合起诉条件,对原告的起诉不应予以驳回。由于婚姻登记中虚假身份的一方身份信息与其真实的身份信息不一致,那么当另外一方当事人起诉时,被告主体应该如何确定呢?是结婚登记的当事人还是结婚证上登记的那个人?被告主体应该只有一个,即结婚证上登记的人和实施结婚登记行为的人在法律上应该是等同的,姓名是人的身份特征之一,特定的姓名代表特定身份的人,但姓名又不完全等同于一个特定身份的人。身份是个体成员的社会属性和社会分工的标识,是个体成员在社会交往中识别个体差异的标志和象征。一个人的身份,从其诞生之日起就已经确定了,即使这个人更换了身份信息、假借他人身份进行活动,但并不能改变其基本身份,他所进行的活动也应认定为这个身份的人所行使的行为。所以,姓名与身份存在着表里关系,身份是姓名等身份信息的内在依据。一个人使用虚假身份进行结婚登记,但登记时使用的是本人照片,登记手续中的签名也是由本人实施的,结婚行为也是本人到场亲自办理的,这种行为有着可以同他人区别开来的特殊属性,这一系列行为也只能对实施结婚的具体人产生法律效果。因此,若能查明该具体登记人的真实身份,诉讼主体为该真实身份所对应的人,若不能查明该具体实施人的身份,则可将结婚证上的那个"虚假"的人作为诉讼主体,根据结婚证上

的照片或者签名、指纹等来确定其真实身份。

根据情况不同，以民事途径进行救济也应当区分处理。能够查明以虚假身份进行婚姻登记的当事人真实身份的，应以其真实身份作为诉讼主体。利用虚假身份进行婚姻登记的当事人，可以通过照片、证人证明、笔迹和指纹鉴定等方式确定其是否为实施结婚登记行为的人。对这类案件，一方要解除婚姻应当通过离婚诉讼，以婚姻登记者的真实身份作为诉讼主体，在判决中确认当事人的真实身份，并依照普通离婚案件进行审理。

在不能查明真实身份的情况下，则应以登记在结婚证上的人作为诉讼主体。有观点认为，在一方提供虚假身份被查实且又下落不明的情况下，被告的真实身份无法查明，因被告不明，不符合《民事诉讼法》"有明确的被告"的规定，即不符合起诉条件。此时法院不能违反程序受理此类案件，应当依法裁定驳回原告的起诉。另一种观点则认为，根据民事诉讼法规定，只要"有明确的被告"即可，被告的真实姓名或具体地址不明，这只是被告身份的部分要素不清，并不代表被告不明确。原告起诉的被告就是婚姻登记的另一方当事人，因而，应当认定有明确的被告。据此，可以认为，结婚是双方当事人亲自参与的民事行为，所以婚姻案件一般都"有明确的被告"。被告的真实身份无法查明只是被告身份的部分要素或情况不明，而不是没有明确的被告。在不能查实虚假身份登记者的真实身份信息的情况下，法院应当认定使用虚假姓名的人为婚姻当事人，以结婚登记时使用的姓名人为诉讼当事人，通过寻找当事人、进行公告等方式进行送达，并以离婚案件程序进行审理。

五、结语

在虚假身份婚姻登记案件救济路径这一问题上，可以尝试从行民交叉的角度进行探索。在行民交叉的背景下，虚假名义婚姻登记问题的本质是民事纠纷，对其选择行政诉讼救济路径在学理和实践上均存在障碍，不宜一律将这类案件通过婚姻登记行政诉讼进行解决。虚假身份婚姻登记案件宜采用单一民事诉讼，通过对婚姻关系的实质审查，更高效快捷地解决此类问题,避免将行政机关作为"无责被告"拉入到这一纠纷中。当然,虚假身份婚姻登记问题仍存在许多问题,有待深入探讨。在学术与司法实践中,应时刻注意婚姻法这一亲属家事法的特殊性,针对案件具体情况,选择适当救济路径,真正维护家庭关系的稳定与和睦,保障法律秩序的安定。

关于人身安全保护令有关问题的调研报告

——以 Z 省 Q 市司法实践为例

骆忠新　潘　婷　宁　婷*

摘　要:本文在对 2016 年 3 月 1 日《中华人民共和国反家庭暴力法》(以下简称《反家暴法》)实施以来 Z 省 Q 市的人身安全保护令案件的司法实践进行实证分析的基础上,以当前人身安全保护令实施过程中存在的问题为切入点,围绕如何提高人身安全保护令在增进家庭幸福、促进社会稳定方面的作用,提出了从立法、司法等角度完善该制度的合理化措施建议。

关键词:人身安全保护令;家庭暴力;瓶颈;意见建议

2016 年 3 月 1 日,《反家暴法》正式施行。这意味着,在中国,家暴从此不再只是"家务事"。该法的一大亮点便是它对人身安全保护令制度做了专章的规定。人身安全保护令,是指人民法院为了保护家庭暴力受害人及其特定亲属的人身安全、防止家庭暴力继续发生、确保婚姻案件诉讼程序的正常进行,根据申请人申请做出的民事裁定,其实质是民事强制措施的一种。确立人身安全保护令制度的积极意义毋庸置疑,不过,在司法实践中,作为一项年轻的制度,所面临的现实问题也很严峻。

---

* 骆忠新,浙江省衢州市中级人民法院三级高级法官,研究方向为民法和行政法。潘婷,浙江省衢州市中级人民法院三级高级法官助理审判员,研究方向为婚姻家庭。宁婷,浙江省衢州市妇联副主任科员,研究方向为民法。

一、Q市人身安全保护令实施的基本情况

（一）近五年收、结案情况及案量趋势

2016年3月到2020年10月，Q市基层法院共收人身安全保护令案件29件，结案29件，其中，2016年9件、2017年7件、2018年8件、2019年3件、2020年2件。同期，Q市基层法院发出人身安全保护令17份，占58.62%，驳回11件，占37.93%，准予撤回申请1件，占3.45%。

从数据来看，自《反家暴法》实施以来，前三年案件数相对较多，近两年已经很少，主要是由于《反家暴法》实施前积压的人身安全需要保护的纠纷大多在该法实施之初就已经结案。据反馈，自《反家暴法》实施以来，Q市公安机关共接到该类警情5155起，出具告诫书492份，依法予以行政处罚31人，刑事处罚1人。Q市妇联系统累计接到家庭暴力信访案件382起。对比可见，家暴案件频发，遭遇家暴的受害人第一反应还是寻求公安、妇联的帮助，诉诸法院请求人身安全保护的少之又少，人身安全保护令在实践中并没有最大限度地发挥其效用。

（二）申请主体、适用条件、裁定期限

对上述29个案件梳理后发现，人身安全保护令的保护对象并不局限于女性和儿童，其中也包括父母、丈夫等家庭成员。具体情况如下：

1. 当事人年龄及性别特征

申请人绝大部分（约95%）为女性，是家庭中妻子的角色。从被申请人身份上来看，被申请人多为男性，是家庭中丈夫或者父亲的角色。但是也并不尽然。从年龄段来看，从80岁左右的老人到"90后"的青年都有，其中30—50岁的申请人占比87.5%。

2. 家庭暴力的类型特征

家庭暴力的实质是家庭成员之间权利的失衡，是强势家庭成员对其他家庭成员的控制。司法实践中的家庭暴力主要存在四种表现形式：一是身体暴力；二是精神暴力；三是性暴力；四是其他严重侵害人身权利的行为。

以上情形足以造成申请人人身、心理、精神伤害的，可以认定为遭受家庭暴力或面临暴力现实威胁的情形。

从案件情况看，100%的案件申请人均自述遭受过身体暴力，一般表现为打耳光、掐脖、脚踹、推搡、拖拽、使用凶器攻击等；部分申请人（约占50%）自述遭受精神暴力，一般表现为对受害人及其近亲属（如子女、父母、兄弟姐妹）进行威胁恐吓、跟踪骚扰、诽谤嘲讽，到其住处、单位吵闹纠缠等。

3. 提供证据的种类

《反家暴法》虽然规定了人身安全保护令的核发条件，但对于"有遭受家庭暴力或者面临家庭暴力现实危险的情形"并未作出具体说明，需要法官行使自由裁量权，根据具体案件事实进行判断。在申请人向法院提供的证据中，主要是照片、向公安部门求助材料（如报案记录、处警记录、询问笔录、家庭暴力告诫书、验伤通知书、体表原始伤情记录表、治安调解协议书、行政拘留及处罚记录）、病历或CT、微信聊天记录或短信等。提供照片的占70%，提供公安部门材料的占75%，提供病历或CT的占50%，提供微信聊天记录或短信的占25%。

4. 裁定结果

在29份民事裁定书中，有17份支持了申请人的请求，为当事人签发了人身安全保护令。也就是说，过半数申请保护令的请求得到了回应，并且签发保护令的裁定都在72小时内做出。在驳回申请人的请求中，最常见的理由是证据不足，申请人没有证据能够证明被申请人确实实施了暴力行为。其他驳回申请的理由还包括申请人已经与被申请人离婚、被申请人主体不适格、被申请人不符合法律规定的条件等。

5. 判断标准

法院一般从证据是否充分、证明力高低以及是否达到家庭暴力，是否足以造成申请人人身、心理、精神伤害等方面进行审查。

（三）执行情况

经调查，暂未出现违反情况及申请强制执行等情况。

二、人身安全保护令制度在实施过程中面临的 问题与困难

据调查,我国有超20%的家庭存在家庭暴力现象,这严重侵害了受害者尤其是青少年的身心健康。家庭暴力还可能成为诱发恶性刑事案件的重要原因。作为一种制止家庭暴力行为的民事强制措施,人身安全保护令有其独特的优势,但相比严峻的家暴形势,人身安全保护令制度并未达到预期目的,其施行面临着一定的阻力和困境。

(一)申请率偏低

家庭暴力案件的发生地点较为隐蔽,通常发生在相对密闭的空间如住宅等不易被发现的场所,很难有目击者证实此事的发生,而大多数受害者囿于"家丑不可外扬"的观念而忍气吞声,极少诉诸法院,在一定程度上放纵了施暴者的行为,使得人身安全保护令的推行遭遇瓶颈。

(二)举证困难

按照"谁主张,谁举证"的证据规则,申请人需向法院提供证据材料,证明其正在遭受或可能遭受家庭暴力。本次调研发现,举证难是当事人申请人身安全保护令的头等难题。首先,证据收集困难。本身家庭暴力案件的发生地点较为隐蔽,查找证据的难度很大,加之受害者本着为家庭、为孩子着想不会特意收集证据,使得证据灭失的概率很大;即使受害者收集到了证据由于保存不当或者施暴者的干预等因素也会使证据的证明力降低。其次,对于符合人身安全保护令申请条件的举证责任目前尚无统一的标准。一般情况下,法院采取有利于当事人的举证责任原则。例如,在施暴者未反驳或者无法推翻受害者证据的情况下支持受害人的主张或只要受害者提供基础性的证据即可申请保护令。

(三)认定难

在司法实践中,对不同种类证据的证明标准及举证责任规定不明晰,尚没有统一的认定标准。如前所述,法院在是否作出裁定支持申请人请求时,会判断被申请人所施行为是否达到家庭暴力的程度,即对申请人造成人身、心理、精神伤害。但这种判断相对主观,当事人的主观感受和裁判者的判断不能一致,造成当事人对法院不支持其请求的不理解。但同样,法院也要考虑是否存在滥用诉讼权利、利用公权力干涉人身权利等情形。

(四)程序难点不少

在程序上,裁定损害了当事人的审级利益——保护令不属于民事诉讼法规定的可上诉裁定范围,从而剥夺了当事人的救济权利。虽然《反家暴法》不禁止人身安全保护令发生事前救济的效果,但是受害人在暴力结果发生前启动保护令十分困难,主要原因在于我国未能就人身安全保护令建立起独立于一般民事诉讼的特殊程序,没有严格区分临时与长期保护令,也没有详细规定申请书格式、诉讼程序、送达规定、特殊受理机构与受理时间等。

(五)执行难题凸显

作为《反家暴法》实施的关键环节,人身安全保护令之执行在司法适用中也存在种种的困难与不足。

《反家暴法》规定人身安全保护令由法院执行。现实问题在于,原先法院负责签发的民事裁定和强制执行书多为涉及财产案件,强制执行的对象均为财产,判决的执行任务可以由司法警察承担。然而在人身安全保护令的执行过程中,存在被申请人不服从司法警察的情况,司法警察在对被申请人进行人身限制时不如公安机关便利。被申请人一旦拒绝履行保护令,则保护令很可能成为一纸空文。

虽然《反家暴法》规定了保护令的送达和执行由法院负责,公安机关负责协助执行,但是公安机关一般不主动涉及。《反家暴法》第三十四条仅赋予法院对被申请人违反人身安全保护令行为进行事后惩罚的权力,并不包含对人身保护令作出前现实危险的家庭暴力的预防。加之《反家暴法》第二十八条将法院作出人身安全保护令的期限确定为72小时或24小时(紧急情况),以及《反家暴法》尚未明确的人身安全保护令送达期间,加害人足以将家庭暴力的现实危险转化为实际的施暴行为,严重不利于受害者的人身安全保护。而就《反家暴法》的现有规定来说,能够实现对人身安全保护令作出前的现实危险家庭暴力行为进行预防,并且实现对受害者(申请人)有效保护的法律条文,只有《反家暴法》第三十三条。

在法院依法作出人身安全保护令后,申请人同样可能面临着家庭暴力的现实危险,法院对人身安全保护令的执行,仍然只具有事后惩罚的权力,不具有预防功能。唯有公安机关能根据《反家暴法》第三十三条及治安管理处罚法、刑法的相关规定予以预防。

《反家暴法》第三十四条规定,被申请人违反人身安全保护令,构成犯罪的,依法追究刑事责任;尚不构成犯罪的,法院应当给予训诫,可以根据情节轻重处以1000元以下罚款、15日以下拘留。这一规定在执行上有一定难度。首先,在构成犯罪的情形当中,有两种情况。一是被申请人无视保护令,对被害人持续性实行暴力行为或其他违法行为,违法行为直接触犯刑法中侵犯人身或财产权利罪名的构成要件。在这种情况下,不论是否有一纸保护令存在,都应当依法追究行为人的刑事责任。二是被申请人违反保护令的行为尚未直接触犯人身或财产犯罪罪名。这种情况下,能够规制被申请人的仅为《刑法》第三百一十三条拒不执行判决、裁定罪。但是,《最高人民法院关于审理拒不执行判决、裁定案件具体应用法律若干问题的解释》中显示,这些判决、裁定仅限于对财产的强制执行,显然并不适用于违反人身安全保护令的情况。如此,刑法并不能要求拒不执行人身安全保护令且并未造成严重人身伤害的当事人承担刑事责任,而这一类型的拒不执行保护令实际上是最为常见的情形,严重削弱了保护令制度的震慑力度。其次,在不构成犯罪的情形当中,由于人身安全保护令的当事人多有或严重或轻微的暴力行为倾向,法院的训诫是否能对其起到限制、威慑作用同样有待考量。

三、出现审执难点的原因分析

(一)社会观念尚未完全接受

第一,我国国民深受一些不合理的封建礼教思想的荼毒,如男尊女卑、家长对子女的绝对权威等。而我国的家庭暴力行为多表现为丈夫对妻子、家长对孩子。屡禁不止的家庭暴力现象应当同我国的传统礼教思想有一定的联系。

第二,人们漠视法律的观念并未有根本改观,仍未建立起对法律的信仰。不认同法,自然不会去接受法规范对自身行为的调整,也就不会接受其中某一项制度的约束。

(二)部门联动有待畅通

《反家暴法》规定,当事人是无民事行为能力人、限制民事行为能力人,或者因受到强制、威吓等原因无法申请人身安全保护令的,其近亲属、公安机关、妇女联合会、居民委员会、村民委员会、救助管理机构可以代为申请。由此可见,在使更多受害人了解并使用人身安全保护令这一"保护伞"的问题上,除法院之外,还有许多机关可以发挥作用。应当考虑建立相应的联动制度,让各相关机构都能发挥各自作用。

社区、居委会、村委会是各种家事纠纷的第一接触人,通常情况下还承担着纠纷调解等重要角色。同时,社区还应当承担起回访人身安全保护令实施的职责。公安机关的角色往往是直接介入较为严重的家庭暴力事件,能够第一时间起到保护受害人的作用,尤其是在当事人受到强制、威吓时。能够对施暴人开具训诫书,并且代当事人申请人身安全保护令,使更多的受害人得到保护令的庇护。基层警方不论是否能够采取具体的措施,其本身对施暴人的威慑作用也可以起到对被害人的保护作用。受到家庭暴力伤害的当事人,第一反应多为报警或向妇联求助,而不是向法院直接求助。从调研结果来看,大多数家庭暴力的受害人都是在提出离婚诉讼时才会与法院接触,提出保护令的申请是离婚诉讼的附属物。如果当事人并不打算提起离婚诉讼,而仅仅是想寻求保护,则报警和向妇联求助将是受害人能够寻求到的真正有效的救济途径。

(三)法律规定有待细化

1. 人身安全保护令的执行问题

《反家暴法》规定,人身安全保护令的执行由公安机关协助,但协助方式、职责范围等应进一步细化。

2. 司法警察不具备公安警察的职能

司法警察是审判辅助力量,根据法官的指令,在人民法院围墙内(而不是法院围墙外)和诉讼过程中从事"预防、制止和惩治妨碍审判活动的违法犯罪行为"。其职能既不包括送达法律文书,也不包括及时处理发生在审判区域外的违法行为,而被申请人违反人身安全保护令的行为,通常发生在申请人生活和工作的各个区域,司法警察鞭长莫及。

四、意见建议

(一)革新社会理念

1. 加强普法宣传

落实"谁执法谁普法"责任制,通过司法建议、新闻发布会、微电影、卡通漫画等多种形式,加强反家暴司法宣传,提高全社会对家庭暴力危害性的认识和法律意识。联合当地妇联和有关部门做好宣传工作,加强家庭暴力的预防和处置、人身安全保护令的申请、法律救助联络点等内容的宣传力度,从而使保护令制度为社会公众所熟知。

2. 开展家庭美德、和谐家风宣传

积极开展家风、家训活动,宣传家和万事兴、尊老爱幼等良好的中华传统美德。加强防止家庭暴力知识的培训、反家庭暴力法专题培训等,提高对反家暴工作的重视程度和执法水平。

3. 加强社会性别意识培训

传统文化中的贬低女性价值的倾向,女性体单力薄,使得家暴的受害者多数为女性。传统的性别意识应该让位于新时代的推崇两性和谐的性别意识,不应存在谁主谁从、地位谁高谁低的观念。通过性别意识培训,推动在全社会形成男女平等、两性和谐的性别意识将有利于降低家暴发生率,同时也能推动性别意识进入决策主流的进程。性别意识进入决策主流已经为许多国家所认可。在涉及女性利益的政策出台之前,均需要考虑政策对两性的不同影响。性别意识进入决策主流带来女性家庭、社会地位的改善,不仅能有效降低家暴发生率,而且在发生严重家暴时,人身安全保护令的实施也更易获得社会舆论的支持。

(二)建立多元防治预警体系

1. 建立健全家庭暴力监测网络和预警系统

在社区建立妇女儿童维权岗,在各基层派出所设立家庭暴力投诉站,建立"暴力报警热线",在法院设立"人身安全保护令"工作室,形成家庭暴力监测网络和预警系统。社区妇女儿童维权岗是预防、制止和消除家庭暴力的第一道防线,维权岗工作由社区妇联和司法助理共同承担,与居委会一起做好家庭纠纷的调解工作,对辖区内有家庭暴力倾向的重点户登记造册,有针对性地做好工作,将矛盾消灭在萌芽状态。各基层派出所设立家庭暴力投诉站及暴力报警热线,对家庭暴力案件优先接警、优先救助、优先处理,确保公安机关对家庭暴力案件及时介入、及时处理,对家庭暴力行为产生震慑作用。在法院设立"人身安全保护令"工作室,接收案件后迅速查明案件事实,作出裁定,有效保护妇女儿童合法权益,促进家庭和社会的稳定。

2. 织密人身安全保护令执行网络

落实以公安部门为执行主体,法院、妇联、民政、街道、社区、卫生、司法行政等部门反家庭暴力工作协作联动机制建设,明确各部门职能分工及考核问责办法,有效发挥工作整体合力。综合运用民事责任、行政责任和刑事责任,多层次预防和惩治家庭暴力。

(三)创新工作机制

1. 建立完善家暴受害人救济制度

(1)经济救助。建立家庭暴力救助金,对遭受家庭暴力侵害后因财产损失、医疗费用在经济上陷于贫困的受害群体给予适当的经济援助,使被害者体会到社会的温暖、人间的真情。

（2）人身安全保障。建立家庭暴力避救中心,为遭受家庭暴力侵害的受害人提供临时的服务,简单的医疗处置和心理损伤康复治疗,使被伤害者避免因家庭暴力的特殊性始终处于加害者的威胁之下。

（3）法律援助。建立法律援助中心家庭暴力工作联络部。对遭受家庭暴力侵害的群体提供法律援助。由承担法律援助义务的律师为其提供法律服务,使其合法权益得到保障。

2. 建立心理咨询制度

进入避救中心之后,相关单位及社会志愿者对受害人进行心理治疗,帮助其创造良好的人际环境,使其恢复自尊、自信。结合家事审判改革,建立心理咨询中心,建立人身安全保护纠纷中的心理咨询制度,对受害人进行心理治疗,协助受害人克服心理阴影和行为障碍,协调解决婚姻、生活、学习、工作等方面的实际困难,帮助其顺利返回家庭、融入社会。

3. 积极拥抱互联网新技术

网络作为一个免费自由的平台,比以往的普法教育更为高效和便捷。通过微博、微信公众号等自媒体平台,任何人都可以免费获得自我价值认识的基本知识,也给遭受权利侵害者提供了咨询、探讨和寻求帮助的空间。

开辟受侵害方的网络求助平台。相关部门应当对可预防可发现的受侵害的微博、微信求助提供法律指导和公益帮助,及时引导受害人通过法律途径来维护自己的权益。

家庭暴力问题的解决是全社会的共同职责,需要全社会的关心和支持。各级政府组织和社会团体均应采取切实措施,把消除家庭暴力、维护受害人合法权益当作一项长期、艰巨、重要的工作来抓。家暴问题的解决需要各级党委和政府的高度重视,全社会的共同参与和努力,以及受害群体自我意识的觉醒。

亲子关系确认诉讼中"正当理由"探析

林文欢[*]

摘　要：从家庭制度的起源、发展、演变的历史中可以发现，亲子关系与家庭密不可分。家庭是一种基于伦理性身份而结合的团体，现代社会中普遍认为亲子关系本质上是一种身份关系。在亲子关系确认诉讼中，如何认定亲子关系存在或者不存在，一直是审判中的难题。基于优先保护未成年人原则，同时考虑到隐私权、家庭和睦等问题，法律规定在一方不同意的情况下，亲子鉴定程序难以启动，这相当于加重了起诉方的举证责任。亲子关系确认诉讼中的"正当理由"应当具备一定条件，即使当事人具有"正当理由"，也仍应遵循民事诉讼中的高度盖然性原则，并在案件审理中重点考虑对未成年子女的保护。

关键词：亲子关系确认诉讼；正当理由；高度盖然性

亲子关系确认诉讼系确认之诉，指请求法院判决确认当事人之间亲子关系存在或不存在的诉讼，在实践中包含婚生子女确认、婚生子女否认、非婚生子女认领、非婚生子女否认等诉讼案由类型。在亲子关系确认诉讼的审理中，法官更希望得到司法鉴定机构出具的亲缘鉴定结论，在尽可能还原诉讼当事人及其子女之间的血缘关系后，再作司法裁决。但往往有一些当事人，基于各种理由拒绝配合医学司法鉴定，而根据法律规定，此种类型的鉴定程序不能通过强制手段开启。故在缺乏鉴定结论的情况下，认定亲子

---

*　林文欢，温岭市人民法院法官助理，研究方向为民商法和知识产权法。

关系存在或者不存在,成为审判中的难题。

2011年,最高人民法院出台《关于适用〈中华人民共和国婚姻法〉若干问题的解释(三)》,其中第二条第一款规定:"夫妻一方向人民法院起诉请求确认亲子关系不存在,并已提供必要证据予以证明,另一方没有相反证据又拒绝做亲子鉴定的,人民法院可以推定请求确认亲子关系不存在一方的主张成立。当事人一方起诉请求确认亲子关系,并提供必要证据予以证明,另一方没有相反证据又拒绝做亲子鉴定的,人民法院可以推定请求确认亲子关系一方的主张成立。"这是亲子关系确认的推定制度第一次在我国法律中明文出现,也是我国亲子关系确认诉讼制度的巨大进步。这项规定意味着,如果直接证据无法满足客观现实需求,法官可在一定程度上以推定的形式对相关亲子关系进行判定。自2021年1月1日起施行的《中华人民共和国民法典》第一千零七十三条规定:"对亲子关系有异议且有正当理由的,父或者母可以向人民法院提起诉讼,请求确认或者否认亲子关系。对亲子关系有异议且有正当理由的,成年子女可以向人民法院提起诉讼,请求确认亲子关系。"这一规定对亲子关系确认诉讼的适用主体进行了立法规范,是对亲子关系确认诉讼制度的进一步完善。

一、从个案看推定制度适用的路径选择

案例一:付某甲和郑某在江西省A县民政所办理结婚登记,并生育女儿付某乙。2015年11月,双方在A县民政局协议离婚,《离婚协议》约定:女儿付某乙跟随付某甲生活,抚养权、监护权归男方所有,在不影响孩子正常学习、生活的情况下,女方可随时探望小孩。付某甲陈述,在夫妻离婚前夕,因怀疑女儿付某乙非其亲生,遂私下抽取付某乙的血痕,背着妻子郑某委托司法鉴定中心对其与付某乙是否存在亲子关系进行鉴定。原、被告协议离婚后,原告收到司法鉴定中心的鉴定报告,分析意见为:依据DNA分析结果,排除付某甲与付某乙之间存在亲生血缘关系。案件审理期间,付某甲向法院递交书面申请,要求对其与付某乙是否存在亲子关系重新进行鉴定,法院接受原告的申请,因付某乙随郑某生活,郑某拒不配合重新鉴定,并否认付某乙非付某甲亲生,故法院无法委托司法鉴定中心重新进行亲子关系鉴定。最后,法院以付某甲所举证据不能形成合理证据链条,不足以证明其诉讼主张为由,驳回其诉讼请求。

案例二:何某甲与郑某认识后于2012年10月左右发生性关系,何某甲于2012年10月底确认怀孕。2013年,何某甲与案外人孟某登记结婚,后生育女儿何某乙。同年,何某甲与孟某办理离婚登记手续。在办理女儿何某乙出生证明及户籍登记时,父亲信息均登记为孟某。2015年7月,应何某甲的申请,法院对何某乙与孟某之间是否存在亲子关系进行鉴定,司法鉴定中心作出鉴定意见书,否认孟某与何某乙之间存在亲生血缘关系。在案件审理过程中,何某甲要求郑某与何某乙进行亲子鉴定,但郑某拒绝进行。最后,法院认为原告通过司法鉴定排除了女儿何某乙与案外人孟某之间的亲子关系,同时提供了原、被告之间的短信记录及照片,而郑某在承认与原告发生过性关系的前提下,既不能对短信内容作合理解释,也拒绝进行亲子鉴定,故法院推定郑某与何某乙之间存在亲子关系,支持何某的诉讼请求。

上述两个相似案例的不同裁判路径,源于法官对亲子关系确认的推定制度有不同理解,对当事人的证明责任有不同侧重。在司法实践中,在选择亲子关系所适用的推定制度的路径时,还要面对有效线索来源不足、当事人取证能力限制以及非证据原因产生的认识分歧等问题。案例千差万别,但是针对相似案例,不应出现截然相反的裁判路径,也就是说,推定制度在同类案例上的适用方式和适用原则应该明确统一。

二、推定制度在裁判中的适用方式

在民事诉讼中,不适用亲子关系确认的推定制度的理由主要有两条。第一,亲子关系确认诉讼的设立初衷是为了追求血缘关系真实,但该项诉讼的启动往往也伴随家庭关系及拟制血缘关系的破裂,增加了社会的不稳定性,理应采取更加审慎的态度。第二,法院在当事人亲子关系确认诉讼中所进行的裁判,是以司法判断介入身份法律关系的变动,此种"介入"对当事人的利益影响甚巨,在当事人双方对此仍存在争议的情况下,无法完全排除法官在事实认定和法律适用上发生错误的可能性,需要当事人提供更加明确的证据。

就民事审判举证责任的分配而言,举证责任是处于动态平衡的状态,在当事人已经提供必要证据证明其主张所依据的事实可能存在的情况下,举证责任将转移至对方当事人,应由对方提供相反的证据予以反驳,这也是不利推定原则的体现。有时候,基于案件各方当事人的举证难易和案情事由出现情势变更等情况,一味要求单方当事人举证有违民法的公平原则。在诉讼中有时会出现证据资料被一方完全掌握,而另一方当事人根本不能从对方获得对自己有利的证据的情形。例如,在某些医疗责任纠纷案件中,原告需要就医疗行为与其损害结果间的因果关系提供证据,而详细的诊疗记录、用药材料等证据由被告保存。又例如,在某些劳动争议案件中,双方对劳动关系的形成与否存在争议,而劳动者不能提交考勤记录、工资发放明细等证据,若法院坚持要求原告详尽举证,否则由其承担不利后果,显失诉讼公平。在这类情况中,法院可以通过程序法的推定制度将举证责任转移至占有证据资料的对方当事人,责令对方提交由其掌握的证据材料,如果当事人拒绝提交,则承担败诉风险。鉴定中的妨碍者推定原则,就是当案件某些已知事实与未知事实直接相关,法官需要通过鉴定进一步查明案件事实,而对鉴定事项负有举证责任的当事人不配合鉴定工作,在客观上严重阻碍了法官发现案件真实的可能性,在此情况下,法官可推定未知事实为真。同样,在亲子关系确认诉讼中,当事人如果已经穷尽正常的举证责任,适用妨碍者推定这一民事举证责任分配的特殊规则,更符合诉讼公平。

证据法意义上的推定,是指通过某一存在的事实,推出另一相关事实的假设,即由基础事实的存在,推演出推定事实的存在。[1]司法实践中的推定是一种根据实际经验和遵循科学规律的面对事实的总结行为。在亲子关系确认诉讼中,如果当事人的举证已经穷其所能,且举证的内容也足以使法官认定该事实存在的可能性较大,那么法官就可以适用亲子关系确认的推定制度,对案件事实作出认定结论。毋庸置疑,适用亲子关系确认的推定制度可以减少当事人的举证责任,扼制因一方当事人不同意进行医学鉴定而无法查明案件事实的情形。科学、合理的推定有助于更便捷地解决亲子关系诉讼中的举证困难,提高诉讼效率,实现诉讼公平。

关于亲子关系确认推定制度的适用依据,《最高人民法院关于适用〈中华人民共和国婚姻法〉若干问题的解释(三)》中的表述是"必要证据",而《中华人民共和国民法典》中的表述则为"正当理由"。两者的区别在于,"正当理由"其实是在"必要证据"的前提下存在的,强调"正当"这一条件,即要求当事人在提起诉讼时,诉讼目的具有正当性,取证形式具有合法性。"正当理由"指足以使法院产生内心确信,从而使举证责任产生转移的材料,包括但不限于血型、DNA司法鉴定报告、载有父母子女关系的出生医学证明,以及内容为男女双方在特定时间有或没有同居生活、子女出生后有无与对方共同生活的聊天记录、照片和其他材料等。亲子关系具有隐私性,牵涉当事人私密,法院应充分考量当事人的举证难度和举证能力。法律所要求的当事人举证达到的证明程度,是指如果仅停留在怀疑、臆想阶段,缺乏能让法官相信可能确有其事的必要证据,则根本不具备举证责任向另一方当事人转移的条件。对提起诉讼的当事人来说,必须提交足以形成合理的证据链的证明资料,且另一方当事人无法提交相反证据予以证明,才能认定其已经提供详尽证据,法官才可以根据民事案件高度盖然性的原则,推定涉讼亲子关系是否存在。显然,"正当理由"不是法官的主观臆断,而是遵循现代自由心证原则,依照法定程序,在全面、客观地审查证据后,依据法律规定,运用逻辑推理和日常生活经验对证据进行综合判断,最终得出结论。

三、亲子关系确认裁判应遵循的原则

1. 符合人性原则

婚姻家庭法律具有伦理精神的内涵,即以人的社会属性为基础,实现身份法制度的构建。身份法的价值理念不同于人格法的人格价值以及财产法的契约自由,体现深厚的伦理精神。在适用身份法时,"必须符合人性的逻辑推演,遵循身份关系至善的价值导向"[2]。尤其重要的是,涉及身份关系的亲子关系确认诉讼审理,在坚持从严的同时,必须遵循诚实信用原则,防止当事人出现恶意诉讼、拖延诉讼、毁灭证据、不当举证等情形,即法官应审慎审查诉讼目的、证据以及"正当理由"所蕴含的逻辑关系。

2. 排除自认原则

自认的效力来源于辩论主义,与案件本身真实与否无关,自认的事实和案件事实可以不相符甚至相互矛盾。[3]自认是基于自主意识对他人陈述事实的承认,主观性较强,导致自认的事实并非完全符合客观真实。诉讼中的自认,尤其是人身关系中的自认,并不具有司法上的可采纳性。亲子关系确认诉讼并非请求权之诉,而是为了还原事实的确认诉讼,此类案件中,仅有当事人的陈述,远远不足以作为认定事实的依据,故当事人的自认内容,不能作为提起诉讼的"正当理由"。

3. 保护未成年子女原则

上海市高级人民法院曾在《民事法律适用问答》中提出,涉及亲子关系认定或否认的,应当贯彻以下原则:一是认定或否定亲子关系,要充分保护妇女、儿童合法权益,维护家庭关系稳定,有利于社会发展;二是亲子鉴定仅是认定或否定亲子关系的重要证据,但不是唯一证据;三是亲子鉴定应当以当事人自愿鉴定为原则,法院不能强制当事人做亲子鉴定。在亲子鉴定成为查明事实的唯一手段而对方当事人又拒绝配合的情况下,案件事实将无法得到查清,当事人尤其是未成年子女的权利也就得不到保障。在亲子关系的确认上适用举证妨碍的不利推定原则,是从法律上给予未成年人保护的一种补救措施。

4. 对成年子女的亲子关系否认不排除赡养义务

对于成年子女而言,亲子关系的形成或否认侧重于社会关系的确认,不涉及对自身的监护和抚养问题,此时,成年子女与养父母的关系类似于收养关系,故成年子女对父母的赡养义务,也可以参照收养的相关规定执行。《中华人民共和国民法典》第一千一百一十五条规定:"养父母与成年养子女关系恶化、无法共同生活的,可以协议解除收养关系。不能达成协议的,可以向人民法院提起诉讼。"其第一千一百一十八条第一款规定:"收养关系解除后,经养父母抚养的成年养子女,对缺乏劳动能力又缺乏生活来源的养父母,应当给付生活费。因养子女成年后虐待、遗弃养父母而解除收养关系的,养父母可以要求养子女补偿收养期间支出的抚养费。"依据《中华人民共和国民法典》,可以明确:第一,养子女成年后,可以解除收养关系。第二,收养关系解除后,养子女对缺少劳动能力又缺乏生活来源的养父母仍有赡养义务。因虐待养父母等原因解除收养关系的，养父母可以要求支付赡养费。在父母年迈且缺乏经济来源时，已经解除亲子关系的子女仍需尽到赡养义务，除非父母存在有抚养能力而拒不履行抚养义务的亲生子女或者对亲生子女实施虐待、遗弃、故意杀害等行为。

家庭是社会的基本单位，家庭和谐是家庭幸福的必要前提，也是社会稳定的重要保障。当代婚姻家庭中的伦理精神是建立在近代民法自由、平等基础之上的，是人性中社会属性理性化的体现，以追求家庭和谐为最终目的。亲子关系在本质上是具有人伦性的情感关系，亲子关系确认能为家庭关系提供血缘关系证据，事关血缘关系和家庭关系的梳理和对接，事关家庭和谐与社会稳定，故明确亲子关系确认诉讼提起的"正当理由"并选择适当的亲子关系确认推定制度尤为重要。推定制度在同类案例上的适用方式和适用原则应该明确统一从家庭的伦理本质出发，重申和突出亲子关系确认诉讼审判的伦理性，谨慎选择亲子关系确认的适用方式，严格遵循亲子关系确认的适用原则，深化家事审判改革，完善婚姻家庭法律，进一步促进家庭与社会的和谐、健康发展。

参考文献

[1]黄艺.浅析证据法中的推定问题[J].法制博览，2018(16).

[2]夏沁.婚姻家庭本质与民法体系中的婚姻家庭法[J].四川理工学院学报（社会科学版），2018(1).

[3]魏丽丽.论我国民事诉讼自认规范的不足及其制度构建[J].金华职业技术学院学报，2018(1).

彩礼相关法律问题研究

贺　欢[*]

摘　要:彩礼源于西周时期的六礼制度。作为流传千年的习俗,彩礼仍然活跃在现实生活中。该文首先通过辨析彩礼返还的请求权基础,确定彩礼的法律性质,然后运用案例分析的研究方法,对彩礼返还规则运用在司法实践中的困境进行详细阐述,最后从立法与司法两个角度提出建议,意在减少彩礼返还纠纷,推动彩礼这一风俗习惯健康发展。

关键词:彩礼返还;彩礼界定;附条件的赠与

一、彩礼的概述

现代意义的彩礼是男女双方或其父母(一般为男方或其父母)以缔结婚姻为最终目的,在婚前的一种财产给付。纷繁的彩礼纠纷均以彩礼的给付为基础,正确认识彩礼和彩礼制度对解决彩礼纠纷至关重要。

(一)彩礼的界定

彩礼也被称为"礼金""聘财""聘礼"。法律虽有关于彩礼问题的相关规定,但并未明确彩礼的定义。在理论界,彩礼一般被认为是男女双方订立婚约时,以正式缔结婚姻关系和以夫妻名义共同生活为目的,一方(一般是男

---

*　贺欢,浙江理工大学法学系本科毕业生,研究方向为法学。

方)根据习俗及双方约定赠送给另一方(一般是女方)的特定财物。彩礼产生于婚约,是证明婚约的成立并以将来缔结婚姻关系为前提的赠与。[1]彩礼基于风俗而产生,因地域差异而表现出不同的形式。就彩礼的范围而言,需要具体问题具体分析,结合当地风俗进行判断。同时,给付彩礼的目的是双方在将来缔结婚姻并共同生活。如果双方在给付财物时没有考虑这一特定目的,则不认定该财物为彩礼。并且,彩礼是一种特殊的赠与,并不要求给付对价。

(二)彩礼的特点

第一,彩礼具有时限性。一般来讲彩礼给付是在登记结婚之前,而彩礼接受的开始时间,并未有明确的规定,一般认为是相识相恋期间。第二,彩礼具有高价值性。彩礼的给付一般因其在经济上的高价值而具有辨识度,一般表现为大额款项、不动产购置、动产添置等,与恋爱时期单纯的赠与小价值物品有区别。第三,彩礼的给付具有人身依附性。通说认为彩礼的给付是一种附条件的赠与,彩礼在赠与合同中的人身依附性是具有辨识度的,是男方为与女方结婚而给付。第四,彩礼的给付具有主体复杂性。在司法实践中,彩礼返还纠纷中适格当事人往往包括男女双方及其父母。彩礼作为一笔高价值的给付,是两个家庭之间为缔结婚姻而作出的财产赠与。同时,出于高效解决纠纷的考虑,双方的父母在司法实践中普遍被认为是适格当事人。

(三)彩礼的作用

关于彩礼的作用,主要有四种观点。一是基于婚姻偿付理论而来的补偿作用,认为彩礼是男方给予女方的补偿,同时确认女方繁衍后代和家务劳动权利的转移。二是基于婚姻资助理论而来的资助新婚夫妻的作用,认为彩礼在聘娶婚的一系列循环流通中的最终指向是新婚夫妻,礼物交换不仅是对女方的补偿,还是上一辈对新婚夫妻核心家庭继续生活的资助。三是基于家产继承理论而来的新型代际间财富分配方式,认为随着核心家庭成为主流,彩礼不再是两个家庭之间的财物赠与,而是代际间财富分配的又一途径。[2]四是基于显示经济实力而来的表达作用,认为男方通过彩礼给付展示其能力与资源,向另一方表达具有照顾和养育子女的能力。

二、彩礼返还请求权基础的争辩

(一)所有权转移说

该学说认为,给付彩礼的男女双方存在赠与合同关系。该学说明显忽视了彩礼给付的人身依附性。[3]彩礼是具有聘定为信色彩的给付,较之于普通的赠与多了双方在将来缔结婚姻的合意。且《民法典·婚姻家庭编》规定:"禁止包办、买卖婚姻和其他干涉婚姻自由的行为。禁止借婚姻索取财物。"按所有权转移说,女方接受男方彩礼即为赠与合同履行完毕,除非发生《民法典·合同编》中关于合同解除或赠与合同终止的规定情形,男方无权收回彩礼。这不仅与现行法律关于彩礼返还的条款相违背,也与女方要求解除婚约时男方可以取回彩礼的风俗相违背。因此,将彩礼的性质界定为一般赠与是不符合现实的。

(二)从契约说

该学说认为,婚约是一种从契约,是附着于婚姻而存在的。婚约解除后,当事人双方的结婚意愿不能实现时,应当由受聘方返还彩礼。[4]在中国古代,女方接受男方的彩礼即意味着男女双方婚约的订立,且具有法律意义,如果违背婚约会受到不同程度的法律制裁。这一学说并不符合现状,婚约在当下并不具有法律意义,并且女方接受彩礼即意味婚约订立的习俗只在部分地区被保留。

(三)附条件的赠与说

附条件的赠与说是指男女双方在彩礼给付这一赠与合同中设定了以婚姻解除为事由的条件,婚姻解除这一条件的成就与否决定彩礼给付的效力是否解除。该理论认为,彩礼的给付是一种有条件的赠与,未来婚姻解除的可能性是使彩礼给付无效的一个条件。[5]

相较于其他观点,该学说符合彩礼延续千年的风俗习惯,也更符合现行法律规定。第一，男方向女方给付彩礼是单务法律行为，形成赠与合同关系。第二，在风俗习惯看来，婚约解除或者离婚后，彩礼给付方在符合法定条件的情况下能以赠与合同被解除、对方占有彩礼属不当得利的事由，请求返还全部或者部分彩礼。这符合附条件的赠与合同的相关规定。第三，女方一旦接受彩礼，即拥有彩礼的所有权，而不是在登记结婚后才享有彩礼的所有权。

附条件的赠与说是现今的通说，较多学者支持这一观点。在2017年8月26日《最高人民法院关于审理彩礼纠纷案件中能否将对方当事人的父母列为共同被告的答复》中，也明确支持涉婚赠与行为是附条件的赠与。

三、彩礼返还的法律困境

《最高人民法院关于适用〈中华人民共和国民法典〉婚姻家庭编的解释（一）》于2020年12月30日发布，2021年1月1日起施行。其中第五条规定，仅在三种特定情形下，支付彩礼的一方可以要求彩礼的接受方返还彩礼。这三种情形是：当事双方没有登记结婚；当事双方登记结婚但未共同生活且双方离婚；婚前给付并导致给付人生活困难且双方离婚。该司法解释沿用了2003年《婚姻法司法解释二》中关于彩礼的相关规定，为彩礼纠纷的解决提供了重要依据，但是该条款仍然过于笼统，不足以应对千差万别的司法实践。

（一）彩礼返还纠纷的诉讼主体争议

司法解释中用当事人指称彩礼纠纷的诉讼主体，这里的当事人有多种理解：一是缔结婚姻的男女双方；二是男女双方及其父母；三是以自己的名义提起诉讼的双方父母。

在杭州市中级人民法院裁判的方某与陶某甲、骆某、陶某乙的婚约财产纠纷一案中，对于女方父母即陶某甲与骆某，法院认为因女方父母非婚约当事人，且未直接收受案件中争议的35万元彩礼款项，故方某主张向女方父母主张彩礼返还缺乏依据。此案中，法院不认为女方父母要与女方承担共同的彩礼返还责任,体现出法院认为女方父母并非彩礼的收受人,彩礼收受人仅为女方陶某乙,故而在本案中,杭州市中级人民法院并不认可女方的父母为彩礼纠纷的适格当事人。

而在格尔木市人民法院裁判的郝某与被告许某甲、刘某、许某乙婚约财产纠纷一案中,法院认为因彩礼是男方给付女方家人的财物,接受彩礼的许某甲、刘某是许某乙的家庭成员,接受彩礼在该案中被认为是女方的家庭行为,因此在本案中法院判定三被告共同承担彩礼返还的责任。此案中,法院将彩礼的收受主体界定为女方家庭,该院区别于杭州中院,认为男女双方父母为彩礼纠纷的适格当事人。

有观点认为,出现上述分歧的原因在于是否将父母给付或收受彩礼的行为界定为代理行为。依照这一观点,男女双方的父母仅为代理人,并不具有独立的诉讼主体资格。而如果不将男女双方父母界定为代理人,而是认为双方父母是婚约的当事人,则在诉讼中,就具有了诉讼主体的资格,是适格当事人。法律对此并未作出规定,不过在2017年最高人民法院作出的《关于审理彩礼纠纷案件中能否将对方当事人父母列为共同被告的答复》中,最高人民法院认为彩礼的给付人和接受人并不限于男女双方,还包括男女双方的父母,在特定情况下还包括男女双方的部分亲属,这些人均可能成为返还彩礼诉讼的当事人。在该答复出台后,更多法院在审理时采用最高法院的意见,并不将返还彩礼诉讼的当事人局限在男女双方,这有利于高效解决纠纷,减少诉累。

(二)彩礼返还条款中的条件模糊

1. 共同生活的界定

法律并没有对共同生活进行定义,对共同生活的时长也未作出明确规定。共同生活如何界定,在实务中也有着较大分歧。对于共同生活的含义有以下观点:一是男女双方生活在同一居所;二是男女双方共同居住,且有实质性的夫妻性生活;三是男女双方共同居住,且有相互照顾的生活情感;四是男女双方同时满足对方生理与精神的需求。

即墨市人民法院在审理黄某甲与黄某乙离婚纠纷一案中,在认定双方是否共同生活时提到,共同生活应该是男女双方在经济上相互扶持,生活上相互照顾，精神上相互安慰，为了共同生活目的而长期稳定地生活在一起，共同承担生活的义务的一种状态。在该案中，原被告仅共同生活三个月，且双方未发生性关系，法院认为难以建立起夫妻情感，因此不认定为共同生活。

上饶市中级人民法院审理的王某1、王某2婚约财产纠纷一案中，男女双方同居4个月，女方怀孕但因自身特殊体质流产。本案中法院引用2008年8月江西省高级人民法院出台的《关于审理婚姻家庭纠纷案件适用法律若干问题的解答》第十九条，双方共同生活时间超过两年或者已经孕育子女，因感情破裂提出分手或者离婚的，一方要求对方返还彩礼的，不予支持。因本案中同居仅4个月，且女方因自身原因流产，法院综合考虑各种情况，判决返还50%彩礼。

综上，法院关于共同生活的判定缺乏明晰的标准，在立法上有必要加以明确。

2. 生活困难的界定

通说认为，生活困难指绝对困难，即依靠个人财产和离婚时分得的财产无法维持当地的基本生活水平。在司法实践中，当事人在证明绝对困难的生活水平上有一定难度，是否依靠低保、欠债等方式来证明生活困难，在司法实践中也有不同的判例。

在滁州市中级人民法院裁判的赵某、张某甲与孙某、张某乙婚约财产纠纷一案中，赵某、张某甲以某县某乡某村村民委员会出具的证明其家庭因彩礼给付而导致生活困难的相关证明被法院采纳，法院认可该证据并以此作出孙某、张某乙应当返还彩礼的判决。

而在宁海县人民法院裁判的蒋某与丁某离婚纠纷一案中，原告提交其所在的某县某街道某经济合作社出具的证明家庭生活困难的证明并没有被法院所认可，法院认为其无法证明因给付彩礼而导致原告家庭生活绝对困难，不支持男方返还彩礼请求。

综上，在证明绝对困难的证明材料范围、判断是否因彩礼的给付而导致男方家庭生活绝对困难等方面还缺乏可靠的理论支撑与明确的法律规范。

3. 彩礼返还条件于妇女权利保护上的缺失

司法解释中仅规定三种特殊情况下彩礼的返还条件，与现实相比过于笼统,也缺乏对女性权利的保护。现行法律不认可事实婚姻,但是在办完民间婚礼后,男女双方即共同居住尚未或并不办理结婚登记的情况时有发生。

在格尔木市人民法院审理的原告郝某某与被告许某甲、刘某某、许某乙婚约财产纠纷一案中,因女方未到法定婚龄,男女双方在举办婚礼后即共同居住。按照法律规定,登记结婚是缔结婚姻的唯一途径,而给付彩礼后若未登记结婚,根据司法解释规定,男方有权要求返还彩礼。在本案中,法官综合考虑双方共同生活时间、彩礼的数额以及当地农村的风俗习惯等因素,判决女方返还部分彩礼,在一定程度上保护了女方的权利。

在类似的案例中,法官裁判时一般会综合考虑双方家庭的经济状况、彩礼价值大小、有无同居生活、同居生活时间长短以及生育子女情况等进行判断,这符合女方通常在婚姻市场中的弱势地位所引发的保护要求,也是最高人民法院在2017年的一份答复中所持的态度。

(三)彩礼的范围难以判定

彩礼作为流传千年的风俗习惯,在不同的地方有不同的习俗。彩礼的形式在各地也多种多样,种类繁多。这也导致不同法院甚至同一法院不同法官之间对于彩礼范围的界定存在差异。

以购置服装为例,在多数案例中,款项较小的服装购置往往被视为单纯的赠与。但是在东海县人民法院审理的寇某与徐某婚约财产纠纷一案中,购买羽绒衣的600元被认定为彩礼,要求女方返还。而以淄博市博山区人民法院审理的周某与韩某婚约财产纠纷案为例,法院将服装购置费算作男女恋爱时期单纯的赠与,认为不属于彩礼的范围。

见面礼是否属于彩礼,争议较大。以邳州市人民法院审理的祁某与孙某、戚某婚约财产纠纷一案为例,价值11000元的见面礼被法院认定为彩礼。而以2015年绍兴县人民法院审理的洪某甲与夏某一案为例,见面礼16000元认定为长辈赠与,不纳入彩礼范围。

以上述两种款项为例,现行法律对于彩礼范围的规定并不明确,法官在审理案件时拥有较大自由裁量权。彩礼认定标准的复杂、各地风俗习惯的迥异与司法条文的简陋形成鲜明对比,直接造成司法实践中对彩礼范围认定的较大差异。

(四)彩礼返还比例缺乏规定

法律对彩礼返还的确切比例并未进行规定。根据文义解释,应当支持返还全部彩礼,但是如此机械处理、不综合考虑返还比例的方式在实践中较为少见。在司法实践中,法官一般综合考虑原、被告的过错程度、解除婚约的主要原因以及同居情况,这赋予法官较大自由裁量权,即使在同一地区,法院判定彩礼的返还比例也有一定差异。

在江西省上饶市中级人民法院审理的王某1、王某2婚约财产纠纷一案中,原被告同居时间4个月,在同居期间女方怀孕,后因双方误会结束同居生活,在同居结束后,女方因自身体质原因先兆流产。该法院综合考虑,判定女方返还50%彩礼。

在江西省鄱阳县人民法院审理的王某与操某婚约财产纠纷一案中,双方同居4个月,在同居期间女方怀孕,意外流产,且导致术后感染,引发妇科病,之后两人分手。本案中法院判定彩礼返还比例约为46%。

在江西省铅山县人民法院审理的蔡某与吴某、汪某婚约财产纠纷一案中,男女双方相处时间极短,未形成稳定的同居关系,本案中法院判定返还70%彩礼。

在江西省铅山县人民法院审理的江某与苏某甲、苏某乙等婚约财产纠纷一案中,男女双方相处时间不到一周,女方提供了男方在同居期间曾掐女方脖子的证据且被法庭认可,男方对于婚约关系的解除有过错。在该案中,法院判定返还彩礼比例为70%。

由上述案例可以发现,法院在处理彩礼返还比例时均非机械地采用返还全部彩礼的观点,而是综合考虑案件中彩礼金额、同居时间长短、有无生育子女、双方是否有过错等情节,综合判定返还比例。江西省铅山县人民法院审理的两例案件中,男女双方相处时间都很短,其中,江某与苏某甲、苏某乙一案中,男方在同居期间曾对女方使用暴力,但是两案均判定彩礼返还比例为70%。

四、完善彩礼制度的构想

（一）赋予婚约以法律意义

自西周以来，彩礼作为婚约制度中的重要环节被法律赋予重要意义，女方接受彩礼即意味着婚约的成立，男女双方必向着婚姻迈进，反之则需承担法律责任。自1930年公布《中华民国民法》以来，我国吸收国外婚姻契约的思想，不再赋予婚约以法律意义，使婚约不再具有强制执行力。彩礼与婚约密切相关，若能在法律中给予婚约一定的法律意义，规范男女双方在订立婚约后的权利义务，将能更好地保护各方利益。[6]

（二）明确彩礼返还条款中的条件

关于共同生活的界定，笔者倾向于男女双方基于自愿而在同一住所、长期稳定共同进行起居生活，并且有实质性的性生活。共同生活要求在精神上相互支持，在物质上相互帮扶，在生活中互相照顾。同居生活的时间长短对共同生活的判定也有重要影响，若在同居期间有孕育孩子或终止妊娠等情况，都应详细规定，综合判断。

关于生活困难的界定，笔者倾向于参照当地最低生活保障标准。各地的最低生活标准是明晰的，在实践中易于参照。当然还需要注意，生活困难是因为给付彩礼，如果不是因为给付彩礼而导致的生活困难，则并不符合立法原意。同时，因彩礼给付所导致的生活困难应延续至当下，若彩礼给付后确实生活困难，但是一段时间后经济情况得到改善，则不应认定因彩礼给付而生活困难，此时不需要对彩礼给付方给予特殊照顾。

（三）完善妇女权利保护

缔结婚姻的终极目的是男女双方长久的共同生活，婚姻登记不是目的，以夫妻之名共同生活、共同扶持才是婚姻的终极目的。在不少案例中，男女双方在给付彩礼、举办民间婚礼后即共同生活，在还未办理结婚登记时两人即分道扬镳。在这种情况下，男方有权依法要求返还全部彩礼。但是还可能出现以下情况:双方共同生活,女方给予男方精神抚慰,物质支持,女方也许还存在怀孕生育或者流产的可能。这一段关系使女方较之男方在未来的婚姻期待上处于更加不利的地位,这就需要援引公平责任,对女方在物质上进行补偿,仅返还男方部分彩礼。

(四)明晰彩礼的界定标准

彩礼是指男方为了与女方缔结婚姻而给付女方的一定财物,在不同的地区因不同的风俗习惯而有差异。要抓住"为缔结婚姻"的目的与"按照习俗给付"的要求这两个关键。

在司法实践中,彩礼纠纷中财物种类繁多,但也有一定规律,大体上可以划分为四个类型。第一类是在买卖婚姻中男方给女方支付的财物,买卖婚姻被法律明确禁止,所给付的财物当然不构成彩礼。第二类是在男女恋爱期间所给付的小价值物品,这一类财物一般被认定为普通的赠与。第三类是指在缔结婚约或者在婚约缔结后按照婚约的约定给付的财物,这一类财物通常价值较大,且给付时具有明确的意思表示,被认定属于彩礼的范畴。第四类则是双方订立婚约或者举办婚礼时的花费,这一类花费因其往往已经被消耗,一般不认定为彩礼。[7]

(五)明确彩礼的返还比例

彩礼的返还比例,需综合考量上述因素进行裁判。鉴于各地风俗迥异的现状,建议由各地法院依据当地风俗习惯、经济发展水平,对当地常见彩礼纠纷的争议焦点进行总结,出台相应的具有可操作性的指导意见。江西省高级人民法院在2008年曾出台相关意见,指出在划定彩礼返还比例时需要考量一起生活的时间、妇女是否怀孕、堕胎等情况。河南省周口市中级人民法院也曾出台相关指导意见,对彩礼返还的比例根据不同的情形作出具体的划分。综上,对彩礼返还比例的明晰既需要国家法律的规范,也需要地方法院在国家法律的基础上进一步细化,作出切合地方实际的具体指导。

参考文献

[1]史尚宽.亲属法论[M].北京:中国政法大学出版社,2000.

[2]金眉.论彩礼返还的请求权基础重建[J].政法论坛,2019(5).

[3]胡亚丽.婚约及婚约财产的法律问题研究[D].上海:复旦大学,2009.

[4]林燕.民间彩礼的法律问题分析[J].法制与经济,2019(3).

[5]张堃.论我国彩礼制度的完善[D].重庆:西南政法大学,2011.

[6]黄欣兴.彩礼返还规则研究[D].南昌:南昌大学,2019.

[7]许冬梅.彩礼返还法律问题研究[D].长春:吉林大学,2015.

对家庭冷暴力的界定与规制

许佳佳　　王超男*

摘　要:家庭冷暴力具有极大危害性,伤害夫妻关系,影响子女身心健康成长,不利于社会的稳定和谐。目前社会公众乃至司法部门对家庭冷暴力的认识尚不统一,存在着司法界定困难、举证质证困难等困境,对施暴者的抑制措施也非常有限。应尽早将"家庭冷暴力"纳入我国法律体系,在证据规则中引入高度盖然性证明标准,增强公众反家庭冷暴力的自觉意识,建立全社会防护救济体系,共同抵制家庭冷暴力。

关键词:家庭冷暴力;界定;规制

2002年在北京召开的反家暴项目国际会议上,首次提出"冷暴力"的概念。本文所谓的家庭冷暴力,是指夫妻在产生矛盾时一方对另一方的精神折磨,主要是采用减少交流、对另一方态度冷漠、对家庭不管不顾、以语言攻击另一方等方式对受害人造成精神压迫和损害。家庭冷暴力不同于以肢体冲突(如殴打、捆绑、残害)为主要表现形式的"热暴力",具有普遍性、隐蔽性和长期性的特征。家庭冷暴力对婚姻生活的损伤很大,也对社会的安宁与稳定造成了威胁[1]。目前,我国法律体系对"家庭冷暴力"的规定并不明确,相关司法条文不够具体,法官在处理具体案例时很难有统一的衡量标准。笔者认为,应将"家庭冷暴力"纳入我国法律体系,在法律条文中予以明确规

---

*　许佳佳,三门县人民法院法官助理,研究方向为婚姻家庭法。王超男,三门县人民法院法官助理,研究方向为婚姻家庭法。

定,并加强其司法实践上的可操作性;应通过加强宣传,增强公众反家庭冷暴力的法律自觉意识,并在全社会领域建立防护救济体系,共同应对家庭冷暴力问题。

一、家庭冷暴力概述

(一)家庭冷暴力的内涵

家庭冷暴力属于精神暴力,是与身体暴力、性暴力并存的家庭暴力形式,往往以冷淡、轻视、放任、疏远、侮辱等方式给受害人带来心理煎熬与精神损害,其表现形式也往往因为家庭背景差异和家庭成员的性格迥异而呈现出多样性。笔者在中国裁判文书网上以"家庭冷暴力"为关键词搜索到的几十篇裁判文书,从中发现,家庭冷暴力的表现形式多种多样(见表1)。

表1 家庭冷暴力的表现形式

作为方式		表现形式
冲突型的作为方式		谩骂、恐吓、威胁、羞辱、恶言恶语、冷嘲热讽
消极的不作为方式	交流方面	不理不睬、不闻不问、将语言交流降低到最低程度、形同陌路
	生活方面	不做或少做家务、对家庭和子女疏于照顾、不给生活费、分居生活
	性生活方面	停止或敷衍过夫妻生活、分床或分房而睡
	其他方面	睡觉时故意掀被子、床头抽烟、发出噪声

(二)家庭冷暴力的特征

1. 普遍性

家庭冷暴力是比较普遍的社会现象。中国法学会曾对浙江、湖南、甘肃三省3500多个家庭进行调查,家庭暴力发生率按照类型排名依次为冷暴力、身体暴力、性暴力,冷暴力已成为家庭暴力的首要形式。在作为调查对象的家庭中,有88%的家庭存在夫妻双方互不理睬的现象,有60%以上的家庭存在丈夫冷落妻子、对妻子实行经济控制、限制妻子同异性朋友往来等现象[2]。著名心理学家刘喆曾对2000多个家庭进行调研,发现超过70%的家庭曾有过或存在着不同程度的冷暴力。可见,冷暴力在各种家庭暴力中占的比重越来越大。

2. 隐蔽性

家庭冷暴力多发生在夫妻之间,当双方发生纠纷、处于矛盾升级状态时,若婚姻中的一方对另一方实施冷暴力,家庭空间的封闭性使得这样的伤害行为只有家庭成员知晓,其形成过程对他人而言具有很强的隐蔽性。同时,家庭冷暴力作为一种精神伤害,其后果往往在受害人病情十分严重时才会明确体现出来,故家庭冷暴力造成的伤害结果也具有很强的隐蔽性。

3. 长期性

家庭冷暴力最主要的表现形式是夫妻双方减少交流,甚至停止交流。夫妻双方因家庭琐事发生争吵,偶尔"冷战",这并不是真正意义上的家庭冷暴力。"冷战"往往是为了暂时平息怒火,让双方能冷静思考,没有让对方受到精神伤害的主观故意,往往很快夫妻又和好如初。与此不同,家庭冷暴力是一种主观故意行为,施暴者一以贯之、持续地对受害者做出一些精神伤害行为。所以,有目的性的、长期的、持续性的伤害行为才能称为冷暴力。

(三)家庭冷暴力的危害

家庭冷暴力具有严重危害性。相比而言,身体受到伤害后往往可以慢慢恢复,精神受到伤害后却很难恢复,甚至无法恢复。

首先,对受害者造成精神摧残。持续的家庭冷暴力,会让受害人不断遭受精神摧残与心理折磨,受害人若长期处于紧张、压抑与恐惧状态下,会诱发抑郁、狂躁等精神性疾病,严重的会采取自残或伤害他人等极端方式寻求精神解脱与自由。有国外学者称,在所有遭受家庭冷暴力的妇女中,有19%曾试图自杀,38%会出现精神抑郁或其他精神障碍,10%因此患上精神疾病[3]。

其次,严重影响子女的健康成长。夫妻间存在冷暴力的家庭缺乏关爱与温馨,整个家庭氛围紧张、冷漠,严重影响子女的心理健康,给子女造成心理阴影。在这种家庭环境中成长的孩子难以感受到家庭温暖,往往会产生两种极端性格：一种性格类型是孤僻、内向、敏感、人际交往困难；另一种性格类型是狂躁、偏激、叛逆、难管教，更有甚者产生反家庭、反社会的心理，一旦某些特定因素介入，很有可能走上犯罪的道路[4]。

最后，不利于社会的和谐稳定。长期处于冷暴力状态中，人会变得急躁易怒，将自己因受到侵害而产生的不良情绪转移到其他家庭成员甚至社会，有的对孩子非打即骂，有的对同事恶语相向，有的无法集中精神投入工作。家庭冷暴力给夫妻感情、家庭生活造成损害，也给工作关系和社会生活带来负面影响，不利于社会的和谐稳定。

（四）家庭冷暴力的成因

1. 传统观念与社会变革的影响

一方面，受"男尊女卑""夫为妻纲"等传统观念影响，某些已婚女性对丈夫言听计从，缺乏应有的独立人格，受到配偶伤害也往往选择忍气吞声，这在无形中助长了家庭冷暴力的产生。另一方面，随着社会、政治、经济、文化的不断发展和女性参与社会生活的不断深入，女性的家庭社会地位不断提高，但男性在传统社会中形成的那种高高在上的性别地位不是那么容易舍弃的[5]，某些家庭的性别关系因此变得紧张。在发生家庭矛盾时，有些施暴者畏惧现行法律对"热暴力"所作的明确规定和严厉惩罚，转而诉诸冷暴力。

2. 性格不合与生活压力的作用

在众多离婚起诉状中，原告多写到结婚前对配偶缺乏了解，草率结婚，以致婚后性格不合，难以沟通，感情越来越淡薄，最终导致夫妻感情彻底破裂。在当今社会，有的青年男女仅考虑双方外在条件，缺乏足够的感情基础和共同的生活追求，婚后容易产生矛盾。随着社会的高速发展，生活节奏不断加快，人们在工作和交往中的压力不断加大，如果不能与自己的另一半有效沟通，及时排解压力，就会产生压抑情绪，累积家庭矛盾，进而滋生家庭冷暴力。

3. 文明提升与法律空白的矛盾

随着社会的发展和教育的普及，人们在处事上更加理性，家庭暴力的表现形式也往往由"热"转"冷"。教育程度越高，法治意识越强，越会觉得肢体暴力并不符合自己高学历的身份。在我国的法律体系中，对家庭冷暴力的界定不明确,在司法实践中难以认定家庭冷暴力的行为及后果,难以以法律予以规制。对于某些施暴者来说,隐秘性强的冷暴力更容易成为选项。

二、家庭冷暴力立法现状及困境分析

(一)家庭冷暴力是否属于家庭暴力尚存争议

家庭冷暴力常常会给受害人带来严重的精神性疾病,其遭受伤害的程度往往不亚于直接受到肉体折磨。但关于冷暴力是否属于家庭暴力的问题,学界有不同观点。持反对观点的认为:首先,"冷"是一种主观感受,面对同样一件事,不同的人感受是不一样的,很难有统一的标准;其次,法律难以干涉消极的不作为行为,若因此立法干预,会让相关立法形同虚设;最后,如果把家暴的外延无限扩大,会使权利人基本的权利难以得到保障,有违立法本意[6]。

笔者认为,家庭冷暴力应属于家庭暴力。家庭冷暴力的构成要件应包含长期实施的行为过程、损害人身权利的行为事实、两者的因果关系以及施暴人的主观故意,这与夫妻发生家庭矛盾时偶尔出现的"冷战"状态明显不同。家庭冷暴力是一种持续性、长期性的精神侵害行为,而且这种行为是故意为之,应当用法律手段进行规制。对"家庭冷暴力"的明确认定,有助于司法实践中达成统一处理标准,也有助于受害人以此标准去主张自己的权利[7]。对"家庭冷暴力"的模糊认识和立法空白,则会带来司法困境,在客观上怂恿家暴施行者更加有恃无恐。

(二)家庭冷暴力立法现状

2016年3月1日起施行的《中华人民共和国反家庭暴力法》第二条规定"本法所称家庭暴力,是指家庭成员之间以殴打、捆绑、残害、限制人身自由以及经常性谩骂、恐吓等方式实施的身体、精神等侵害行为";第三条规定"家庭成员之间应当互相帮助,互相关爱,和睦相处,履行家庭义务。反家庭暴力是国家、社会和每个家庭的共同责任。国家禁止任何形式的家庭暴力"。从《反家庭暴力法》对"家庭暴力"的定义看,其对涉及肢体冲突的"热暴力"有明确规定,对"经常性谩骂、恐吓"等冷暴力的冲突型作为方式有所涉及,但对不作为方式的冷暴力没有明确界定。

许多地方性法规对家庭冷暴力立法也进行了探索。2019年,湖南省出台《关于预防和制止家庭暴力行为的规定》,这是我国第一个针对家庭暴力的地方性法规,对如何通过法律手段有效抑制家庭冷暴力进行了积极的尝试。随后,辽宁、山东、广东等省份也纷纷出台了针对家庭暴力的相关地方性法规[8]。

2021年1月1日起施行的《中华人民共和国民法典》第一千零四十二条规定了"禁止家庭暴力",第一千零四十三条规定了"家庭应当树立优良家风,弘扬家庭美德,重视家庭文明建设。夫妻应当互相忠实,互相尊重,互相关爱;家庭成员应当敬老爱幼,互相帮助,维护平等、和睦、文明的婚姻家庭关系"。《民法典》没有对家庭暴力的定义进行修改或补充,对家庭暴力采用原则性规定,可以看出我国对家庭冷暴力的界定和立法仍保持着谨慎的态度。

综上所述,现行法律法规虽有涉及家庭冷暴力的相关条文,但是这些条文存在着零散、模糊、不成体系等诸多问题,对家庭冷暴力的界定不够明确,规定缺乏可操作性,抑制施暴者的效果十分有限,相关立法仍然需要更多的探索与完善。

(三)家庭冷暴力规制困境

在司法实践中,以家庭冷暴力为独立的离婚诉讼理由的案例越来越多,即便不是独立的离婚诉讼理由,也大多会成为离婚诉讼的理由之一。但是,遭受冷暴力一方很少能具体阐述遭遇到的冷暴力,相关的举证也少之又少,这既反映出大众对冷暴力的认识和取证意识不足,也反映出冷暴力不易被认定以及举证认证困难的问题。

1. 认识和取证意识不足

对某些人而言,家庭冷暴力还是一个生僻的话题,对其存在认识偏差与防范意识,许多施暴者甚至不知道其所作所为属于家庭冷暴力[9];法律对此也没有给出一个准确的定义与评价标准,这也让受害人不易意识到是否遭受了家庭冷暴力。对大众而言,虽然家庭冷暴力长期存在,但并没有像热暴力那样受到关注,同时其表现形式大多与家庭中经常发生的家庭矛盾类似,很难判断其是普通的家庭矛盾还是家庭冷暴力,对家庭冷暴力进行干预与化解的意识缺失。对国家而言,与家庭冷暴力相关的司法界定不够明确,执法缺乏明确依据,执法人员易将家庭冷暴力案件等同于一般的家庭琐事处理,笼统地以"家和万事兴"的说辞予以调解,未认识到家庭冷暴力的危害性,执法力度、执法水平有待提高。

2. 司法界定困难

家庭冷暴力是一种精神感受,其外在表现性弱,认定标准很难统一。每个人承受精神压力的程度不同,有的人承受力强,有的人却相反,极易受到精神伤害,因此,在司法认定中很难依据明确具体的统一标准[10]。冷暴力造成精神伤害,没有外在伤痕,因此,要做伤情鉴定存在难度,法院在判定时也没有统一的鉴定标准,很难量化受害人的伤害等级。同时,也很难判断家庭冷暴力达到什么程度时应当判决双方离婚。家庭冷暴力大多始于婚姻生活中的普通矛盾,很难对二者进行严格区分,在缺乏有效判断的情况下,法院一般都会回避家庭冷暴力这种说法,认为这是夫妻因生活琐事而产生的矛盾,只要双方加强沟通,相互谅解,矛盾就能够化解,夫妻感情就能够修复,不属于法定的判断夫妻感情确已破裂的情形。因此,司法实践中很少有因为家庭冷暴力而判决离婚的司法案例。

3. 举证认证困难

一方面,取得证据难。根据民事诉讼法"谁主张,谁举证"的原则,既然原告提出被告实施家庭冷暴力,就要提出符合证据种类的证据用于证明其主张的事实存在[11]。但家庭冷暴力是以不作为的方式侵害人的精神,具有隐蔽性强的特征,而且大多数受害人在日常生活中缺乏保存证据的意识,难以向法院提供充足有效的证据。对于精神损害程度,医院难以开具相应证明,法院也难以调取证据。因为缺乏证据,不少家庭冷暴力案件陷入无法判、不能罚的两难境地。另一方面,取得的证据难以作为定案证据。证据要被法院采纳,必须要符合客观真实性、合法性和关联性(三性),三者缺一不可。在某些离婚案件中,原告虽然提供了被告对其实施家庭冷暴力的相关证据,但不完全符合证据的"三性",法官很难分辨相关证据是否真实、证据与损害结果是否有因果关系,被认定和采纳的几率较小,一般无法作为夫妻感情确已破裂而判决离婚的依据。

三、规制家庭冷暴力路径探析

（一）完善立法，将家庭冷暴力纳入家庭暴力体系

建议将"家庭冷暴力"用法律条文的形式明确规定下来，在《反家庭暴力法》中将疏远、冷淡、漠视和回避交流等消极的冷暴力不作为方式纳入家庭暴力范畴，明确家庭冷暴力的构成要件，即主体为共同生活的家庭成员，实施行为人主观上存在故意，客观上表现为言语上的攻击及消极的不作为，损害结果与行为之间存在因果关系。制定相应的反家庭冷暴力实施细则，使相关法律规定更加细化，具有可操作性。在离婚诉讼中，将家庭冷暴力按照家暴的具体方式进行处理，将实施家庭冷暴力造成一定精神后果的行为作为判断夫妻感情确已破裂的情形，并适用离婚过错赔偿制度，根据情节和损害后果，判定给予受害人适当的精神损害赔偿。家庭冷暴力造成严重后果的，应移交公安机关，依法追究施暴者的刑事责任。

（二）强化举证，引入高度盖然性证明标准

虽然家庭冷暴力"隐蔽性"的特征使得司法认定比较困难，但仍然可以有意识地收集、保存相关证据。比如，受害人用录音录像、拍照、文字等方式将相关证据记录下来，去医疗机构开具门诊病历、精神损害鉴定书；公安出具报警出警记录、询问笔录；妇联、居委会、人民调解委员会出具调解记录；子女或亲朋好友提供证词证言，等等。这些证据，可以有效地辅助证明家庭冷暴力行为的真实存在及造成的后果。

对举证规则而言，若对家庭冷暴力案件直接适用"举证责任倒置原则"，对被告方来讲有失公平，仍需慎重考虑，但可以引入高度盖然性的证据标准。《最高人民法院关于民事诉讼证据的若干规定》规定了法院可以结合案件的实际情况对证明力较大一方的证据予以认可。法官引入高度盖然性证明标准，应从一般性认知判断是常态还是非常态，由盖然性比较低的一方负责举证予以反驳，若不能证明则承担举证不能的不利后果[12]。在离婚案件

中涉家庭冷暴力案件引入高度盖然性证明标准,不但可以降低受害人的举证负担,同时也使施暴者在行为上有所顾忌,更有利于接近案件事实,实现实体公正。

(三)加强宣传,增强公众反家庭冷暴力自觉意识

首先,加强对反家庭冷暴力法律常识的宣传,增强民众的法律意识,推动普法进校园、社区、企事业单位,对未婚群体进行婚姻家庭责任观念的教育,呼吁社会各界对家庭冷暴力受害者给予法律援助。其次,运用各类媒介,比如微信、微博、小视频等方式,广泛宣传反家庭冷暴力,通过线上和线下相结合的方式,吸引各界人士加入反家庭冷暴力的行列。最后,给予家庭冷暴力受害者更多的关爱,帮助受害者维护自身的合法权益[13];注重对家庭冷暴力施暴者的教育,对于确有悔改表现者给予救济途径,辅以普法及心理治疗,从源头解决家庭冷暴力。

(四)拓宽途径,建立全社会防护救济体系

家庭冷暴力是发生在家庭中的社会问题,要想彻底地解决,必须依靠社会力量。然而,目前反家庭暴力所依靠的援助机构仅有调解委员会、村委会、居委会及妇联等,这些组织在反家暴社会救助中存在着力量不统一等问题。因此,要拓宽社会救济渠道,建立医疗、鉴定、律师、妇联、公安及心理矫正康复机构为一体的社会防护救济体系。加强对公共部门执法人员在家庭冷暴力方面的知识技能培训,以便为民众提供专业的有关家庭冷暴力的法律援助与心理辅导;设立反家庭冷暴力投诉受理机构,吸收婚姻家庭咨询师和律师参与其中,与家庭冷暴力当事人进行沟通和调解;充分发挥家庭暴力庇护所的作用,为家庭暴力受害人提供临时吃住,并对其进行心理辅导,提供精神支持。

家庭冷暴力是建立幸福家庭与和谐社会的隐性疾患,看似不起眼,却在无声无息中消耗着一个家庭的感情与幸福,轻者伤害夫妻感情,重者使婚姻走向尽头,或者引发精神疾病甚至造成生命悲剧。家庭冷暴力不仅关乎个人和家庭,而且关乎社会的和谐与稳定,是需要全社会来共同关心和解决的难题。我国现行法律虽然对家庭冷暴力有所涉及,但界定并不明确,缺乏可

操作性,难以起到很好的抑制、惩戒效果。要大力加强反家庭冷暴力立法研究与司法探索,早日出台相关法律,提高公众的法律意识,加强社会保障体系建设,通过各方通力协作,共同解决家庭冷暴力问题。

参考文献

[1]佟芷萱.关于家庭冷暴力的防护对策研究[J].法制博览,2017(32).

[2]冯娴."冷暴力"作为夫妻感情破裂标准的思考[J].法制博览,2017(20).

[3]胡月香.家庭"冷暴力"的原因与干预治理策略[J].上海青年管理干部学院学报,2007(3).

[4]王春林,游佳文.家庭冷暴力对青少年犯罪的影响[J].新疆社科论坛,2017(2).

[5]王明国.浅析家庭冷暴力[J].法制博览,2018(11).

[6]包世民,古竞,唐晶晶,等.家庭冷暴力的法律规制[J].教育教学论坛,2018(47).

[7]张慧.家庭"冷暴力"法律规制研究[D].锦州:渤海大学,2017.

[8]辛任.家庭精神暴力的法律应对[D].哈尔滨:黑龙江大学,2018.

[9]严谋春,赵玉,张梦玥,等.社工视角助力融解家庭冷暴力[J].黑河学刊,2020(1).

[10]夏艺伟.家庭冷暴力的内在属性和法律救济[J].法制博览,2019(16).

[11]席那仁.家庭冷暴力的危害及法律规制困境[J].法制博览,2019(9).

[12]孙海燕.涉家庭暴力离婚案件若干法律问题探析[D].北京:中国社会科学院,2018.

[13]谭雨晨.论家庭精神暴力的法律属性及制度完善[D].上海:上海师范大学,2018.

论家事纠纷非诉讼解决机制的构建

卢之璐　吴其辉[*]

摘　要：家事纠纷是发生于家庭内部的有关身份关系或财产关系的民事纠纷，一般包括离婚纠纷、赡养及抚养纠纷、遗产继承纠纷、收养关系纠纷等。家事纠纷的特殊性决定了诉讼机制并非家事纠纷的最优解决方式，而非诉讼纠纷解决机制（ADR）在解决家事纠纷方面具有无可比拟的优越性。本文以家事纠纷解决为视角，对我国家事纠纷非诉讼解决机制的发展现状、存在问题进行分析，通过比较借鉴美国、澳大利亚、日本等国以非诉讼纠纷解决机制处理家事纠纷的做法和经验，提出构建和完善我国家事纠纷非诉讼解决机制的建议措施：完善家事纠纷诉前调解机制的立法，设立家事纠纷诉前调解专门机构，设立家事纠纷案件源头预防制度。

关键词：家事纠纷；非诉讼纠纷解决机制（ADR）；调解；构建

非诉讼纠纷解决机制，即 ADR（Alternative Dispute Resolution 的简称），也称替代性纠纷解决机制，是指世界各国普遍存在着的、诉讼制度以外的非诉讼纠纷解决程序或机制的总称。与诉讼化解机制相比，非诉纠纷化解机制在化解矛盾纠纷、修复社会关系中具有独特优势，被世界各国所广泛应用，并取得良好的效果。家庭和谐是国家发展、社会和谐、民族繁荣的基石。探索建立符合家事纠纷特点的非诉讼纠纷解决机制，构建专门的、系统的、

---

[*]　卢之璐，三门县人民法院法官助理，研究方向为民商法。吴其辉，三门县人民法院法官助理，研究方向为民商法。

多元化的家事纠纷解决机制,对于及时有效地解决家事纠纷,缓解诉讼压力、缓和社会矛盾、维护社会和谐稳定具有重大意义。

一、采用非诉讼纠纷解决机制解决家事纠纷的必要性

对于家事纠纷的概念,学界尚未形成统一的表述。中国人民大学范愉教授认为:"家事纠纷是指涉及婚姻家庭,包括离婚、亲子关系、继承、家庭财产等方面的纠纷。"[1]虽然具体表述不同,但大多数学者认为,家事纠纷是发生于家庭内部的有关身份关系或财产关系方面的民事纠纷,一般包括离婚纠纷、赡养及抚养纠纷、遗产继承纠纷、收养关系纠纷等。

随着经济社会发展,各种文化相互激荡,我国的婚姻家庭关系发生了深刻变化,离婚、抚养、继承等家事纠纷案件持续增多。以S法院为例,从2018年至2020年,S法院受理各类家事案件分别为537件、577件、590件,且离婚案件在家事案件中比重最大。离婚案件首次起诉多驳回诉讼请求,导致当事人多次起诉,经调解和好、撤诉或被驳回起诉后再次起诉的比率达到85%以上,这从侧面反映出家事案件审理难度大,诉讼机制解决家事纠纷无法达到案结事了的最佳效果。

家事纠纷不同于其他普通民事纠纷,具有身份性、隐私性、伦理性等特点,这些特点决定了传统的对抗式诉讼机制不适合家事纠纷的有效解决,而非诉讼纠纷解决机制解决家事纠纷具有无可比拟的优势。

(一)家事纠纷的特殊性及诉讼纠纷解决的缺陷

1. 家事纠纷的特殊性

家事纠纷与其他普通民事纠纷相比具有特殊性,主要表现在以下几个方面:

第一,纠纷主体之间具有特殊的身份关系。一方面,家事纠纷发生于家庭成员之间,而家庭成员之间是以婚姻、血缘为纽带的,彼此之间具有很强的依赖性[2],而且这种依赖性会持续很长时间。在离婚案件中,即使男女双方婚姻关系解除,但后续关于子女的抚养、探望等仍会使双方产生联系,双

方无法做到一纸判决后就一刀两断再无瓜葛。因此,在处理家事纠纷过程中,不能只着眼于对其是非曲直的处理,应更加关注当事人的情感恢复、家庭矛盾的消除和化解、家庭成员内心创伤的平复及未来和谐相处的可能性。另一方面,家事纠纷以身份关系的建立、发展、变更和消灭过程中产生的人身关系、财产关系为主要争端,身份关系是本源,财产关系始终依附于身份关系。因此,在处理家事纠纷过程中,财产性纠纷无法与身份关系完全撇清独立审理。

第二,家事纠纷具有较强的伦理道德性。"家事血缘关系作为一种最基础、最普遍的社会关系,是人类伦理道德产生的始基,家庭关系的原初性、普遍性和恒久性,决定了家庭伦理在社会伦理体系中的基础地位,而家庭社会及其伦理的人情味,决定了家庭伦理对社会伦理的巨大感染作用。"[3]在我国,"家本位"思想深入人心,处理家庭矛盾的关键是对伦理道德关系的调整和处理。

第三,家事纠纷兼具隐私性和社会性。家事纠纷往往涉及当事人的隐私,当事人的认识、行为、情感、习惯、嗜好、缺陷等都属于个人隐私的重要方面。婚姻家庭是社会最基本的组成要素,家是最小国,国是千万家,有了家庭的和谐稳定,才有社会的和谐稳定。如果家事纠纷不能妥善解决,很可能会酿成悲剧,对社会和谐、国家稳定带来威胁。

第四,家事纠纷存在非理性因素。由于家庭成员之间特定的身份关系,长期共同生活使家庭成员之间的矛盾在每天的接触中慢慢积累,这些矛盾本质上是情感上、心理上的纠葛,一旦发生纠纷,双方的情绪都会很激烈,而当事人在非理性状态下是难以客观处理问题的。

2. 诉讼机制解决家事纠纷的缺陷

家事纠纷的上述特点决定了传统的对抗式诉讼机制不适合家事纠纷的有效解决。

第一,诉讼机制解决家事纠纷不利于保护当事人的隐私。家事纠纷主要发生于家庭成员之间,涉及情感、生活、婚姻等私密范围。通常情况下,当事人不愿让外界知晓自己正与家人产生矛盾,觉得家事纠纷可能会使个人形象受损、给自己的人际交往、工作等带来不利影响。而法律除对涉及个人隐私和离婚案件规定可以不公开审理外,并未对其他家事纠纷是否可以不公开审理加以规定。在诉讼过程当中，家事纠纷当事人始终处于对抗状态，在剑拔弩张的法庭氛围下，当事人会竭尽全力地数落对方，甚至揭露对方隐私以取得对自己有利的诉讼结果，这可能会加深当事人之间的矛盾和误会，不利于纠纷的和平解决。

第二，诉讼机制解决家事纠纷举证难度大。俗话说："清官难断家务事。"家务事难断的一个原因是举证困难。家事纠纷发生于家庭成员之间，双方存在这样或那样的家庭关系，在纠纷产生前基于亲情信任一般不会刻意留存证据。当事人为使裁判结果对己方有利，有可能向法庭作出虚假陈述。同时一些"家庭内部证人"也往往基于自身利益不愿出庭作证或者证言的可信度极低。尤其是家庭暴力，发生地点更加私密，再加上当事人保存和固定证据的意识较差，导致事实认定难度较大，常常会陷入"公说公有理婆说婆有理"的尴尬局面。家事审判中仅依靠"谁主张，谁举证"的举证责任分配原则，难以全面厘清当事人的情感、家庭婚姻关系、夫妻共同财产范围及家庭暴力等私密性、隐蔽性较强的关键事实。案件事实的查清是法官裁判的前提和基础，上述因素不利于公正、客观裁判，也影响了家事审判质量的提升。

第三，诉讼方式不利于维护纠纷主体间的长期关系。家事纠纷的身份性与非理性使纠纷当事人权益和感情的交错贯穿于家事纠纷的始终。当事人双方往往有着感情或亲情关系，他们寄希望于解决纠纷，又不愿意关系彻底恶化。如果一味地用当事人并不熟知的法律知识去解决争议，未必能达到让人满意的效果，法律过分参与家事纠纷解决并非最佳方案。即使纠纷解决之后，当事人也可能因为血缘、亲情而需要维持长期的关系，裁判后，如果当事人之间的情感创伤和对抗关系依然存在，则无法恢复和谐的关系。

（二）非诉讼纠纷解决机制解决家事纠纷具有无可比拟的优势

与诉讼化解机制相比，非诉讼纠纷化解机制在解决家事纠纷中具有独特优势。

1. 非诉讼纠纷解决机制的特点

第一，程序上的非正式性。当事人可以自由地设计他们认为合适的程序，相对于诉讼程序的复杂性而言，ADR 具有简易性和灵活性。

第二，在纠纷解决基准上的非法律化。ADR 解决纠纷无须严格适用实体法规定，在法律规定的基本原则框架内，有较大的灵活运用和交易的空间。

第三，纠纷解决主体的非职业化。诉讼程序原则上是以职业法官进行审判，而在 ADR 中，中立的第三方既包括公民、社会团体、其他组织等非法律专业人士，也包括律师、仲裁员等法律专业人士。

第四，纠纷解决过程的非对抗性和结果的互利性。ADR 是在当事人协商的基础上自愿进行的，在纠纷解决过程中，当事人在非对抗性的氛围中进行交流沟通，共同协商拿出双方满意的纠纷解决方案。

第五，纠纷解决方式多样化。当事人可根据自身需要，选择和解、调解、仲裁等方式，各种性质和形式的纠纷解决机制形成了一种功能互补的多元化系统。

2. 非诉讼纠纷解决机制解决家事纠纷具有独特优势

非诉讼纠纷解决机制的上述特征，决定了其在解决家事纠纷中具有独特优势。

第一，及时有效地解决纠纷。运用非诉讼纠纷解决机制解决家事纠纷，让当事人在非对抗的和谐氛围中以协商对话和相互妥协的方式解决纠纷，共同探讨化解纠纷的方案，有利于当事人双方维持良好的关系。非诉讼纠纷解决机制不像诉讼解决机制那样需要严格按照法定程序，纠纷主体双方不受任何烦琐程序的影响，所以，在解决家事纠纷方面，非诉讼纠纷解决机制更加迅速、及时。运用非诉讼纠纷解决机制解决家事纠纷，整个纠纷解决过程不对外公开，有利于保护个人隐私，降低对双方关系的破坏和道德成本。

第二，最大限度地节约社会和当事人解决纠纷成本。诉讼是一种成本较高的救济方式，不仅当事人要付出大量的时间、金钱及精力，而且整个社会也要损耗大量的资源。相对来说，ADR 简便灵活，它的启动不需要遵循严格的法定程序，当事人可直接通过协商解决，节省了当事人的时间、金钱等成本，也有利于节约公共成本，合理利用司法资源，减轻法院负担。

第三，为当事人提供多种民事程序选择。"人们对纠纷解决的态度是一种典型的实用主义逻辑：哪种方式对其更有效用、成本更低、更便利、更快捷,就会被选择。"[4]当事人将纠纷提交第三方来处理,只希望纠纷能够快速解决,哪种方式更方便、更迅速,就会被选择。而非诉讼纠纷解决机制正好满足了当事人的这种需求。

二、我国现行家事纠纷非诉讼纠纷解决机制的不足

(一)缺少专门的家事纠纷诉前调解立法

我国至今尚未确立家事纠纷诉前调解的专门立法,目前关于家事纠纷调解机制的立法仅在《婚姻法》《收养法》《人民调解法》《民事诉讼法》等几部法律及其相应的司法解释中有所体现。《民法典》出台后,在婚姻家庭编中也未作出具体规定,其第一千零七十九条吸收了《婚姻法》第三十二条,规定男女一方要求离婚的,可以由有关部门进行调解,但调解并非必经程序,当事人也可以直接向法院起诉,这样就导致大量的家事案件直接涌进法院。虽然第一千零七十九条后部分规定人民法院审理离婚案件应当进行调解,但这只能算作诉讼中的调解,并不是家事案件的诉前调解。其他法律关于家事调解的规定就更加宽泛,针对家事纠纷案件调解如何启动、调解人员的资质及配备、调解的最长期限等问题,并没有一个具体的规定。如此宽泛的立法规定,势必不能对家事纠纷案件的诉前调解进行有效规制,导致调解结果具有很大的不确定性。诉前调解如何开展取决于调解主体的个人意志,调解期限和调解结果在很大程度上受到调解人员能力的影响,两者叠加造成的不确定性只会让当事人更加信奉"诉讼才是王道"。

(二)缺乏专门的家事调解机构

我国立法并没有规定专门化的调解机构,《民事诉讼法》仅规定民事纠纷可以通过人民调解委员会、村民委员会、公安机关、法院等机构进行调解。随着社会的发展,各地相继设立了涉及医疗纠纷、劳动纠纷、交通事故纠纷等案件的专门调解机构。但是,家事纠纷案件调解机构的设立并没有得到社会的普遍重视,虽然人民调解委员会、村民委员会、居民委员会、乡镇司法所、派出所、妇联等机构也都承担着化解家事案件矛盾的职能,但这些机构

并不是专门的家事纠纷调解机构,势必不能把全部的精力投入家事纠纷案件调解。再者,以上机构对于家事纠纷的特点与调解方式不一定有足够的认识,在调解家事纠纷案件时不一定能做到"入心""走心"和"同心"。而且不同机构的调解人员家事纠纷调解能力参差不齐,导致最后的调解结果不尽人意。

（三）家事纠纷诉讼外调解人员缺乏专业化水平

我国调解机构的调解员一般由退休公职人员、村委会居委会成员及部分专业人士组成。《人民调解法》规定,公道正派、热心人民调解工作,并具有一定文化水平、政策水平和法律知识的成年公民,可以担任人民调解员。在如此宽泛的规定下,调解员并不一定具备专业的家事法律知识及相关家庭社会学、社会心理学、谈判技巧、家事调解技能等方面的知识,往往对不同家事案件的特点缺乏准确把握,在分析家事矛盾产生根源、案件当事人心理等方面会产生偏差,导致选用的调解方式不能适应具体案件的调解需要,调解结果不能满足各方当事人的心理需求,最终导致当事人对人民调解产生"离心力",为了达到自己的心理预期转而走向诉讼机制。

三、我国家事纠纷非诉讼解决机制的构建与完善

非诉讼纠纷解决机制解决家事纠纷相较于诉讼机制具有无可比拟的优势,是当今世界各国普遍认可的一种纠纷解决机制,美国、澳大利亚、日本等国在非诉讼纠纷解决机制处理家事纠纷方面有着非常成熟的做法和经验。针对我国在家事纠纷解决机制中存在的不足,立足实际,借鉴域外国家的有益经验,对我国构建和完善家事纠纷非诉讼纠纷解决机制具有十分重要的现实意义。

（一）完善家事纠纷诉讼外调解机制的立法

家事纠纷诉讼外的调解若无统一的程序法理和明确的程序规则进行规制,会导致家事纠纷案件调解陷入尴尬境地。因此,完善家事纠纷诉讼外调

解机制的专门立法,使调解主体在调解过程中有法可依,十分必要。澳大利亚、美国和日本等国对于家事纠纷诉讼外调解机制都有比较专门完备的法律系统,如澳大利亚的《家庭法》和日本的《人事调停法》对调解启动方式、开展程序、调解协议的法律效力等做了细致规定,大大增强了家事纠纷诉讼外调解的可操作性。因此,可以借鉴国外成熟的立法经验,结合我国调解制度的特色,加强家事纠纷诉讼外调解机制的专门立法,构建完备的家事纠纷诉讼外调解机制的法律系统,将家事纠纷案件从诉讼轨道转入诉讼外调解轨道。

第一,立法确立家事纠纷案件调解前置制度。1975年,澳大利亚在《家庭法》中规定了原发性纠纷解决制度(Primary Dispute Resolution,简称PDR),规定所有家事纠纷案件都要先经过PDR,PDR不能解决的才能进入诉讼程序。民事案件调解前置在我国并非没有先例,我国《劳动法》就明确规定劳动争议案件的仲裁前置程序。家事纠纷案件也可以通过法律规定进行调解前置,鉴于《民法典》已经出台,故可以在《民法典》相应的司法解释中,明确规定家事纠纷案件(除家庭暴力和虐待外)的调解前置制度,只有在调解不成功或在法定期限内未调解成功的,才可以进入诉讼程序。倘若当事人未经调解便直接向法院申请立案,视为当事人向法院提出调解请求,法院依职权将此类案件转入相应的调解机构进行调解,确保家事纠纷案件"调解优先,诉讼断后"。

第二,规范家事纠纷案件诉讼外调解程序。日本对婚姻家庭案件实行调停前置主义,并在《人事调停法》《家事审判法》中对家事调停程序进行明文规定,家事调停程序启动需由当事人申请,调停决定需由调停委成员过半数通过,调停需经调查、核实当事人背景、签署调停协议等三个阶段。我们可以借鉴日本的经验,从立法上将家事纠纷诉讼外调解的启动、开展、结束等方面进行细致的规定,使家事纠纷诉讼外调解更加系统化、规范化。

第三,做好家事纠纷案件诉前调解与诉讼程序的有效对接。家事纠纷案件(不涉及人身关系)经调解人员调解成功的,可以像确认人民调解协议一样向人民法院申请司法确认,从而确立调解协议的强制执行力,一旦负有履行义务的一方当事人怠于履行义务,另一方当事人即可向法院申请强制执行。涉及人身关系的案件(如调解离婚)调解成功的,可以向民政部门申请领取离婚证。另外,若家事案件未调解成功进入诉讼程序,在调解期间的调解卷宗也应一并移送法院,以便法院更快查明案件事实,聚焦双方争议焦点,快速审理案件。

(二)设立家事纠纷诉讼外调解专门机构

家事纠纷的特性决定了对家事纠纷的调解需要建立专门的调解机构。某些域外国家,均设立专门的家事调解机构,如德国的联邦家事调解协会,日本的家事调停委员会,美国的家事调解民间家庭服务机构,澳大利亚的家庭关系中心。根据我国目前调解机制的特点,可在人民调解委员会内部设立家事纠纷调解中心,以满足当事人的调解需求。

第一,明确家事纠纷调解中心的职责及服务范围。家事纠纷调解中心以维护家庭稳定、化解家庭矛盾为职责,不仅承担婚姻、继承、赡养等家事纠纷化解工作,还可以为当事人提供与家事纠纷相关的咨询服务,如婚姻经营、子女教育等方法技巧,切实维护当事人家庭稳定和谐,让当事人在发生家事纠纷后更愿意接受调解。

第二,实现调解人员的专业化。在家事调解员的选任上,确立专职家事调解员与兼职家事调解员制度,专职调解员必须经过相关的调解资格专业考试,兼职调解员则可广泛吸收农村“三老”(老党员、老干部、老模范)、律师、社会工作者、妇联和司法局的工作人员,以满足不同案件当事人的调解需求。无论专职还是兼职调解员,上任前须接受调解中心的考核,并定期接受业务培训,培训内容涉及家事法律知识、家庭社会学、社会伦理学等理论知识以及家事调解案例分析,不断提升调解水平。在案件调解成功后的一年内,调解员还应不定期地对调解对象进行跟踪回访,以便及时解决家事案件对当事人家庭生活的后续困扰。

第三,实现制度化经费保障。可将调解中心的运行经费(如调解员的工资、调解中心的日常支出等)纳入地方财政预算,由地方财政统一支出。同时,设立案件调解奖励制度,根据家事案件的难易程度、调解成功与否设置不同的奖励,以提高调解员的工作积极性。

（三）设立家事纠纷案件源头预防制度

虽然通过家事诉前调解能够分化一部分家事矛盾，但依然遏制不了家事纠纷的发生，因此源头防范尤为重要。在这一方面，美国的做法值得借鉴。美国重视家事纠纷的预防，通过"婚姻教育计划""预防性法律服务""亲职教育计划"等源头防范机制大大减少了家事纠纷的发生。建立我国家事纠纷源头预防制度，可从根源上减少家事纠纷的发生。

第一，设立婚前教育制度。美国十分重视婚前教育，许多州甚至将婚前教育作为领取结婚证的必经程序。相较而言，我国婚姻缔结程序过于简单，只需男女双方达到法定婚龄，双方自愿且无法律禁止结婚情形，即可到民政局登记结婚。对此，笔者建议参照我国驾驶证申领制度，即在当事人申请结婚登记前，统一进行婚姻教育、社会伦理、家庭责任等方面的学习与考核，达到一定标准之后，双方当事人方可申领结婚证。同时，鼓励当事人在结婚登记时签署婚前协议、家庭协议，明确双方权利义务关系，特别是针对婚前财产、婚后家庭债务的分担等进行约定，避免双方为此纠缠不清。

第二，提供家事预防法律服务。预防性法律服务所追求的理念是预防纠纷比以诉讼解决纠纷更有利于家庭和谐和社会稳定。[5]因此，可以依托我国律师行业的发展，在市区的律师事务所、乡镇的法律服务所以及家事纠纷诉前调解中心为当事人提供家事预防法律服务，接受当事人关于夫妻分居、财产分割、子女抚养、赡养继承等方面的法律咨询，为当事人的家庭决策和婚姻经营提供分析与建议，最大限度地降低家事纠纷的发生。

第三，设立家事纠纷警戒教育制度，该制度旨在减少因当事人冲动而发生纠纷的情形。以家事纠纷中的离婚为例，若当事人想要离婚，双方必须先观看相关婚姻案件视频、案例，针对离婚的影响、家庭的责任担当等进行心理辅导和教育，避免冲动离婚现象的发生。同时，设立"亲职教育课堂"，要求打算离婚的父母必须参加"亲职教育课堂"，对离婚后的子女抚养问题、家庭重建问题、离婚后子女心理干预问题等共同进行探讨，妥善应对离婚带来的家庭变故，保障离婚后子女相应权利，尽量避免类似变更抚养权、追讨抚养费等家事纠纷的发生。

家庭是构成社会最基本的单元，有了家庭和睦，才有社会和谐、国家稳定。在处理家事纠纷中，非诉讼纠纷解决机制有着诉讼机制无可比拟的优势。构建一系列家事纠纷非诉讼化解机制，是把家事纠纷止于诉前的重要举措，既能够缓解法院"案多人少"的困境，也能够增强群众的司法获得感。

参考文献

［1］范愉.非诉讼纠纷解决机制研究［M］.北京：中国人民大学出版社，2000.

［2］张莉娜.探究家事纠纷调解机制的构建［J］.法制与经济，2018（11）.

［3］彭木才，彭柏林.简论家庭的伦理道德功能［J］.长沙电力学院学报，2000（2）.

［4］徐昕.论私力救济［M］.北京：中国政法大学出版社，2005.

［5］张翼杰.家事纠纷解决机制国际经验研究［J］.人民论坛（中旬刊），2015（3）.

离婚后未直接抚养子女一方的监护权实现路径探析

赵敏丹　王灵平[*]

摘　要: 监护既是权利也是义务,即使对不直接抚养子女的一方,其对子女的监护也不因离婚而停止,因之前的法律法规设置不尽合理、实践中存在机械司法等原因导致探望权执行难,直接影响了父母对孩子监护的实现。《民法典》第一千零八十四条对子女抚养直接抚养权的确定提出了"最有利于未成年子女"的原则,有利于在直接抚养权的执行之外通过多主体、多途径实施共同保障监护,合理划分父母内部责任,拓宽监护实现的渠道,解决抚养关系确定不合理、变更抚养关系难以及未直接抚养子女一方监护途径单一等问题,从源头上减少探望权纠纷,真正使监护落实到位,促进离异家庭的未成年子女身心成长。

关键词: 监护;探望;抚养关系;离婚

案例1:甲男与乙女双方因婚内猜忌导致争吵、殴打,经法庭调解之后,双方同意离婚,幼女由乙女抚养至独立生活时止,甲男每年支付10000元抚养费。之后,甲男探望时因与乙女父亲发生冲突,幼女当即吓哭,情绪难以控制,乙女拒绝甲男再行探望,双方为此发生激烈冲突,报警处理。之后,甲男未能再得到探望幼女的机会,因此求助法庭。

---

*　赵敏丹,浙江省温岭市人民法院员额法官,研究方向为民商法。王灵平,浙江鑫湖律师事务所主任,研究方向为民商法。

案例2:陈男与张女离婚后,两人女儿一直由陈男直接抚养,在此过程中,陈男一直以女儿不愿意见母亲为由,拒绝张女探望,张女以此为由拒绝支付抚养费,双方矛盾激烈。

上述案例都是真实案件,也是办理家事纠纷案件的法官经常遇到的案件。虽然婚姻问题大多能最终得到解决,但日积月累的家庭矛盾难以在法庭调解或是审判过程中得到全部化解,之后未直接抚养子女一方的探望权常常难以落实。婚姻关系存续期间,父母子女的监护通过共同生活得以实现;而离婚之后,未直接抚养子女一方的监护主要通过探望得以实现。故上述案例涉及的话题虽为老生常谈,但影响深远。

一、未直接抚养子女一方监护权的内涵与意义

(一)监护是权利与义务的统一体

在《民法典》总则篇的监护一节第一条即《民法典》第二十六条规定(《民法典》实施之前的规定为民法总则第二十六条),父母对未成年子女有抚养、教育和保护的义务。同时在婚姻家庭编的父母子女关系和其他近亲属关系一节第二条即《民法典》第一千零六十八条规定(对应《民法典》实施之前的《婚姻法》第二十三条),父母有教育、保护未成年子女的权利和义务。可见,父母对子女的监护在法律上体现在抚养、教育、保护这三个层面,这既属于父母的权利,也是父母的义务。

(二)父母的监护不因离婚而停摆

监护一般需要父母与孩子进行亲密的交流、接触,正常家庭比较容易实现。离婚之后,未直接抚养子女一方是否尚需要监护子女?有一种观点认为,与子女共同生活的父母一方享有的抚养权,实际上就是亲权或监护权;不与子女共同生活的父母一方对该子女的亲权或监护权事实上处于停止状态,只有抚养关系改变或因故获得与子女共同生活的机会时才复活,在此期间,该父母一方只享有父母对子女的其他权利,如探视权、遗产继承权、负担经济供养义务等。[1]我国的民事立法上并未明确规定父母离婚后不直接抚养

子女一方是否应当继续履行监护义务,但法律明确规定了父母对未成年子女有抚养、教育和保护的义务,对于父母离婚后的监护义务并没有作例外的规定,应当视为父母的监护不因离婚而停摆。

(三)未直接抚养子女一方行使监护权的意义

1. 从子女的角度来说

缺少父母一方角色的童年和少年,本来在情感上所得到的关爱、教育就相对欠缺,如果直接抚养一方故意阻挠或错误引导,导致子女不敢见或是不想见另一方,则会加重子女的情感压抑、认知错误等心理负担。

2. 从父母的角度来说

未直接抚养子女一方的监护权难以实现,直接导致父或母的个人亲权实现困难,间接导致部分父或母迫于离婚之后难以见到子女而委曲求全于死亡婚姻,增加婚姻悲剧的发生概率。

3. 从权利义务角度来说

根据《民法典》第一千零六十八条(对应《民法典》实施之前的《侵权责任法》第三十二条),未成年子女造成他人损害的,父母应当依法承担民事责任。如果监护权无法实现,则未直接抚养子女一方难以对子女进行教育,教育的权利无法落实,而义务又须承担,会导致权利义务不一致。

4. 从社会稳定的角度来说

家庭是社会的细胞,孩子是祖国的未来,家庭关系中的亲子关系是极其重要的人身权利,处理不当,容易产生社会问题,诸如孩子成长后的心理问题、容易重复悲剧婚姻的问题、双方因争夺孩子而可能产生的民转刑问题,不利于社会稳定。

二、监护权不能实现的原因分析

离婚之后,作为未直接抚养子女一方的父亲或母亲通过支付抚养费的方式替代直接抚养,但教育、保护这方面的监护难以通过共同生活来实现。《民法典》第一千零八十六条(《民法典》实施之前的规定为《婚姻法》第三十八条)关于离婚后不直接抚养子女的父亲或母亲有探望子女的权利的规定,应当视为法律通过设置探望权给教育和保护未成年子女提供了途径。通过探望权的行使,可以获得面对面的交流机会,故探望权是实现监护的重要途径。但在现实中,在非和平离婚情况下,因多重因素影响,探望权难以实现,导致未直接抚养子女一方的父或母对子女的监护权陷入不能实现的困境。

(一)父母矛盾的存续及子女真实意志难以体现,影响了监护权的实现

离婚仅是改变了婚姻状态,但难以完全解决双方的情感纠结,容易导致直接抚养子女一方不愿意让对方探望子女。而在父母面前,尚未成年的子女显然无力抗衡父母的意志,且自身的意志容易被父母的意志所改变。

(二)探望权案件执行难,不利于监护权的实现

就探望权的执行实践来看,因探望权具有执行的持续性、执行的协助行为无法替代、对被执行人的处罚手段相对不足、执行不到位的后果难以补救等特点,一直是执行疑难案件的多发区域。[2]且执行过程中,执行措施的适用,往往进一步加剧双方的对立情绪,未直接抚养一方的探望权实现效果不尽人意。

(三)变更抚养关系难,有碍于监护权的实现

《民法典》施行前,在确定离婚双方由谁直接抚养子女问题时,司法机关出于交接孩子抚养权困难等方面的考虑,一般会根据《最高人民法院关于人民法院审理离婚案件处理子女抚养问题的若干具体意见》第三条第(二)项规定,以主要考虑子女随谁生活时间较长,改变生活环境对子女健康成长明显不利为由,由离婚诉讼时控制子女一方取得孩子的直接抚养权。然而,这会加剧矛盾发生之后至最终离婚之前这段时间双方对子女的争夺战。在处理变更抚养关系纠纷案件时,又因未直接抚养子女一方与子女相对隔离,且加上另一方的刻意阻挠,往往难以洞察或是举证证明另一方符合法定的应当变更抚养关系的情形,其变更抚养关系的主张难以获得支持。事实上,在《民法典》施行之前,根据相关法律、司法解释规定,离婚时一旦确定了抚养

权,如果没有特殊情况,要求变更抚养权不会得到法院的支持。[3]

基于上述因素,部分有离婚念头的父亲或者母亲为取得子女的抚养权,往往通过极端的手段将子女控制在自己手中,不给对方接触孩子的机会;或者为防止孩子主动选择跟随另一方,向孩子灌输不恰当的观念;甚至在矛盾发生之后擅自将孩子带至外地生活,一两年后再提起离婚诉请,以便获得孩子的抚养权。得到抚养权之后,部分父母无视判决的权威性和执行的震慑力,以孩子在外地、孩子学习忙等理由,阻挠对方探视,甚至通过责骂孩子与对方见面、指责对方道德卑劣等方式迫使孩子不想见、不敢见。这严重影响了未直接抚养一方的监护权的实现,也深刻影响了子女的心理健康。

三、未直接抚养子女一方监护权的实现路径

实践中,对于探望权的执行,各地法院都在积极探索更好的执行措施,也有些法院根据理论依据拓宽执行措施,如浦东新区人民法院对阻止申请执行人行使探望权的,对其处以延迟履行金。也有观点提出在探望权执行中,应允许申请人在抚育费中扣减被执行人应当承担的延迟履行金,以维护双方权利义务的对等以及生效法律文书与执行的权威。但执行的努力,尚不能根本上解决探望权实现难的问题。甚至许多人错误地认为,离婚之后,未直接抚养一方的探望权是权利的一种,没有尽到探望仅是对其自身权利的放弃,不需要承担责任,即使被执行,后果也并不严重,这导致故意阻挠或是怠于履行探望权的情况时有发生。为防止该类情况的发生,更好地落实父母对子女的监护,趁着《民法典》施行以及相关司法解释和配套实施意见等出台的契机,可考虑在申请执行之外,通过多主体、多途径共同保障监护权,解决抚养关系的确定不合理、变更抚养关系难以及未直接抚养子女一方监护途径单一等问题,从源头上减少探望权纠纷,真正使监护落实到位,促进离异家庭的未成年子女身心成长。

(一)正确理解和适用"最有利于未成年子女"原则

《民法典》实施之前,就法院判决抚养权的问题,《婚姻法》第三十四条进

行了规定,哺乳期外的,由人民法院根据子女的利益和双方的具体情况进行判决。最高人民法院出台了《最高人民法院关于人民法院审理离婚案件处理子女抚养问题的若干具体意见》予以进一步明确,提出子女随其生活时间较长,改变生活环境对子女健康成长明显不利的,优先考虑抚养权。上述规定的初衷是好的,但实践中出现了机械地以共同生活时间长短作为判决的主要依据,忽略了一方为获得长时间共同生活而可能使用的不道德手段以及教养方式,而这些不良方式恰恰直接影响子女心理健康。《民法典》的相关规定较之前有所变化,其第一千零八十四条明确规定,已满两周岁的子女,父母双方对抚养问题协议不成的,由人民法院根据双方的具体情况,按照最有利于未成年子女的原则判决;子女已满八周岁的,应当尊重其真实意愿。"最有利于未成年子女"原则的规定是抽象的,如何在司法实践中更好地落实,需要在接下来的司法实践中予以正确理解和运用。

"最有利于未成年子女"原则,应当优先考虑子女的精神需求。子女的利益,包括经济上的利益以及精神上的利益,涉及父母双方的经济状况、生理和心理健康状态、育儿方法、与子女的情感交流等。裁判的自由度较大,难以有统一的标准,但应当从尽力维护孩子的身心健康出发来确定各个方面所占的权重,不能机械地平均对待。抚养权的确定应当从最有利于未成年子女长远的身心健康这一角度来考虑。现阶段来说,社会整体经济水平较高,社会保障与救助相对完善,直接抚养子女的一方即使经济相对困难,一般也可以通过未直接抚养子女一方的抚养费得到部分弥补,故"最有利于未成年子女"原则应当着重考虑子女的精神需求,主要从父母的陪伴质量、教养方法、道德品行等方面确定抚养权人。在申请变更抚养关系的案件中,也应当以此作为最重要的评判要素。

(二)充分发挥学校、妇联等组织的公益作用

直接抚养子女一方是否有利于子女,外人难以知晓,未直接抚养子女一方也难以获取充分的信息,导致举证和相应的案件事实认定存在困难。但抚养纠纷、探望权纠纷不同于一般的民商事纠纷,其涉及的是父母子女之间人伦情感。父母对子女尽到监护义务与否,直接影响子女的心理健康乃至一生的社会行为。如果父母不能顺利探望子女,还可能引发剧烈的矛盾冲

突。故父母子女之间情感的满足与否直接影响相关人员的社会行为,是共性问题、社会问题。为防止一方恶意侵害对方的探望权或是在抚养期间进行不利于子女的教养,确保双方对子女监护权的更好实现,相关政府部门、事业单位、公益组织应当在协助查明目前的抚养关系是否真正最有利于未成年子女方面充分发挥作用。鉴于目前多数学校配有心理老师,可以考虑对离异家庭的未成年子女介入心理治疗,了解孩子的生活状况以及心理状况并予以记录。对于一方不配合行使探望权的,另一方可以寻求妇联等部门的求助,相关部门应当对求助者的求助以及帮助实现探望的过程进行记录。对上述组织、机构在提供帮助过程中所获取的信息,被侵犯探望权的一方可以据此作为申请变更抚养关系的证据,审判部门应当对此予以重点考虑。

(三)就《民法典》第一千零六十八条合理划分父母内部责任

义务如果不承担责任,则仅仅是书面上的义务,承担责任的义务才能真正落实到位。在《民法典》中,与监护相关的责任系第一千零六十八条的规定。故应当正确适用第一千零六十八条的规定,发挥其落实责任承担、倒逼父母履行监护义务的作用。对于离异家庭来说,监护既包括直接抚养人的监护,也包括了未直接抚养一方的监护。对直接抚养人来说,其义务是合法履行监护义务、保障未直接抚养子女一方行使监护权利的义务;对未直接抚养子女一方来说,其义务是积极合法履行监护义务,不能怠于履行。故对未成年人侵害他人权利造成损失的,父母双方根据《民法典》第一千零六十八条予以赔偿之后,在内部责任承担上,应当考虑各方是否履行了自身的义务。故如果未能履行自身的义务,在内部的责任承担问题上,有过错方承担更重的责任,以此促使双方积极履行监护义务。直接抚养人须积极配合未直接抚养一方行使探望权,因为阻碍一方行使探望,在很大程度上就是阻碍该方的监护实现。

(四)通过倡导性条文拓宽监护权实现的渠道

法律规范有赋权性的、强制性的,也有倡导性的。倡导性规范即提倡和诱导当事人采用特定行为模式的法律规定。可以考虑通过倡导性的条文,鼓励父母拓宽多种形式的监护渠道,鼓励相关组织、机构予以配合,支持探望,促使离异家庭的监护进入良性循环。如对在校就读的子女,可以倡导父母通过给子女写信,向其表达关心,进行适当的教育;直接抚养子女一方所在的基层群众自治组织,应当对存在子女探望纠纷的父母进行劝导;未直接抚养子女一方到校探望,在不影响孩子正常上课的情况下,学校要予以配合。

真正让探望纠纷案例减少,让离异父母对子女的监护更好地得到落实,既需要执行的落实到位,更需要执行之外的努力。要通过制度的设计、合理的司法、社会的帮扶、正确的导向等途径,让父母将积极履行监护以及配合对方履行监护内化为自身的行为准则,这样才能更好地避免矛盾冲突,真正贯彻落实《民法典》倡导的"最有利于未成年子女"原则。

参考文献

[1]蒋月,韩珺.论父母保护教养未成年子女的权利义务:兼论亲权与监护权之争[J].东南学术,2001(2).

[2]康邓承.探望权执行中可对被执行人处以迟延履行金[J].人民司法(案例),2015(24).

[3]最高人民法院民法典贯彻实施工作领导小组.中华人民共和国民法典婚姻家庭编继承编理解与适用[M].北京:人民法院出版社,2020.

妇女工作改革与创新

宁波市创建儿童友好型城市调查分析*

顾卫卫　　陈丹琪**

摘　要：儿童友好型城市理念正在全球范围内普及,儿童友好型城市的建设旨在完善有利于儿童发展的城市环境,保护儿童身心健康,促进儿童健康成长。本文从宁波市儿童友好型城市的建设现状出发,探讨儿童友好型城市建设的意义,并对更好地创建儿童友好型城市提出了具体建议。

关键词：儿童友好型城市;建设;具体建议

儿童友好型城市是指致力于充分落实儿童权利的地方政府系统,是一个适合儿童生长发展的新型城市。儿童友好型城市强调通过物质空间、公共设施等基础设施建设,提供儿童所应享有的健康服务、健康环境及安全环境;同时,儿童友好型城市还要求给予儿童参与社会事务、主张个人权利的考量,强调儿童在家庭、社区的活动参与、文化传承和权利表达。对儿童友好,就是对城市的未来友好,这是儿童友好型城市的基本理念。

---

*　基金项目:本文系2020年浙江省妇女研究课题阶段性成果(课题编号:202022)。

**　顾卫卫,宁波市妇联党组书记、主席,研究方向为妇女儿童发展。陈丹琪,浙江大学宁波理工学院助教,研究方向为公共行政管理和法学。

一、宁波市儿童友好型城市建设研究背景

(一)儿童友好型城市理念在全球范围的大力推广

1996年,联合国儿童基金会及联合国人居署通过了倡导"儿童友好型城市"(Child Friendly City,CFC)的决议,并提出了"在城市中成长"(Growing Up in Cities,GUIC)计划。2018年,联合国儿童基金会又推出 *UNICEF Child Friendly Cities and Communities Handbook*,次年7月其中文版《儿童友好型城市规划手册》翻译完成。至今,全球已有870个城市和地区获得CFC认证,被认定为儿童友好型城市。

值得注意的是,中国目前还没有经联合国儿童基金会认证的儿童友好型城市。为进一步保护儿童的权利与发展需求,中国加紧了创建儿童友好型城市的步伐,北京、深圳、长沙和杭州等城市都提出创建儿童友好型城市的远景规划。2016年,浙江省人民政府出台了《浙江省儿童发展规划(2016—2020年)》,明确指出创建儿童友好型社会环境。该规划的出台,为宁波市创建儿童友好型城市指出了明确方向,提供了现实基础。

(二)国外创建儿童友好型城市的宝贵经验

总览全球,许多国家在儿童友好型城市创建方面取得了重要成果,积累了宝贵经验,对宁波市创建儿童友好型城市具有重要的参考价值。

首先,在公共设施建设方面。新加坡樟宜机场打造的"自然景观步道"有6个独立的花园,代表不同的生态系统,内设7个主题公园,让家长能够陪同孩子享受更具互动性的家庭生活。荷兰史基浦机场着力打造儿童乐园,孩子们可以在儿童森林的游乐场中游玩,真实的树木小屋、滑梯、树木秋千、各种攀爬大型玩具等样样俱全。加拿大温哥华机场则被打造成艺术的殿堂,艺术作品分别以陆地、海洋及天空为创造原型,让儿童在玩耍时充分地感受到艺术的魅力。

其次,在城市儿童开放空间建设方面。丹麦首都哥本哈根从20世纪初开始兴建"点状游戏场"系统,已经发展成为以居民小区场地为基础、公共场

地(社区儿童游戏场地和公园绿地游戏场地)为骨干、机构附属场地(幼儿园、学校、医院、教堂等的儿童游戏场地)为补充的层级结构体系。

最后,在儿童安全方面。瑞典首都斯德哥尔摩游乐场地面和落地区域都铺上了自然沙土和人工减震塑胶材料,游乐场中选配的绿植也回避了招惹蜜蜂蚊虫的植物和过敏性、有毒性植物,最大限度地保护了儿童的游玩环境。英国形成的社区居住模式从以车为本转向以人为本,空间设计以步行者和骑车者优先,在住区形成整体化的道路网络并融合丰富的街道生活。

(三)国内创建儿童友好型城市的有益探索

目前,我国许多城市在儿童友好型城市建设方面也做出了一些探索。如在儿童空间拓展方面,深圳市设计并改建适合儿童需求的室内空间,提供采光良好、独立安全的区域;长沙市针对校区周边的空坪隙地、有条件改善的公共场所、有条件实施的文化墙、校门口家长等候区等提出了提质改造方案;广州市在城市公园、广场等,设置具有探索性、益智性的游戏空间。又如在儿童安全保障方面,深圳市逐步规范机动车交通,划定安全、连续的步行和非机动车行空间,提供儿童独立、安全玩耍的街道活动空间和对儿童友好的道路交通设施;长沙市以市内10所小学为试点,针对校园外复杂的周边环境,提出独立、连续、安全的上下学步行路径方案,排除行人过街主要道路节点以及学校出入口存在的交通安全隐患。

(四)基于宁波市城市发展环境的实证研究

在儿童友好型城市理念全球化推广的大背景下,立足于本土实践,对宁波市创建儿童友好型城市这一课题进行探讨,更凸显其必要性。为深入调查宁波市本地居民对创建儿童友好型城市的了解程度及意见建议,课题组从居民对儿童友好型城市的熟悉程度、关注程度等方面设计问卷,采取线上调查的方式发放和收集问卷,总共收集到5320份调查问卷,其中家长5280份,儿童40份,皆为有效问卷。问卷回收后,采取分类统计的方式,汇总家长和儿童对宁波市创建儿童友好型城市的想法,以便对宁波市创建儿童友好型城市提供分门别类的参考性建议。

本次调查问卷的填写对象主要为家长,且年龄阶段以31—40岁的家长人数最多,占比75.95%。这一群体正是创建宁波市儿童友好型城市的主力军,故问卷调查结果有较强参考性。填写调查问卷的家长中,以"妈妈"为主,占比81.06%;"爸爸"占比明显较低,只有16.48%,一定程度上说明妈妈会对儿童的发展给予更多关注。在创建宁波市儿童友好型城市过程中,妈妈的力量和作用有望得到充分发挥,同时也需要强化爸爸在儿童成长过程中的参与力度。

调查对象的职业以民企职工最多,占比29.36%,调查对象的受教育程度,本科及以上学历占比为43.37%,这为创建宁波市儿童友好型城市提供了比较可靠的数据。调查对象中超过一半的家长月收入五千元以上,家庭经济情况尚可,能为孩子成长提供较好的经济支持。

半数以上家长(52.18%)的孩子年龄为4—6岁,该年龄段为孩子塑造性格、培养爱好的黄金时期;孩子年龄为2—4岁和6—10岁年龄段的分别为21.25%和18.98%;孩子年龄为10岁以上及0—2岁年龄段的占比较少,分别为6.45%和1.14%。年龄段的分布,能够较好反映儿童的需求情况。

"对创建儿童友好型城市的了解程度"一题,70.86%的家长表示不太了解,15.72%的家长表示不了解,说明民众对于儿童友好型城市的理念不够清晰,有必要加强相关知识的普及。

二、宁波市创建儿童友好型城市的重要性和必要性

(一)政府层面

1. 有利于提升民众对政府的满意度和认可度

调查结果显示,在儿童福利政策上,只有不到一成(8.9%)的调查对象认为宁波出台的儿童相关福利政策多,认为福利政策不够多的则占47.92%。这表明,有必要强化落实儿童福利政策,切实提升民众的满意度。习近平总书记强调:"培养好少年儿童是一项战略任务,事关长远,各级党委和政府、社会各界都需要重视培育未来、创造未来的工作。"创建儿童友好型城市,聆听"小市民"心声,体现的是政府以人为本的情怀。

2. 有利于优化城市治理结构

在对宁波城市设计的想法方面,只有15.72%的家长认为宁波城市设计与儿童相关元素多,34.47%的家长表示尚可,38.83%的家长认为不够多,还有10.98%的家长表示不了解。总体上看,宁波市城市设计中的儿童元素有待加强。在对宁波儿童公共服务设施(如儿童洗手台、母婴室等)设置情况的满意程度方面,过半调查对象持"满意"以上的态度,24.05%表示"不太满意",2.46%表示"不满意"。在宁波市的儿童活动空间是否充足方面,23.30%的调查对象表示"充足",43.37%表示"勉强满足",25.19%表示"远不够",8.14%表示"不了解"。在儿童场所数量方面,23.48%的调查对象表示宁波有关儿童场所(如儿童公园、科技馆、动物园、海洋馆等)数量能满足需要,38.64%表示"勉强满足",33.71%认为"远不够"。在对儿童场所的场馆建设和服务质量的满意度方面,表示"满意"的占25.95%,"基本满意"的占60.42%。综上所述,在宁波城市建设中为儿童规划设计的区域还不够,规划建设儿童活动区域是创建宁波市儿童友好型城市的重要突破口。

我国的城市建设存在忽视儿童空间需求的设计弊端,城市公园多以成人视角设计,中心城区空间被大量挤压,儿童活动场所设计缺乏自然性和趣味性,并且存在安全隐患,需要通过更灵活的方式方法,拓展和完善儿童活动空间。目前,宁波市虽然建设了大量的儿童设施,但是尚不能够满足客观需求,民众满意度不高。通过创建儿童友好型城市,将儿童的健康和安全成长融入城市发展的脉络,有助于优化城市的发展结构,实现城市的可持续发展。

3. 有利于社会均衡和可持续发展

在宁波市儿童公共教育资源是否均等问题上,认为"尚可"与"不均等"的占比分别为32.58%和35.42%,表示"不了解"的占比为17.61%,认为"均等"的占比仅有14.39%,大部分调查对象对宁波市现有的儿童公共教育资源均等程度不完全满意。

在宁波市儿童医疗资源和医疗保障的问题上,认为"完善"的人数占比为21.21%,"一般完善"的占比为57.58%,认为"不完善"的则占比14.58%,表示"不了解"的占比6.63%。这一组数据说明,大部分调查对象认为宁波市儿童医疗资源和医疗保障比较完善,但现有的医疗资源和医疗保障仍有改进的空间。

　　创建儿童友好型城市,能够进一步实现社会的均衡和可持续发展。首先,促进公共服务均等化,对儿童实行不分户籍"无差别"公共服务,有助于实现社会的公平和稳定。其次,儿童是祖国的未来和民族的希望,建设温暖、开放、包容的儿童友好型城市,更关系到未来的可持续发展。最后,宁波市外来人口众多,创建儿童友好型城市,有助于增强对于人才的吸引力,实现城市更快更好发展。

(二)民众层面

1. 有助于回应家长的现实需求

　　问卷调查显示,家长认为影响儿童活动的因素有多种(见表1)。在理想活动场地要素上,79.36%的家长表示理想的儿童活动场地需要具备"锻炼身体"的要素,93.18%的家长表示"益智及引导教育"是儿童活动场地需要具备的不可缺少的要素,78.98%的家长表示"探索自然"也是一个比较重要的要素,15.15%的家长认为儿童活动场地需要具备的要素为"消磨时间"。可见,家长对于城市发展需求中的儿童元素的期待是多元的。88.45%的家长注重儿童成长过程中的自然体验(如森林探索、动物喂养等),51.04%的家长表示宁波市缺少儿童娱乐设施,孩子可以活动的场所比较少,外出游玩条件不足。显然,完善儿童城市活动和发展空间,有助于切实满足家长的期待和孩子成长的需求。

表1 儿童活动的影响因素(可多选)

影响因素	占比(%)
父母工作繁忙无法陪伴孩子	69.57
缺少儿童娱乐设施	51.04
繁重的课业	46.88
不安全的社区环境	44.61
电视、电脑、手机等电子设备	34.59
不爱玩	1.32

2. 有利于回应儿童的安全和成长需求

问卷调查显示,78.03%的家长认为孩子可以单独安全出行的距离为100米以内(监护人视线范围以内),1.14%的家长认为安全距离可以为500米以上,1.89%的家长不同意自己的孩子独自出门,超过9成("不太放心"占比37.5%,"不放心"占比55.49%)的家长觉得孩子独自出门不是很安全。在公园、动物园等儿童活动基础设施的安全问题上,只有14.39%的家长认为是非常安全的。这说明即使增设了适合儿童的活动场所,家长也会对场所设施的安全问题抱有怀疑态度。儿童户外安全问题受到越来越多的社会关注,建设儿童友好型城市旨在解决各种安全隐患,为儿童提供安全的出行路线与生活环境。玩耍是儿童的天性,是不断认知和自我体验的过程,儿童友好型城市可以为儿童健康成长及天性发展提供高品质的社区空间环境,满足户外儿童活动和户外家庭活动的需求。

三、宁波市创建儿童友好型城市的着力点

(一)政策友好:为创建儿童友好型城市提供政策保障

要针对宁波城市规划现状,制定符合儿童友好发展的政策制度,坚持儿童福祉最大化原则,将宁波市城市发展目标和儿童友好型城市创建目标有机结合。将"积极推动儿童友好型城市"建设纳入宁波市总体规划,制定宁波市儿童友好型城市创建工作实施细则,发布相应行动计划(2020—2023年),重点从儿童活动空间拓展、儿童安全保障、儿童服务升级等方面提升儿童福祉,分区域、分阶段、分类型地逐步推进儿童友好型城市建设进程,为实现儿童友好的城市环境打下行动基础。

(二)服务友好:为儿童成长提供服务保障

要结合宁波市情况,逐步建立儿童成长服务保障机制,保证各项惠童政策的实施和惠童项目的建设都能切实反映儿童所想所需。

1. 建立儿童参与保障机制

探索建立有宁波特色的儿童诉求表达、权利保障机制,选取儿童代表参

与社区、学校及相关领域工作,培育儿童议事组织与代表,建立儿童参与议事制度,引导儿童参与城市和社区公共事务。

2. 完善儿童社会保障服务体系

结合宁波市实际情况,从儿童视角出发,进一步促进儿童基本公共教育服务均等化。在全市范围内推广儿童友好型学校建设,优化儿童卫生和医疗资源配置,完善宁波市儿童医疗保障制度,建设及推广儿童友好型医院。健全儿童社会福利制度,完善儿童社会福利服务体系,并探索儿童友好型设施及服务的相关评估体系。明确儿童发展空间的设计和建设标准,确保社区配备足够建筑面积的儿童室内活动空间。争取在2023年前全市至少建成10个以上的儿童友好型社区,到2025年,实现全市各街道儿童友好型社区不少于1个。

(三)空间友好:拓宽儿童玩乐空间

宁波市经济快速发展,城市建设稳步推进,与此同时,大面积的城市中央空间和绿地被占用。拓宽儿童的城市生活空间,使儿童更加贴近自然,是广大市民的强烈需求。拓宽工作可以从两个方面入手:一是增加现有场地使用功能,通过对现有城市公园、广场等公共空间进行改造,设置自然友好、益智启发的游戏空间;二是强化自然教育活动,加快推进城市公园与中小学校合作,提供面向全市儿童的自然体验课程。

(四)安全友好:确立儿童安全保障机制

儿童安全是家庭、学校和社会普遍重视的重大问题,儿童友好型城市必须为儿童打造安全的出行环境和活动空间。

1. 打造出行安全环境

规范机动车交通管理机制,严格划定机动车的行驶区域,规定适合儿童行走和骑行的区域。划定醒目的交通指示标识,引导儿童关注出行安全。设置专用的儿童行走步道,保障儿童独立安全行走。

2. 为儿童提供安全的游乐场所和设施

在城市设置适合儿童娱乐玩耍的活动空间,并配备安全的玩耍器具。设立并执行严格的安全标准,全方位保障儿童活动和玩耍的安全。

综上,儿童友好型城市的构建,体现了政府以人为本的执政理念,也符合城市可持续发展的客观需求。宁波市是快速发展的沿海城市,在发展经济的同时,有必要溯源人性的基本需求,加强人文关怀,探索建设儿童友好型城市,满足儿童及家长不断增长的物质和精神需求。儿童是城市的幼苗,是祖国的未来。保障儿童的安全,保护儿童的天性,促进儿童自然成长,建设有地方特色的儿童友好型城市,是城市规划和建设的题中应有之义,任重而道远。

妇联组织参与"重要窗口"基层治理现代化的路径研究

——基于温州家事基层微化解改革的创新实践*

方黎明　曾海芬　赵　敏**

摘　要:社会治理是国家治理的重要方面,基层是社会治理的基础和支撑。提升基层社会治理水平,是实现国家治理体系和治理能力现代化的重要环节。妇联作为平安建设的重要参与者和维护妇女儿童权益的重要组织,有着保持和增强政治性、先进性、群众性的独特要求,在引领、服务、联系妇女群众方面有着天然优势。本文在对基层治理体系的现状和功能进行深入剖析的基础上,分析当前基层治理体系的局限性以及妇联组织参与基层治理的必要性。根据习近平总书记在浙江调研提出的"重要窗口"指示,结合妇联工作实际,以温州家事基层微化解改革作为切入点,创新探索妇联组织参与基层治理服务的新模式、新机制、新体系。

关键词:基层治理;"重要窗口";妇女参与;家事基层微化解改革

随着社会发展,人民美好生活需要日益广泛,不仅对物质文化生活提出了更高要求,而且在民主、法治、公平、正义、安全、环境等方面的要求日益增

---

* 基金项目:本文系2020年浙江省妇女研究会课题"妇联组织参与'重要窗口'基层治理现代化的路径研究——基于温州家事基层微化解改革的创新实践"(课题编号:202031)研究成果。

** 方黎明,温州市妇联党组成员、副主席,研究方向为妇女儿童权益维护。曾海芬,温州市妇联权益部部长,研究方向为妇女儿童权益维护。赵敏,温州市妇联四级主任科员,研究方向为妇女儿童权益维护。

长,这些都对社会治理提出了新挑战、新要求。2020年初,习近平总书记在浙江调研时指出浙江要努力成为新时代全面展示中国特色社会主义制度优越性的重要窗口,平安建设既是作为"重要窗口"展示形象、增光添彩的重要方面,也是建设"重要窗口"的基础桩、硬底线、加分项。妇联作为平安建设的重要参与者和维护妇女儿童权益的重要组织,在引领、服务、联系妇女群众方面有着天然优势。在创建"平安温州",助力温州创建市域社会治理现代化试点城市的过程中,温州市妇联积极发挥妇女"柔性"力量,将家事基层微化解改革作为群团改革的重要内容,积极调动和激发妇女群众参与基层平安建设,有效助力基层矛盾纠纷化解和基层平安稳定。

一、基层治理改革与妇联组织"重要窗口"作用发挥

党的十八大以来,我国的社会治理日益呈现重心向基层倾斜的趋势。习近平总书记多次强调,党的工作最坚实的力量支撑在基层,经济社会发展和民生最突出的矛盾和问题也在基层,必须把抓基层打基础作为长远之计和固本之策。把这些重要部署落实到基层社会治理中,关键是要构建基层社会治理新格局,努力让人民群众成为社会治理的最广参与者、最大受益者、最终评判者。

1. 基层治理改革与"重要窗口"建设

长期以来,传统治理模式在我国基层治理实践中占据主导地位,但随着我国社会主要矛盾发生关系全局的历史性变化,经济社会发展呈现出一系列新特点新趋势,对基层社会治理也提出了更高要求。近年来,虽然各地在不断进行社会治理创新,但基层治理依旧面临治理主体"碎片化"、治理客体"原子化"、治理效果"内卷化"等诸多亟待解决的难题,基层治理实践面临迫切变革。基层治理主体"碎片化"产生的主要原因是条块分割的政府管理体制,具体在于基层治理的职能分散在不同层级和不同管理部门之中,形成了以"块"为单元的属地管理和以"条"为线的部门管理两种分割的管理模式。基层治理客体"原子化"是由于基层组织撤扩并等而产生的基层治理对象离散、无序和低组织化状态。基层治理"内卷化"主要体现在:虽然基层治理在

资源投入、制度创新、新技术引进等方面做出不少努力,但实际效果并没有显著提升。[1]

浙江在加强和创新社会治理方式的任务要求之上,更是承担着"重要窗口"建设的重大使命。国家治理体系和治理能力是中国特色社会主义制度的重要体现,浙江作为"枫桥经验"的诞生地,更要以高水平的社会治理格局为目标,加快推进基层治理体系改革,加强社区治理体系建设,推动社会治理重心向基层下移,巩固和完善"基层治理四平台",即乡镇(街道)综治工作、市场监管、综合执法、便民服务四个功能性工作平台,全面建设浙江特色的基层治理体系,努力展示社会主义制度优越性。

2. 基层治理改革的重要方向

十九届四中全会提出,要坚持和完善共建共治共享的社会治理制度,强调完善党委领导、政府负责、民主协商、社会协同、公众参与、法治保障、科技支撑的社会治理体系,建设人人有责、人人尽责、人人享有的社会治理共同体。以共建共治共享拓展社会发展新局面要求加强社会治理,化解社会矛盾,维护社会稳定。以法治为基础的多元主体共同治理是我国社会治理实践探索的经验总结,也是实践催生的新要求。目前,基层治理改革主要呈现在两个重要方面,一是走向多元主体参与的基层治理结构,二是完善矛盾纠纷化解综合机制。基于法治框架下的多元主体参与活动以及各行为主体的互动与合作,有助于提升社会基本公共服务质量,可以更加有针对性地满足社会多元利益主体的差异化需求。而完善正确处理新形势下人民内部矛盾有效机制,要求畅通和规范群众诉求表达、利益协调、权益保障通道,完善信访制度,健全人民调解、行政调解、司法调解联动工作体系,深化社会心理服务体系和危机干预机制。

3. 妇联组织参与基层治理改革的优势

中华人民共和国成立以来,妇联一直是我国覆盖人群最广的群众组织和人民团体之一,在参与基层社会治理过程中具有独特的政治、组织和工作优势,为建设"重要窗口"助力添彩、贡献巾帼力量。一方面,妇联能够促进多元主体参与基层治理。妇联组织贴近家庭、贴近生活,对妇女的需求、家庭的诉求更为了解。通过增强主动参与基层社会治理的意识、积极引导家庭和群众的参与,妇联可以更好地把握妇女和儿童的多元化需求、更积极主动地与其他社会资源进行联动。另一方面,妇联在助力基层家事矛盾纠纷化解方面独具优势。习近平总书记强调,要重视家庭建设,注重家庭、注重家教、注重家风。家庭作为社会的细胞,其良性运行和健康发展能有效减轻基层社会治理压力。妇联能够充分发挥组织优势,立足家庭主阵地,参与家事矛盾化解,从源头上预防和化解社会矛盾、维护社会和谐稳定,为加强和创新基层社会治理凝聚精神力量。

二、妇联组织参与基层治理需求分析

我国当前仍处在社会转型时期,基层社会矛盾呈现类型多样化、成因复杂化等特征。在价值诉求多元、利益格局多变的当下社会,家事纠纷增多,化解难度加大,对社会稳定产生了负面影响。

1. 妇女信访维权案件呈集聚特点

妇联的信访接待工作是妇联组织密切联系群众、倾听群众呼声的窗口,主要反映的是妇女及家庭遇到的权益纠纷。伴随着我国社会经济快速发展,社会矛盾纠纷呈现出纠纷主体多元化、纠纷类型多样化、利益诉求复杂化、表现形式趋向聚众化等特点。从2017—2019年温州市妇联系统受理信访件数来看,受理件数及接待人次呈平稳状态,信访的类别按照诉求可分为政治权利类、婚姻家庭类、劳动和社会保障类、人身权益类、财产权益类、文化教育权益类和其他综合问题等。其中,婚姻家庭类在2017年、2018年、2019年的信访案件中占比分别为79.43%、82.62%、79.64%,成为妇女维权中的重点、热点问题。信访具体涉及家庭暴力、子女抚养权、未成年人性侵、劳动争议、财产继承纠纷、土地所有权和使用权争议、土地征用和划拨、住房拆迁等议题,还包括可能引发的民转刑案件。多样化、复杂化的信访案件,在一定程度上增加了信访工作难度。

2. 婚姻家庭权益成社会重点问题

随着社会变革与思想解放,当前人们的婚恋观正在发生翻天覆地的变化,家庭所承接的功能和作用在逐渐减弱。根据温州市民政局和温州市中级人民法院相关数据统计,结婚率逐年下降,离结比却逐年上升。2017年至

2019年,结婚登记件数分别为62027件、55528件、49019件,离婚登记总件数分别为22599件、22526件、22831件。除此之外,妇女儿童侵权舆情应对日渐严峻。在信息技术飞速发展的今天,自媒体的发展将网络舆情推到了新的阶段。做好妇女儿童舆情的监测、研判和应对,已经成为新形势下妇联组织适应全媒体时代提升群众工作能力的迫切需要。

3. 基层治理缺乏体系化运作模式

温州市各级妇联在参与基层治理工作方面发挥着重要作用,但同时也存在如缺乏体系化运作、平台建设不全面、服务碎片化、人员素质有待提升、工作经费有限等问题,需要进一步加大力度、开拓创新。横向上,家事纠纷多元化解长效机制需要妇联组织与其他部门协调联动。通过在具体案件处理实践中的多部门协调联动,逐步形成高效的协作机制,涉及刑事案件的,需要公安、检察院、法院等部门加强协作配合,保持对刑事违法犯罪活动的高压态势,对妇女儿童形成特殊保护;涉及家暴案件的,需要畅通涉家暴案件信访与法律援助中心、家庭暴力庇护站、公安法医鉴定中心等的转介联系,形成部门协同配合、互相策应的妇女维权工作体系。纵向上,温州目前已建立妇联四级联动体系,但是仍存在基层治理体系不够完善、服务碎片化、上下级联动效应比较弱等问题。除此之外,基层妇联还存在干部队伍力量薄弱、综合素质参差不齐、业务能力有待提高等问题。

三、温州家事基层微化解改革助力基层治理服务模式

全国市域社会治理现代化试点城市创建为温州妇联组织参与基层社会治理搭建了更广阔的服务平台,群团组织改革纵深推进赋予了妇联组织参与基层社会治理新的使命和任务,妇女儿童和家庭多样化的服务需求给妇联组织参与基层社会治理提出了新课题。2020年,温州市妇联将"家事基层微化解改革"作为群团改革的一项重要内容,围绕基层治理现代化目标,注重重心下沉、关口前移,通过完善服务体系,提升维权工作实效,把家庭矛盾最大限度化解在基层、消灭在萌芽,推动形成"小事不出村、大事不出镇""家庭矛盾解决在家庭"的基层社会治理工作格局。

1. 加强家事服务体系化建设,助力基层社会治理显成效

家庭既是基层治理的最小单元,也是参与基层治理的最基本单元。妇联作为党和政府联系妇女群众的桥梁纽带,在推进家庭文明建设和助力基层社会治理方面都承担着义不容辞的责任,也具有先天优势。开展家事基层微化解改革,目标是要构建闭环式服务体系和四级互联互通体系,通过顶层设计,推动形成"家庭矛盾解决在家庭"格局。一方面,通过建立闭环式服务体系,筑牢家庭和谐根基。危机前,开展"一周一月一季"("三八"妇女维权周、平安禁毒宣传月、平安家庭宣传季)主题活动、实施"幸福家庭普法先行"项目,提升妇女群众法治意识。近3年,全市共举办普法培训班1880期,组织宣传活动3677场,发放宣传资料193.27万多份,服务妇女儿童113.68万多人次。危机中,开展精准化的婚姻家庭危机干预服务,有力化解婚姻家庭矛盾纠纷。市妇联连续六年以政府购买形式开展"婚姻家庭危机干预"项目,为受家暴妇女提供专业咨询与心理援助。项目实施以来共建档430多个,直接、间接受益人数达1.73万人次。危机后,建立家庭需求清单和妇联服务清单,开展就业指导、家教指导、爱心结对等多样化关怀服务,赋能婚姻家庭建设。另一方面,通过建立四级互联互通体系,减少家事纠纷升级。市级层面,组建家事调处、巾帼律师、心理咨询"三大专家团",以专业力量为家事调处提供"专家后援"。县级层面,头坝婚调委进驻社会矛盾纠纷调处化解中心、民政婚姻登记大厅、法院家事审判合议庭,整合多方资源提高家事化解效率。近3年,全市各级婚调委调处婚姻家庭纠纷12040件,其中调和成功8468件,调和率达70.33%。乡镇层面,将家事纠纷排查化解融入"基层治理四平台",积极探索"三色"动态管理机制(对于家暴警情,根据报警次数和社会危害性,分"红、黄、绿"三色管理)、"五色家庭工作法"(建立分色家庭台账管理机制、分类走访服务机制、分级调处机制。红色为重点关注家庭,存在家暴、家庭成员互殴等行为,有社区矫正对象、涉毒人员、精神病人等家庭;橙色为矛盾隐患家庭,存在夫妻、亲子、婆媳关系不和、邻里纠纷等家庭;粉色为单亲、失独家庭、生活困难、留守老人、儿童、妇女等家庭;蓝色为普通家庭;绿色为最美家庭、有先进事迹等家庭)。村级层面,发动妇联执委、"平安妈妈"等融入基层微网格服务,通过婚姻家庭纠纷排查化解,最大限度将纠纷化解在萌芽时。2019年以来,全市妇联系统排查婚姻家庭纠纷19590

件,已化解数18467件,化解率94.27%;其中化解在乡镇(街道)、村(社区)的有16964件,占总化解数91.86%。家事基层微化解改革实施以来,婚姻家庭排查发现纠纷数量同比增长16.5%,排查化解率同比提高6.1%,效果显著。(见表1)

表1 2019年7月—2020年6月温州市婚姻家庭矛盾纠纷排查化解统计表

时间	排查发现纠纷数(件)	排查已化解数(件)	排查未化解数(件)	排查化解率(%)	妇联系统信访件数(件)(含12338热线)
2019年下半年	5133	4576	557	89.15	333
2020年上半年	5980	5659	321	94.63	528

2. 发挥妇女群众主力军作用,助力基层社会治理不缺位

妇联组织作为参与基层治理现代化的"重要窗口",充分发挥"平安妈妈"、婚姻家庭辅导员以及村(社区)妇联执委的草根优势和基层优势,将平安工作延伸到每个家庭、将基层服务拓展到各个领域,以"柔性"力量助力基层治理现代化。一是发挥"平安妈妈"志愿者作用。发挥"平安妈妈"兼职调解员作用,针对矛盾纠纷排查中发现的问题,抓住问题症结,缓解家庭矛盾,助力平安家庭建设。全市现有"平安妈妈"队伍3095支共计5.22万人,其中"平安妈妈"兼职调解员5764人。发挥"平安妈妈"大众宣传员作用,有重点地开展普法宣传教育工作。近3年,"平安妈妈"开展平安宣传活动2.39万次,服务人数140.35万人次。二是发挥婚姻家庭辅导员作用。为进一步夯实村(社区)妇女维权站建设,培育基层婚姻家庭辅导专业力量,市妇联联合多部门推出"温州市婚姻家庭辅导员专项能力培训三年行动计划",计划三年培训7400人,实现每个村(社区)配备1—3名婚姻家庭辅导员的总目标。通过发挥婚姻家庭辅导员作用,加强离婚冷静期的疏导服务,降低离婚率,同时实现基层婚姻家庭矛盾纠纷调解全面提质。截至2020年12月底,全市婚姻家庭辅导员专项能力培训已覆盖2360个村(社区),培育婚姻家庭辅导员3348人,64.52%的村(社区)实现至少有1名婚姻家庭辅导员。三是发挥村(社区)妇联执委作用。为助力平安温州建设,推进妇联工作进网格,各地

积极推进妇联执委"进网联格入户"活动,并发挥村(社区)妇联执委重要作用,加强村(社区)妇联执委与专兼职女网格员联系,探索"网格+妇联"模式,落实"四必访"制度,走村入户排查问题,服务辖区群众,真正把工作触角延伸到网格、村(居)民小组、楼栋,让妇联成为妇女触手可及的"娘家人"。

3. 提升维权服务社会化水平,助力基层社会治理有实招

维护妇女儿童合法权益是妇联的主职主业,但同样需要全社会的关注和努力。着力加强部门联动,有效整合社会资源,充分发挥维护妇女权益暨平安家庭创建活动协调小组设在妇联的优势,充分调动各成员单位主动性,扎实推进维护妇女权益保障工作社会化体系建设。一是充分整合社会资源。通过打造线上"温州女人e家"维权服务平台,打通公安、司法、民政、法院等多个平台,为受暴妇女提供法律援助、人身庇护、伤情鉴定及婚姻家庭危机干预等线上申请服务。开辟法律咨询和心理咨询线上服务渠道,零距离服务广大家庭成员。二是主动强化部门联动。不断完善妇联与公安、检察、法院、司法、民政等部门联动机制,持续完善"三段式"反家暴服务模式,即事前预防"宣传、培训、排查"三先行,事中干预"警察同步介入、家庭暴力告诫、人身安全保护令"三步走,事后救济"家暴案件合议机制、家事审判改革创新、援助关爱转介服务"三推行,使越来越多妇女敢于站出来并得到帮助、救助,远离家庭暴力。三是紧抓信访维权服务。依托婚调委进驻社会矛盾纠纷调处化解中心契机,充分发挥"12338"妇女维权热线作用,探索家事化解服务"一件事"改革,推出家事矛盾纠纷调处、法律咨询、心理疏导、法律援助、家庭暴力庇护申请、人身安全保护裁定申请、诉讼离婚申请等7个事项"一站式"服务,精减办理时间和提交材料,优化服务流程,促进"最多跑一地"在家事化解服务中落实落地落细。近3年,全市妇联系统共接待来信来访来电2111件,服务2274人次,有力维护妇女儿童合法权益。

四、妇联组织参与基层治理现代化的路径分析

基层社会治理的源头在家庭,家庭治理必须充分依托女性的力量。妇联具有密切联系家庭和广泛联系妇女的优势,因此,妇联组织应当充分发挥

妇女在社会生活和家庭生活中的独特作用,凝聚女性"柔性"力量和家庭细胞能量,积极参与基层社会治理体系建设。温州市妇联以实施家事基层微化解改革为抓手,激发基层妇联组织参与社会治理的积极性、主动性和创造性,在基层社会治理体制机制创新、治理路径探索、治理工作落地等方面持续发力,不仅充分体现了妇联组织作为基层治理现代化"重要窗口"的时代使命,也为妇联组织参与基层治理开辟探索创新之路,积累参与基层治理现代化的实践经验和理论基础。

1. 阵地建设是妇联组织参与基层治理的重要基础

基层治理现代化要依靠基层组织,阵地建设是基层妇联组织开展工作的重要内容。通过阵地建设,创新妇女服务品牌,提升专业服务素养,不仅能为广大妇女和家庭提供便捷、高效的综合服务,也能进一步拓宽妇联组织参与基层治理服务的途径。各县(市、区)妇联在家事基层微化解改革体系下,因地制宜,积极探索妇联参与基层治理路径。洞头区通过"四轮驱动",按照"1+6+N+X"的形式进行纵向的工作联动。即在区级建立"她管家"调解服务平台及"她管家"调解服务队;在6个乡镇(街道)分别成立"她管家"服务分部;在全区83个村(社区)设立N个"她管家"村社服务站,并试点打造"她管家"品牌调解室;在住宅小区、海霞妈妈平安志愿者总部试点推行X个个性化的子品牌调解室,以品牌促发展。瑞安市通过做大做强"一中心",实现"一站式"调处,以市级矛调中心"瑞家港湾"为核心,构建家事矛盾调解市、镇、村三级"一网式"化解体系。市级层面,组建家事调解、虞爱萍工作室、心理咨询"三大专家团";乡镇层面,成立23个镇街"瑞家港湾"分中心,组建23支金牌调解队;村级层面,全市520个村全部成立"大姐"调解室、"平安妈妈"等基层专业调解队伍,全面发掘和培育社会各领域各阶层调解力量。永嘉县建设"1+X+Y"三级阵地,构建体系化服务网络。推进"嘉人驿站"家事调解中心服务网络建设,形成"1个县级总站为龙头、22个镇街分站和541个村居微站"三级家事服务阵地体系,链接"妇联队伍、志愿队伍、社会专业队伍"三种力量,开展"家事调处、心理疏导、法律咨询"等服务。文成县创新"1+3+N"家事调解服务模式,通过成立"丽姐工作室",吸引律师、专业社会组织、优秀调解员等参与,构建"丽姐领衔、专业人士坐阵、社会组织融入、志愿者和民间调解员参与"的团队服务网,并把团队资源逐级下沉。全县17个乡镇划分为7个片区,指派一位团队调解员任片区指导员,定期对村(社区)妇女维权站开展督导,为妇联参与基层治理提供坚实基础。

2. 机制建设是妇联组织参与基层治理的核心内容

强有力的制度和合理高效的机制是工作得以落实的关键。落实妇女维权工作,只依靠妇联组织是远远不够的,应当将妇联作为一个链接资源的平台,通过各类工作机制的建立,推动各部门凝聚合力,助力基层治理。鹿城区妇联联合法院、司法局、民政局全面推动家事审判改革工作,创建"和美婚姻联合工作室"品牌,通过联席会议制度,各单位就婚姻工作室运作情况、年度家事纠纷处理情况及典型经验进行及时有效的沟通交流,会商家事纠纷多元化解机制运行中产生的具体问题和事项。龙湾区注重"三制联促",推进家事纠纷体系建设,即建立婚姻家庭纠纷预防化解工作机制,把婚姻家庭纠纷纳入全科网格,实现婚调、诉调有效衔接;建立多元调解机制,与区法院探索设立家事联调、心理辅导干预、家事调查等各具特色的家事审判方式方法;建立反家暴联动服务机制,打造多部门联动干预模式,实现对家庭暴力案件有警必接、有诉必帮。乐清市推出"五色家庭工作法",通过建立三大机制,形成管理合力,积极排查化解矛盾纠纷隐患;建立分色家庭台账管理机制,利用村(社区)及企业对妇联干部和执委联系的家庭进行五色分类建档和持续追踪;建立分类走访服务机制,妇联执委就亲就近联网入格进户,制定走访清单,每月进行走访;建立分类联动调处机制,尽可能将基层矛盾化解在基层。

3. 队伍建设是妇联组织参与基层治理的主要保障

在新时代背景下,推动妇联工作社会化是妇联组织破解人才、资源不足等"短板"的有力抓手。因此,妇联组织在充分利用政府资源的同时,还应该通过多种途径链接社会资源,通过队伍建设,为妇联组织参与基层治理引入专业化、社会化力量,既促进妇女维权工作提质,也促进群团组织改革纵深发展。[2]瓯海区以"1+N"瓯嫂服务队伍为服务主体,将妇联执委纳入各地网格化管理,并吸纳志愿者、公益人士共同加入,形成"1+N"瓯嫂服务小组;依托执委联系群众制度、党日共学等运行机制,以组团式服务参与基层治理管理。平阳县通过整合资源,搭建"2+N"的队伍模式(1个专职团队、1支志愿队伍,N名家事三大员),成立平阳县启心社会服务中心、平阳县婚姻家事维权志愿队,并与法院联合建立了家事案件三大员制度,发动妇女群众积极参与家事纠纷案件调解。苍南县以"队伍+基地"的形式,成立暖心姐妹普法宣传队、暖心姐妹调解队、"与法同行·守望幸福童年"普法宣讲团等,每月一主题开展普法宣传进家庭,定期入户走访、排查上报、先期处置婚姻家庭纠纷,主动融入基层社会治理。泰顺县积极探索"妇工+社工+义工+专业力量"团队模式,开展婚姻家庭服务和妇女维权服务,及时提供心理疏导、家庭矛盾调解等服务,畅通妇女维权之路。

五、进一步推进妇联组织参与基层治理的思考

温州市妇联实施家事基层微化解改革,创新工作模式,通过基层纠纷排查化解,有效化解社会矛盾,取得了较大成效。但是,改革并非一朝一夕之事,基层妇联组织在服务模式创新、联动社会资源、挖掘工作深度方面仍然存在继续完善和探索的空间。结合我市目前基层治理体系现状,建议在以下几个方面进一步探索和完善。

1. 构建妇联"大排查"体系,提升基层治理社会化水平

要坚持平安为基,充分发挥妇女在社会生活和家庭生活中的独特作用,积极链接各类社会资源,提高基层妇女组织化程度,打造"枢纽型"平台,形成妇联"大排查"体系,激活基层治理"神经末梢",筑牢基层治理"网"底。要充分发挥"平安妈妈"志愿者服务队作用,聚焦平安创建、纠纷调处、应急救援、扶贫关爱、文明倡导等基层治理服务,推动"平安妈妈"志愿服务常态化、具体化、生活化,打造"平安妈妈"特色品牌,成为基层社会治理服务的生力军。要积极整合村(社区)妇联执委、女网格员、"平安妈妈"、女性社会组织等资源,融入基层微网格服务,探索"一格一姐"服务模式,延伸妇联服务手臂,提升基层治理社会化水平。要全面推行"五色家庭工作法",对重点群体、高风险家庭、风险隐患家庭等进行一户一建档、一分析、一结对,及时将矛盾纠纷化解在家庭、消灭在萌芽状态,筑牢平安根基。

2. 构建妇联"大普法"体系,提升基层治理法治化水平

要坚持普法先导,加强妇联系统内外联动、"线上+线下"互动、项目服务

带动等,构建全方位的"大普法"体系,形成"大普法"宣传格局,夯实基层社会治理法治之基。要结合"三八"妇女节、国际禁毒日、国际消除对妇女暴力日等时间节点,持续打造"一周一月一季"("三八"妇女维权周、平安禁毒宣传月、平安宣传家庭季)主题活动品牌,不断增强妇女儿童和家庭学法守法遵法用法意识。要用好微信、微博、抖音、微视频等新媒体,围绕妇女儿童关注的热点问题,制作形成一批宣传面广、影响力大、关注度高的普法文创作品,成为广大妇女儿童和家庭触手可及的重要生活内容。要探索推进普法维权项目化服务,通过政府购买服务方式,吸纳优秀专业社会组织,引入社会工作理念,加强普法宣传教育力度,不断扩大妇联普法宣传参与面、受益面、覆盖面。

3. 构建妇联"大维权"体系,提升基层治理智能化水平

要坚持维权底线,从妇女儿童和家庭最关注、最急切、最现实的维权问题入手,加强部门协调联动和数字赋能服务,形成纵横交错、资源共享、平台共用的妇联"大维权"体系。要推进婚调委实体化运作,依托婚调委进驻矛调中心、民政婚姻登记大厅、法院家事审判合议庭,做实做细做优家事化解服务"一件事"、离婚前调处化解及离婚诉讼调处等工作,探索以"数字跑""部门跑"替代"群众跑",为妇女儿童和家庭提供更优质服务。要探索涉家庭暴力信息数据库、性侵未成年人犯罪预防信息数据库等建设,推进建立婚姻登记自愿查询涉家庭暴力信息机制、从事未成年人服务工作人员入职审查机制,从源头上预防对妇女儿童的侵害。要全面推进家事排查化解纳入"基层治理四平台",探索开发应用微信小程序、链接 ODR 在线矛盾纠纷多元化解平台,为妇女儿童维权、家事调处化解提供智慧服务。

4. 构建妇联"大培训"体系,提升基层治理专业化水平

要坚持专业引领,围绕提升专业能力、打造专业干部、培育专业团队,着力构建妇联"大培训"体系,增强妇联组织服务妇女儿童和家庭的专业能力和水平。要持续实施《温州市婚姻家庭辅导员专项能力培训三年行动计划》,力争三年实现每个村(社区)至少有 1—3 名婚姻家庭辅导员,并充分发挥婚姻家庭辅导员专业优势,主动融入成为法院"家事观察员、家事调查员、家事调解员"、基层家事调处的"行家里手"、妇女群众的"贴心人"。要每年定期举办妇联干部维权能力提升培训、舆情应对能力培训等,通过"请进来"

"走出去"等方式,提升妇联干部专业服务能力和水平。要积极吸纳优秀女律师、女心理咨询师、女社会工作师等专业人员参与妇联组织,培育发展一批有爱心、热爱公益、专业性强的与妇女儿童维权密切关联的女性社会组织,成为妇联服务妇女儿童和家庭的"专家后援"。

5. 构建妇联"大调研"体系,提升基层治理理论化水平

要坚持调研开路,把有效参与基层治理现代化的创新实践作为当前及今后一段时期妇联组织的重要课题来抓,加大调研力度,积极构建妇联"大调研"体系,推动形成妇联组织参与基层治理现代化的创新实践成果和理论转化成果。要着重对标十九届四中全会提出的"注重发挥家庭家教家风在基层社会治理中的重要作用"要求,充分发挥"家庭是妇联工作主阵地"的职能优势,积极开展妇联组织参与基层治理现代化的课题探索和创新实践,形成一批妇联参与基层治理现代化的课题理论成果。要注重建立"大调研"机制,围绕妇联参与基层社会治理主题,每年推出专项调研方案和调研课题,明确课题调研方向、方式和机制,推动调研工作常态化和制度化,同时重视将课题理论成果转化成为制度成果、行动指南、创新动力,形成理论与实践的有机融合、有效转化,提升妇联组织参与基层治理现代化理论化水平和实践能力。

参考文献

[1]许晓东.当前基层治理存在的突出问题与治理路径[J].国家治理,2020(26).

[2]詹虚致.组织引领与多元推进:女性参与基层治理的路径研究:以广东省顺德区为例[J].中国农业大学学报(社会科学版),2019,36(2).

路桥区女企业家参与经济转型发展的实践与启示

汪文菊　张希华*

摘　要： 浙江省台州市是民营经济发源地之一，在数字化改革大背景下，台州市路桥区女企业家积极弘扬"以勤为路、以诚为桥；敢闯善为、商行四海"的路桥精神，立足国内国际双循环，为浙江"重要窗口"建设贡献智慧和力量。本文针对路桥区女企业家的现状，总结她们参与经济转型升级、实现高质量发展的成功做法，分析她们面临的困难和问题，并提出相应的建议。

关键词： 女企业家；转型发展；路径研究

近年来，女企业家群体快速发展，在改革开放和市场经济进程中扮演着越来越重要的角色。在全面推动数字化改革的背景下，台州市路桥区妇联以女性参与经济转型发展为主题，以路桥女企业家为重点研究对象，通过调研、座谈、走访等，深度探究女企业家在推进经济转型发展中的贡献，分析她们面临的困难和挑战，并努力寻求破解的方法和途径。

---

* 汪文菊，台州市路桥区妇联党组书记、主席，研究方向为女性发展和家庭教育。张希华，台州市路桥区妇联党组成员，研究方向为女性创业创新和巾帼建功。

一、女企业家参与经济转型发展的实践与贡献

台州市路桥区是全国市场经济的先发地区、中国股份合作制的发祥地和中国民营化程度最高的县(市、区)之一。路桥人凭着"以勤为路、以诚为桥;敢闯善为、商行四海"的路桥精神和"敢为天下先"的勇气和激情,在改革进程中创立了无数个全国第一、全省第一。在改革开放大潮中,路桥广大女性始终站在时代发展的最前沿,紧紧抓住发展机遇,坚持自主创业、开拓创新、和谐发展,以满腔的创业激情、创造活力和创业干劲,全面投身经济和社会建设实践。一大批巾帼不让须眉、搏击商海、创业创新的时代女性脱颖而出,一批批成功的女企业家迅速崛起,成为引领妇女创业的先行者和实践者,在路桥"两个高水平"建设的征程上成就了事业,贡献了力量,留下了闪光的足迹。

(一)在搏击商海中大显身手

近年来,路桥区女企业家队伍蓬勃发展,经营领域遍布各行各业,在汽车零部件、模具、塑料加工、外贸出口、房地产开发、餐饮、灯饰、电器、园林绿化、中介服务、教育医疗等行业,都有女企业家涉足。当选为"浙商女杰"的丁菊莲是台州八达阀门有限公司董事长,走过了30多年的创业路,从500元起步开办的家庭小作坊,到如今已发展成为年产值近2亿元的规模型企业。像丁菊莲一样兴办实业的女企业家大有人在,她们成为路桥打造先进制造业基地的重要巾帼力量。路桥区女企业家大多经营个体私营企业,其多元化的所有制结构和灵活的经营方式,使企业发展充满生机和活力。她们当中有的积极响应乡村振兴和数字化改革号召,引进农科院教授参与项目建设,以数字经济理念打造集大数据、人工智能、移动互联、文化休闲为一体的新现代农业创新服务模式。有的及时调整发展模式,走上直播电商、文化创意等新业态新领域。如省百名"巾帼云创客"、巾帼电商创业示范店"吐火罗"总经理王阳菊早在2007年就开始线上销售直播带货,靠着一台电脑、一个摄像头、一支话筒等极其简单的装备,就为企业带来上百万元的销售额。

目前，在路桥区巾帼电商产业园里，50家电商创业示范店，200余名巾帼主播、村播，2000多名妇女勇当电商事业发展的主力军，有力助推路桥进入全国淘宝村百强县第41位。

（二）在研发创新中执着追求

依靠创新驱动，提升产品技术含量和附加值，提高品牌质量，是女企业家在实践中形成的共识。她们当中有的成了浙江省巾帼发明家，从企业管理者变成了行业专家；有的注重校企合作，与上海交通大学、哈尔滨工业大学、西安交通大学等知名院校建立技术合作，积极承担国家火炬计划项目、国家创新基金项目，仅一个企业就有专利200余项；有的将企业打造成为行业标杆，牵头起草摩托车及轻便摩托车空滤器、智能卫浴等行业标准；有的加强与专业企业管理咨询机构的合作，引入6S现场管理、VIS视觉管理、海尔OEC、ERP科学管理等管理模式，大大提升管理效率。科技创新和专利技术的加持，让女企业家与国际知名企业形成了长期稳定的合作关系，不少发明项目还在美国等多个国家申报了国际专利。

（三）在社会生活中贡献力量

多年来，路桥女企业家致富不忘奉献，积极参与资助女童、贫困妇女关爱、抗震救灾、防疫物资募集等各项公益活动。路桥区巾帼创业者协会发起"康乃馨女性健康保险"众筹活动，为区内数百名贫困妇女投保"两癌"保险；出资成立女童关爱基金，为受侵害女童提供经济援助。强台风"利奇马"过境后，会员企业受损严重，女企业家们众人拾柴火焰高，迅速筹集善款20多万元，为创业姐妹雪中送炭。女企业家们利用海外资源采购捐赠防护服、防护口罩，各类捐款捐物达50多万元。为偏远学校建爱心书角、捐资老人协会、当起"悦陪妈妈"结对帮扶贫困儿童……女企业家们用实际行动向全社会传递友爱互助、向上向善的良好风尚。

二、女企业家参与经济转型发展存在的问题及原因分析

路桥区女企业家在参与经济转型发展方面虽然做出了很多努力，取得了一些成绩，但目前国内国际经济形势更加复杂，发展的不确定性因素增多，女企业家参与经济转型发展还面临着许多困难和问题。

（一）外部环境影响企业发展

2020年以来，受原材料价格上涨过快、海运运力不足等因素影响，大宗商品价格在一定时期内维持高位运行态势，女企业家兴办的多数中小散企业在签订合同时没有考虑到成本波动，没有设置议价空间，成本抬高而售价无法同步提高，利润空间被挤压。2020年以来，路桥9.62%的企业在手订单遭遇取消、减少、延迟或拒收，36.54%的企业面临国际市场订单减少、59.62%的企业面临综合成本压力较大等问题，直接影响企业的生产经营。

（二）资源要素制约企业发展

一是土地方面。路桥区用地指标本身就非常紧张，项目用地多趋向于上大型项目、大型企业，用于中小企业的工业性用地指标少，供需矛盾十分突出，企业发展面临着"僧多粥少"的情况。二是资金方面。在信贷总量控制情况下，国有银行放贷向大项目、大企业倾斜，对中小企业的信贷资金有"挤出"情况。虽然不少商业银行专门推出了许多针对创业女性的金融扶持政策，但与整体需求情况相比，依然存在较大缺口。有的女企业家不善交际，社交范围小，融资能力较差。对于政府出台的一些融资优惠政策，女企业家因社会交流不够、信息不灵，不能及时享受到政策红利。三是人才方面。路桥区多数女企业家创办的企业为劳动密集型，受疫情影响和劳动力成本上升、劳动力输出地人员回流、保障措施不到位等因素影响，留住人才、留住劳动力也成为制约企业发展的一大难题。

（三）自身因素束缚企业发展

一是女企业家年龄偏高。在127名巾帼创业者协会会员中,50岁以上的占52%,而40岁以下的仅占14%。二是文化水平整体偏低,掌握现代信息技术、经营管理能力相对较弱,难以满足现代经济管理和技术创新的需要。有的女企业家在思考企业发展方向时缺乏胆略和气魄,过于注重细节。三是传统思想影响较大。受"男主外、女主内"传统思想影响,有的女企业家往往在企业中担任副职,大多从事财务管理工作,缺乏决策权。四是女性管理的企业多为"家族制",血缘、亲缘关系较复杂,一定程度上造成引进人才难、留住人才难的尴尬局面,企业难以快步驶入规范化、制度化、科学化的发展轨道。此外,家庭角色和社会角色的协调转换及两者不对称带来的冲击,也在一定程度上降低了社会对女性创业的期望。

（四）创新能力不够阻碍企业发展

在路桥区女企业家群体中,创新能力强的大型规上企业仅占少数,中小企业为多数。中小型企业技术创新以单个企业模仿和消化成熟技术、生产定型和常规产品为主,而且主导产品的技术和装备主要依靠引进,缺乏对引进技术的消化、吸收和再创新能力,科技研发力量薄弱,产品的技术含量和附加值低,品牌知名度不够,市场开拓能力不足,行业发展空间比较狭窄。特别是数字化改革以来,工业4.0、未来工厂等新兴发展模式涌现,专业性更强、数字化要求更高、组织化程度更深,目前路桥区女企业家的企业有可能够得上标准的仅有一两家。

三、女企业家参与经济转型发展的思路和建议

面对新的形势和挑战,女企业家要坚定信心,积极调整或转变经营策略,在调整中提升,在转型中突围,在发展中谋求企业的可持续成长,在数字化改革中谋得先机,努力走出一条以战略为引导、品质为关键、创新为核心、人才为驱动、数据为支撑的高质量发展之路,迎来企业新的春天。

(一)以战略为引导,增强企业抗风险能力

国内外发展实践表明,"嗅觉"越灵敏、眼光越长远、准备工作越充分的企业,就越能把挑战转化为机遇,在转型升级中获得发展。因此,女企业家们要树立危机意识,要具备"看10年做5年"的卓识远见,在转型升级、风险防范等方面走在前面,加大对未来发展的战略性投入,提升企业战略力。要认真分析国内国际的诸多变化及影响,针对性地采取措施,审慎决策,顺势经营,保存实力,理性发展。要根据立足国内国际双循环的政策导向,及时调整企业中长期发展战略,做出系统、全面、科学的规划。要在保持原有优势的基础上,制订差异化战略和市场集中战略,以特色化产品迎合市场,以龙头产品占领市场,增强自身抗风险能力,在激烈的市场竞争中胜出。要切实加强企业生产管理、财务管理、营销管理,最大限度地整合资源,提高资金利用率,分散收入和支出风险,强化内部成本管理,降低运营成本,提高生存能力。

(二)以品质为关键,推动企业可持续发展

过去企业的快速发展很大程度上受益于巨大的本土市场以及廉价的劳动力,随着本土市场的成熟以及廉价劳动力优势的消失,女企业家必须转变发展思路,探索走出一条有企业特色的新发展道路。一要在品牌建设上寻求突破口。把品牌建设和推广作为当前发展的关键,加强品质经营,在提升产品力上狠下功夫,通过品牌建设带动企业发展。要重点实施质量优先策略,改变粗放型的生产、经营和管理方式,建立质量管理体系,坚持持续改进,追求精益求精,提高产品档次和品质,走内涵型发展道路。要克服品牌管理与经营的功利性、盲目性和短视性,重质量、创品牌,提高自主品牌率,力争形成区域品牌、行业品牌和群体品牌三者互动的格局。二要积极寻找新的经济增长点。要顺应国家宏观调控政策的趋向和民众消费需求的发展方向,不断开发适销对路的产品,以满足市场需求。要敢于走资产重组联合发展之路,用控股权换取发展权,积极引进资金、项目,做大做强企业。

（三）以创新为核心，抢占企业发展先机

在激烈的竞争中，掌握核心技术就意味着企业有机会攫取商业价值链中附加价值最高的部分，引领行业和技术的发展。路桥区女企业家要克服产品层次不高、科技含量较低等问题，加快建立以企业为主体的技术创新体系和以大数据为支撑的市场拓展体系，形成多元化、多渠道、高效率的企业自主创新模式。要积极与高校、科研院所、风险投资公司等合作，加大研发投入力度，形成企业发展和产品竞争的技术支撑，集中力量搞好升级换代产品，加速科技成果向实际生产力转化，提高企业消化改良国外技术的能力，不断提高企业技术水平和产品档次，使企业真正成为研究开发投入、技术创新活动和创新成果应用的主体，在应对危机中谋求逆势做强。要主动对接"数融通"应用系统，降低初创期科技企业融资成本。

（四）以人才为驱动，积聚企业发展后劲

当今世界，人才资源已成为最重要的核心战略资源。越来越多的女企业家通过各种途径如参加高端管理培训、攻读MBA等提高管理水平和综合素质，同时也非常重视人才在企业发展中的重要作用，把人才资源开发作为一项重要的战略任务来抓。要建立健全人才资源开发机制，全面提高企业人力资源素质，建立多样化的人才管理与成长体制，从吸收人才、用好人才、留住人才三个环节入手，建立科学的考核评价体系和有效的激励约束机制，以事业留人、以环境留人、以情感留人，真正做到人尽其才、才尽其用。政府也要及时收集和发布企业变革及人才信息，通过"筑巢引凤""大学生归航"计划等，引导和帮助企业广泛吸纳各类人才，增强企业实力。

（五）以数字为支撑，优化企业发展环境

当前，浙江省委提出了全面优化营商环境和全面推动数字化改革的决策部署。实现企业转型升级和高质量发展，政府的帮扶和平台搭建非常关键。一要多形式引导，为企业打好"强心针"。政府和有关部门要通过定期举办经济形势分析会、政策宣传专题报告会，为企业宣讲中央、省、市有关方针政策和应对举措。要大力宣传女性在社会发展和人类进步中的历史地位

和作用,宣传女企业家的价值和社会贡献,引导社会对女企业家的正向认识与正面评价。要定期下企业调研,传递积极信号,提振企业信心。二要多渠道发力,为企业当好"助推器"。要进一步深化政府行政体制改革,加强政策指导、调研咨询、项目选择、资源配置、软环境治理等方面的协调推进,推动扶持民营经济发展、降本减负政策措施的落地和兑现。实行"一企一策",深化"三服务",以财税支持、贴息担保等措施帮助中小企业共克时艰。各级妇联组织要加强与发改、经信、商务、自规等部门的联系,讲好政策红利,多为女企业家争取政策倾斜、要素倾斜。三要多平台支持,为企业提供"服务码"。各级政府要深化数字化改革,建好用好"企业码"、"五企"系统、产业大脑等数字化平台。路桥的"企业服务直通车"就是以问题需求为导向,推动流程再造,聚焦协同应用,实现跨系统、跨领域、跨部门协同打造的助企数字化平台,在浙江省数字经济系统应用场景大赛中获得优胜奖。女企业家要对接、用好这个平台,在线上提交问题,在流转中破解难点。要以数字化改革为契机,通过多系统工作协同和数据资源集成利用,打造企业"零距离服务、跑一次办结"的服务口碑。

"基层治理四平台"建设的上城模式

郑文裕[*]

摘　要：杭州市上城区注重强化组织领导，建立健全体制机制，认真履行统筹谋划、协调推进、督办落实、考评激励等工作职责，大胆实践、勇于创新，在治理体系、属地管理、信息系统等方面进行实践探索，不断优化基层社会治理体制机制、组织架构和业务流程，持续擦亮"基层治理四平台"品牌，助力构建"共建共治共享"社会治理的上城模式。

关键词："基层治理四平台"；社会治理；数字赋能；体制机制；工作模式

"基层治理四平台"建设是政府数字化转型、推进基层治理现代化的重要抓手，也是"最多跑一次"改革向基层延伸的重要载体。根据浙江省、杭州市部署要求，上城区加强组织领导，建立健全体制机制，夯实基层基础，推进"基层治理四平台"迭代升级建设，实现基层社会治理流程再造，积极构建"共建共治共享"社会治理的上城模式，有力助推数字化改革、平安建设等中心工作。

一、多措并举，扎实推进

坚持目标导向、问题导向、实绩导向，在"基层治理四平台"建设方面突

---

* 郑文裕，杭州市上城区委政法委指挥保障中心副主任，研究方向为社会治理。

出"三个化"。

(一)推行治理体系扁平化

优化职能配置,加强资源整合,建立健全"基层治理综合信息指挥中心(室)+综治工作、市场监管、综合执法、便民服务四平台+全科网格"的基层治理新体系。一是全面实行"两级指挥"。设立区基层治理综合指挥中心,对"基层治理四平台"运作进行统筹指挥、督查考核,打造纵向贯通、横向联动的基层治理综合指挥体系。按照"四有"(有专门场地、有专职人员、有大屏幕、有综治视联网)要求建立街道综合指挥室,负责信息收集、分析研判、分流交办、调度指挥、反馈督办等日常工作。二是全新打造"基层治理四平台"。根据综合管理原则,对街道和部门派驻机构承担的职能相近、职责交叉和协作密切的日常管理服务进行归类,形成综治工作、市场监管、综合执法、便民服务四个领域,明确"四平台"工作职责。三是全力推进"一网统筹"。按照基层社会治理"一张网"要求,根据属地性、整体性、适度性三原则,将原来各自为政的网格进行融合统一,全区调整确定网格260个,实现"上面千条线、落地一张网",有效发挥网格员信息收集、宣传教育、管理服务作用,深化"网格化管理、组团式服务"。2020年全年,网格工作团队走访服务网格内各类重点人员11640人次、重点场所2960家次,排查整治安全隐患6893件、调解矛盾纠纷1900件。

(二)促进服务管理属地化

坚持问题导向、群众导向,推动部门机构、人员、职权下沉,切实缓解"看得见、管不着""管得着、看不见"两大矛盾,提升属地服务管理能力。一是事务准入给一线减负。严把网格事务入口关,拟定网格事务准入清单,明确要求各部门不再另行划分网格或随意增加网格事项。对确有必要下沉网格的事项,须经区委办公室、区人民政府办公室审核同意,同时做到权随事转、人随事转、费随事转。二是部门下沉为基层助力。坚持"条块结合、以块为主"的管理模式,推动9个区级部门488名人员通过"整体下沉""工作站(组)下沉""联络员下沉"等形式实现属地管理,下沉机构人员业务工作接受部门领导,日常由街道统一指挥。三是精细服务让群众满意。结合"最多跑一次"

改革,完善区、街道、社区三级便民服务体系,实现条块结合"无缝隙"、服务群众"零距离",通过流程再造、部门合力,破解职能不清、职能交叉等基层治理难题,解决餐饮油烟扰民、消防安全整治等民生问题。

(三)实现工作流程规范化

由区委编办、区考评办、区委政法委三家,参照市级文件,制定《关于落实街道综合管理权的实施办法》,进一步理顺条块关系、优化条块衔接,加强街道对属地经济社会事务的统筹协调和综合管理。坚持边总结边提升,不断完善工作流程,确保"基层治理四平台"建设长效化规范化制度化。一是建立健全分流交办机制。依托区、街道两级指挥体系,明确事项办理职责清单,确保及时、有效分派给各平台处置,实现"受理、分流、处理、反馈、评价、督办、考核"闭环管理。二是建立健全会商研判机制。充分发挥区级、街道"基层治理四平台"两级领导小组作用,定期开展重点难点问题分析研判,及时协调条块力量,打造统一领导、常态协作的共治格局。如在处置共享单车、消防隐患等共性问题中,加强事前分析,明确执法要求。三是建立健全考核评价机制。对街道综合管理问题事项处置情况的考核采取条块相结合的方式,实行条块同责,并纳入职能部门及其派驻机构的年度考核工作。对职能部门及其派驻机构的考核增加街道、社区评价和群众满意度在考核评价指标中的权重。对职能部门及其派驻机构工作绩效考核,街道对派驻机构考核不是优秀的,上级职能部门不得对该派驻机构评优;对派驻机构考核优秀超过一定比例的,其上级职能部门在全区机关目标管理综合考评中方可评优。加大奖惩力度,将绩效考核结果与派驻机构人员奖金发放等挂钩。明确将下沉机构、人员纳入街道日常管理和考核,推动解决街道指挥不灵、权责不一致问题,提升街道统筹能力。

二、数字赋能,初显成效

以数字赋能基层社会治理为牵引,推动"基层治理四平台"迭代升级,积极探索推进统一地址库、雪亮工程等项目建设与应用,持续提升数字驾驶舱功能,进一步深化智慧场景、智能化项目运用,提高社会治理数字化、智能化、智慧化水平。

(一)夯实智慧治理基础

以"统一地址库"建设作为夯实智慧治理工作的基础,完成区级"统一地址库"平台开发,完成全区街道、社区、网格的社会治理单元精准落图,精准确认建筑物7627幢、户室地址22.28万条,实现市区两级统一地址数据实时同步。扎实推进"基层治理四平台"信息系统迭代升级改造,实现与省级13套部门系统联通,依托浙政钉"掌上基层"完成"平安通、流管通、河长通"多通融合上钉工作。聚焦"横向考核,纵向延伸",以"四平台+微连心"模式,提升"基层治理四平台"实战化能力。2020年全年基层平台共新增事件175591件,其中公众爆料41293件,事件办结175090件,办结率为99.71%,实现99.5%的问题在街道及以下层级解决,推动"小事不出网格、社区,大事不出街道",矛盾纠纷就地化解。

(二)狠抓智能设施建设

持续深化"雪亮工程""智安小区"建设,高标准完成重点公共区域视频监控全覆盖、全联网任务,着力提升智慧水平和视频信息智能化应用水平。截至2020年12月,公共安全视频监控平台已归集视频资源3146路,国标化率100%,高清化率97.9%,建档率100%,实现全区公共场所视频监控全覆盖,并将视频智能分析技术应用于社会治理、安全防范工作中,实现对垃圾识别、出店经营、游商经营、机动车违停等行为的自动采集、识别和告警推送。扎实推进上城区"智安小区"建设任务,建立定期会商、赋分排名通报机制,完成"智安小区"建设指标102个,有效提升小区治理智能化、信息化的应用能力。

(三)创新智慧场景应用

通过"大数据+网格化",完成统一地址库100%赋码,在市委政法委指导下,强化与市房管、国家电网的合作,运用统一地址库的地理信息作为底板搭建辖区网格一览图,以一码多址实现多部门地址关联映射、机制协同,打造社会治理智能底板。试点湖滨街道对辖区2593套出租房及689名独居老人的用电情况进行动态监护,依托"基层治理四平台"信息系统实现独居老人看护和出租房管理两大场景运用,让社会治理更高效、更精细。

三、统筹谋划,巩固提升

街道、社区是基层社会治理的主阵地,"基层治理四平台"建设是关系上城区基层社会治理的一项基础性、全局性工作。上城区将积极推动"县乡一体、条抓块统"改革,自下而上构建基层整体智治格局,凝聚各方力量,久久为功,重点做好"三篇文章",推进基层治理体系和治理能力现代化。

(一)提升认识,积极做好深化改革文章

树立鲜明的改革导向,认真谋划部署街道体制机制改革,加快建成边界清晰、分工合理、权责一致、便民高效的基层职责体系和组织体系。一是党建引领,凝聚各方合力。完善"党委统一领导、条块齐抓共管"的城市基层党建格局,进一步健全和完善街道、社区党组织对各类基层服务管理力量的领导,深化网格党建,突出党组织在基层社会治理中的主导作用,引导群团组织、社会组织和广大群众参与全科网格管理。二是靠前站位,强化改革共识。加强与组织、编办等部门的协调沟通,积极谋划部署上城区"基层治理四平台"建设工作,在改革过程中注重顶层设计、细节设计,促进基层社会治理事项、信息的有序运转,努力提升治理效能。三是有序推进,统筹平台建设。推进"基层治理四平台"建设是一个系统性工程,其中街道体制改革和职能调整是关键、全科网格建设是基础、信息系统开发应用是手段,坚持目标引领,协同推进,有效发挥综合信息指挥室、平安建设办公室等职能,趁势而上、统筹协调区域内条块力量。

(二)厘清权责,继续做好重心下移文章

坚持平台主战、属地管理,确保问题"看得见"、力量"沉得下"、街道"管得着"。一是进一步强化联动处置。对提交平台处置、涉及职能交叉或不明的事项,加强会商研判机制的建立,对经协调未能解决或者不属于街道统筹

协调职责的综合管理问题事项,由街道进行必要的应急处理后报区综合信息指挥中心,然后由区中心汇总后专报区政府,再由区政府指定相关部门进行处置,同时对常态性的疑难事件,提交区委编办纳入"三定方案"修改范围明确部门职责,做到"查漏补缺"。二是进一步规范网格管理。按照市两办《关于推行全科网格"十统一"完善基层治理体系的实施意见》等要求,优化《上城区全科网格建设规范提升工程工作方案》,积极探索网格事项动态调整机制,根据新形势新要求新问题完善网格职责,提升网格服务管理实效。三是进一步优化队伍建设。通过新增社工编制、整合条线社工等方式,探索适合上城区的网格员专职化道路,着力打造一支能力素质强、信息排摸准、覆盖范围广的网格员队伍。加强对网格员的日常培训和考核管理,有效利用奖惩机制提高队伍工作积极性和创造性。

(三)智慧驱动,扎实做好科技支撑文章

充分运用现代信息网络技术,合理配置资源,优化工作流程,强化系统集成应用,提升数字赋能水平。一是开展系统迭代升级。结合统一地址库、智安小区、雪亮工程、三源治理、五色预警等平台建设,加大基层社会治理领域系统平台的迭代升级和应用协同,传承上城区"平安365"优秀工作机制,打造"一个口子进、一个口子出"的社会治理闭环运行新机制。二是提升指挥保障能力。区街两级综合信息指挥中心(室)入驻社会矛盾纠纷调处化解中心,就场地建设、系统协同、场景开发、能力支撑等内容再优化,努力把两级综合信息指挥中心(室)建成区街两级矛盾纠纷调处化解和社会治理的指挥大脑。三是深化智慧治理水平。以《法治浙江建设规划(2021—2025年)》和《浙江省政法智能发展"十四五"规划》为引领,结合实施《浙江省数字法治系统建设方案》,充分利用大数据、物联网、云计算等信息技术,将各类基层治理数据与"基层治理四平台"综合集成,建立健全指挥系统、数字赋能系统、评价系统,提升基层社会治理模式水平,以数字化反映基层平安创建和社会治理实际效能,推进城市治理手段、治理模式、治理理念创新。

女干部培训基地建设模式探析

——以洞头区为例

洞头区妇联

摘　要："爱岛尚武，励志奉献"的"海霞精神"与新时代女性"四自"精神一脉相承，具有深厚的价值意蕴、实践意义。根据"重要窗口"建设要求，我们要紧扣"海霞精神"主题，紧抓"海霞精神"内核，激扬"海霞精神"动力，深化"海霞精神"品牌，打造全省女干部进修培训基地，成为当前传承弘扬"海霞精神"、推动洞头实现区域差异化发展、打造精神文明高地的关键引擎。本文围绕赓续传承"海霞精神"、多元构建课程体系、全面拓展教学阵地等方面对女干部培训基地建设模式进行实现路径分析及固化经验提炼，为"海霞"这个品牌赋予更多的时代内涵。

关键词：海霞精神；女干部；培训基地

20世纪70年代，以洞头先锋女子民兵连为原型的电影《海霞》让海岛女民兵扬名华夏，其主题曲《渔家姑娘在海边》更是久唱不衰。"爱岛尚武，励志奉献"的"海霞精神"与新时代女性"四自"精神一脉相承，是对"干在实处、走在前列、勇立潮头"浙江精神的一个诠释，也是"敢为人先，特别能创业创新"的温州人精神的一面旗帜。在2020年洞头先锋女子民兵连建连60周年之际，浙江省委为洞头点题打造"全省女干部进修培训基地"。2021年4月，洞头先锋女子民兵连纪念馆被列入浙江省妇女干部教育培训现场教学基地。

2020年以来，洞头区以新时代"海霞精神"为引领，聚焦锻造政治坚强、本领高强、意志顽强的女干部队伍，全力打造全省女干部进修培训基地，打响女干部培训"海霞"品牌。

一、紧扣"海霞精神"主题,赓续传承红色基因

把握"海霞精神"实质,增强"海霞精神"感染力是赓续红色基因的关键所在。一是精神研讨悟"价值"。深入提炼海霞文化,开展全方位、渗透式的"学海霞精神·做海霞传人"宣教行动。举办海霞精神主题研讨会,邀请学术专家和社会各界代表,通过主旨演讲、研讨互动等形式,多角度剖析"海霞精神"的内涵与价值意蕴、产生与发展条件以及经验启示、传承,共同探讨如何让"海霞精神"在新时代焕发出新的生机和活力。在女干部、女性工作者等各类女性培训班组织"海霞精神"大讨论,立足岗位实际,讲经历、谈做法、话担当,进一步强化妇女干部思想认同。二是故事引导活"形式"。举办"我与海霞面对面""民兵故事分享会"等活动,邀请新老海霞共忆往昔、共话未来,引导参训人员共谋使命、共议担当。推出"学海霞做海霞"演讲比赛,开展"百年光辉岁月颂 海霞精神世代传"主题活动,生动挖掘、演绎身边的海霞故事;开展"我是海霞,我为海上花园助力""海霞唱红歌 党旗添光彩"宣传引领活动,拍摄海霞式最美典型女性个人(集体)微记录,发起线上承诺接力并在新媒体平台宣传推广,全面展示新时代海霞风采,进一步强化典范引领。三是思践联动凝"共识"。开展"巾帼宣教以讲带学"活动,成立海霞红色宣讲团,启动"百千万巾帼大宣讲"活动,线上线下联动推进,构建立体式学习教育体系。线下以"巾帼先锋微宣讲""板凳微党课""'红歌+党史+宣讲+电影'四进"等形式,引导各级妇联执委和巾帼志愿者共学党史、共议主责、共做服务。线上开设"巾帼云端微宣讲""小海霞讲红色故事"专栏,畅通新媒体平台宣教渠道,扩大学习教育共享覆盖面,各类线上专栏、直播观看人次突破10万。积极倡导"海霞式"岗位建功,深化"海霞式"志愿服务,以大学习、大讨论、大接力、大对标形式全面掀起妇女共学热潮,充分营造"人人是海霞、处处有海霞、时时做海霞"的浓厚氛围。

二、紧抓"海霞精神"内核，多元构建课程体系

明确培训目标，积极探索共享合作模式，力争科学精准架构课程，为基地打造奠定基础。一是把握课程定位。紧扣"爱岛尚武"海霞精神内涵，融入海霞文化和军事体验元素，创新"理论培训+现场教学+军事体验"模式。围绕"五个一"特色培训方向，打造"吃一餐连队饭、穿一身民兵服、住一晚海霞营、过一次军事日、走一趟解放路"红色培训主线，让参训对象能够在连队中体验集训生活，培养坚韧不拔的钢铁意志。二是创新课程模块。依托省委党校、省妇女干部学校、温州市委党校、温州大学等师资力量，推出党性教育、海霞文化、军旅生活、能力提升、素养提升、家庭建设等六大课程100余项授课内容。以学习习近平新时代中国特色社会主义思想为教学中心内容和首要任务，结合洞头解放史、党风廉政建设、马克思主义妇女理论等主题，推出海霞主题党日、海霞红色研学等个性化红色培训项目，并将参观女子连纪念馆、体验军事训练、观看《海霞》电影等内容融入系列课程模块。拍摄制作海霞精神党性教育网络课程，以满足干部教育培训需求。三是深化需求导向。坚持小班制、实用化，实施点单式教学。结合现代女性特质、针对不同岗位培训对象的教学需求，推出妇女权益与保障、女性心理健康、女性形象设计与人际交往礼仪、婚姻家庭关系调适等个性化课目。例如开设女性领导者自我认知与成长、当代职业女性综合素养提升、女干部公众形象素质等课程，通过"集中教学+学员示范"模式，进一步提升女干部综合素养，磨炼过硬本领。根据不同的培训时长定制教学方案，以满足不同参训对象的培训需求。自2020年4月以来，其已承接各类培训班近百期，累计培训7000余人次。

三、激扬"海霞精神"动力，全面拓展教学阵地

牢牢把握"海霞特征、军事特色、军营特点"，充分利用本地现有资源，打

造现场教学精品线路。一是以"红色研学"为主延伸现场教学路径。投资2.2亿元新建海霞学院，配齐教育培训、红色文化体验等设施，培训基地可同时容纳500余人。以女子连建连60周年为契机，投入1200多万元改扩建洞头先锋女子民兵连纪念馆。强化数字化应用，在馆内运用数字媒体视听科技与互动技术等，推出全景式互动体验功能，全面展现洞头先锋女子民兵连红色文化的主题脉络。利用女子民兵连纪念馆、海霞村汪月霞旧居、寮顶海防坑道文化园、海霞红港、海霞军事主题公园等红色教育资源，通过红色印迹探寻、坑道行军体验、海岛巡逻拉练等，引导学员情景式体验连队生活，沉浸式体悟海霞文化。同步整合周边坑道井、旧营房、旧战壕等军事遗迹，组织开展"红色寻根行""重走解放路"等活动，搭建独具海霞军事特色的"沉浸式"党性教育课堂。二是以"乡村振兴"为主打造现场教学点位。紧密结合洞头海上花园建设成果，通过实地参观、考察、分享等形式，针对海岛生态建设、蓝湾整治、海岛振兴等特色点位进行展示交流。引入研发"绿水青山就是金山银山"理念的海岛实践、海岛民宿考察等专题课程，丰富女干部业务知识体系。围绕美丽庭院示范带、网红花墙打卡点霓屿下社村、东屏东岙顶村等花园村庄，女性双创主题嘉媛文旅公司、半屏民宿一条街等产研基地，通过美丽民宿考察、女性双创交流、海洋民俗体验等形式，展现海岛乡村振兴发展的崭新面貌。三是以"基层治理"为主凸显现场教学特色。立足省级示范妇女微家海霞妈妈总部、"海霞红管家"自治试点海湾三区住宅小区、"她管家"姐妹帮调解室等，围绕平安家庭创建、家事纠纷调解、巾帼志愿服务等主题，展现"海霞妈妈"志愿服务、"她管家"调解品牌运作模式，展示妇女柔性参与基层治理的积极作为。通过参观学习、志愿服务、情景模拟进一步激发女干部干事创业热情，提升发现问题、解决问题的实践能力。

四、深化"海霞精神"品牌，树立特色办学标杆

激发女子连建连60周年活动乘数效应，将海霞红色资源有效转化为教育培训资源，努力承接各层级妇女干部培训任务，打造女干部培训海霞品牌。一是申报创建全省妇女干部教育培训现场教学基地。立足温州尚无浙

江省妇女干部教学基地的实际,对标省妇女干部学校教育培训现场教学基地建设标准与发展理念,积极对接浙江省妇联与省妇女干部学校,引进全省妇女干部培训班次,成功打造浙江省妇女干部教育培训现场教学基地。持续发挥女子民兵连纪念馆的阵地作用,聚焦提升爱国主义教育功能,争创全国妇女爱国主义教育基地。二是主动融入全省干部学院发展格局。借鉴义乌干部学院和浙江生态文明干部学院等地的做法,积极打造洞头海霞干部学院,与义乌干部学院、嘉兴红船干部学院、浙江四明山干部学院、浙江生态文明干部学院,形成"一海一商一湖一山一生态"的干部学院格局。三是谋划举办女干部培训试验班。总结前期办班经验,积极对接温州市委组织部、市妇联,统筹有关单位协同举办好"1+9"女干部培训试验班,即1个以科级优秀女干部为主体的全市女干部培训班和全市组织系统、公安系统、教育系统和城区等9个女干部培训班,持续扩大海霞品牌的辐射力、影响力。

基于"绿水青山就是金山银山"理念构建"城乡一体化"家庭教育指导服务体系的安吉实践

摘　要：近年来，安吉县积极创新机制，统筹协调，资源整合，整体规划，从"六个一体化"整体构建基层家庭教育指导服务体系，提炼机制、师资、课程"三架马车"并驾齐驱式家庭教育指导服务策略，建设全域式、多维度家庭教育指导工作评价体系。安吉的家庭教育工作创新实践，成效显著，拓展了家庭教育指导的时空，完善了家庭教育指导服务体系，激发了家长对于家庭教育学习兴趣，优化了全县家、校、社合育的家庭教育生态圈。

关键词：城乡一体化；家庭教育；指导服务体系

　　建立家庭教育指导服务体系是基层提升家庭教育指导水平的重要途径，对家庭教育工作的开展有极为重要的意义。近年来，安吉县从发展规划一体化、管理机制一体化、平台建设一体化、师资培养一体化、课程建设一体化、评估标准一体化等"六个一体化"整体构建基层家庭教育指导服务体系，逐步形成中心统筹，政府支持，部门协作，乡镇负责，学校、村（社区）实践，社会力量参与，家长作为主体的良性运行机制。

---

* 孙水香，浙江省湖州市安吉县妇儿发展中心（家庭教育指导中心）主任，研究方向为家庭教育和妇儿发展。

一、构建家庭教育指导服务体系的背景

2005年8月15日,时任中共浙江省委书记的习近平同志在考察安吉县余村时提出"绿水青山就是金山银山"这一科学论断,自此,安吉实现经济快速可持续发展。同时,"绿水青山就是金山银山"理念也是尊重客观规律、关注整体与局部、关注系统生态的可持续发展观,对安吉的家庭教育指导工作同样具有重大意义。安吉县高度重视家庭教育工作,立足家庭教育指导开展家庭建设工程,于2016年11月成立县家庭教育指导中心。中心由县妇联日常管理,县教育局提供专业师资,目前有3名专职人员。

多年来,安吉县整合资源、整体规划、统筹协调、专业引领,在实践中创新,在创新中守正,逐渐形成了全县一盘棋,城乡一体化推动家庭教育指导工作的新路子,通过"六个一体化"构建安吉家、校、社合育的大教育圈和可持续发展的家庭教育指导服务体系。县域城乡一体化是安吉总体布局家庭教育指导工作的创新思路,即发展规划一体化、管理机制一体化、平台建设一体化、师资队伍一体化、课程建设一体化、评估标准一体化,各个部分有机结合、相互补充、相互促进。2020年,湖州市安吉县家庭教育指导中心入选首批"全国家庭教育创新实践基地"。

二、构建家庭教育指导服务体系的主要做法

(一)发展规划一体化,明晰全县家庭教育指导工作的发展方向

安吉立足地方特点开展顶层设计,将家庭教育指导工作纳入地方经济发展整体规划。县政协专题调研家庭教育指导工作并形成家庭教育专题提案。2019年,县府办出台文件《关于进一步加强家庭教育工作的实施意见》,并成立安吉县家庭教育工作领导小组,明确各部门家庭教育指导工作职责。政府层面重点研究发展规划一体化,形成宏观、中观、微观的可持续发展系统。做好家庭教育专题提案,由县人大开展调研、编制的家庭教育"十四五"

规划被列入"十四五"备案专项规划。

(二)管理机制一体化,保障全县家庭教育指导工作可持续发展

进一步优化管理机制,形成由县家庭教育工作领导小组、县家庭教育指导中心、乡镇(街道)家庭教育指导服务中心、村级家庭教育指导站或者社区(学校)家长学校、家长构成的"五位一体"管理机制。推动并成功争取县府办发文,召开全县家庭教育工作推进大会。在《浙江省家庭教育促进条例》出台前将家庭教育职能部门拓宽至12个,明确县家庭教育工作领导小组各部门职责,形成政府支持,妇联、教育局分工合作,各部门配合,各乡镇(街道)、学校、村(社区)、企业各司其职的家庭教育工作格局,全县一盘棋,系统化开展家庭教育指导工作。

(三)平台建设一体化,引领全县家长提升家庭教育水平

开展家长学校、村级家庭教育指导站全覆盖建设,常态化运行,家庭教育指导平台真正落到基层;全县范围内同步建立家庭教育讲师团、志愿服务团、心理咨询师团队三支队伍,建立"安且吉 家学乐"家长讲堂、"安且吉 爱互通"家庭教育咨询热线平台和心理咨询室三大平台,服务全县家长。建设全县家庭教育网络学习平台,实现线上有课可看、线下有课可学、家长有话可说、课程有人评价,着力打造超越时空、城乡一体化的学习平台。建立家长学校"家长学分制"试点平台。在城区及周边40所学校开启"家长学分制"试点,一学年内完成48个学分系统学习的家长可获得毕业证。建立家长学籍,通过线下培训和定期网上学习相结合方式完成,线上、线下各24个学分。家长每月至少学习一次课程库的微课,每次获得2个学分,一年线上学习至少达到24个学分。线下24个学分旨在规范家长学堂建设,确保每学年一次主题授课、每学期一次亲子活动、每季度一次家长沙龙、寒暑假一次家长论坛,实现家长学校"四个一"常态化。为更好地形成家校合力,县教育局建立并规范家长驻校日制度,提出共建管理、共建课堂、共建课程、共建平安、共建评价、共建健康等六个"共建",让家长真正走进学校,全方位参与学校各项工作与活动。线上线下同步,过程结果兼顾,让父母和孩子同学习、共成长,构建一个社会组织牵头、各级政府扶持、学校具体实践的运行体系。

(四)师资队伍一体化,探索本土专业家庭教育指导者培养模式

让家庭教育指导培训进入教师继续教育选课平台,每年培训教师400余人。与北京师范大学儿童家庭教育研究中心开展合作,重点实施"安老师"家庭教育指导者种子培训工程。通过一年的送出去培训、返回来实践、沉下心带徒的闭环式磨炼,让"安老师"成为服务各村级家庭教育指导站、学校(社区)家长学校的专业力量,定点服务全县各基层指导平台。具体分为三步走。第一步,"安老师"受训。争取中国教育学会家庭教育专业委员会的支持,从全县学校遴选30名优秀教师,奔赴北京师范大学接受专业化、系统化的家庭教育指导培训。组建家庭教育专业指导团队对遴选出的教师进行审核,并签订培训承诺,保证认真完成培训任务,提升家庭教育指导专业水平。第二步,"安老师"实践。经过培训的"安老师"至少承担所在区域一所家长学校的指导任务、承担一个村(社区)家庭教育指导站的运行任务,与村级家庭教育指导站签订结对约定,深入学校、村(社区)开展家庭教育指导实践,在实践中成长,使村级家庭教育指导站逐渐成为村里的文化磁场。第三步,"安老师"辐射。进一步发挥"安老师"的种子作用,每名"安老师"带领5—6名成员建立"安老师"家庭教育指导工作坊,对工作坊成员进行理论、实践培训,在工作坊成长起来的"安老师"又在各村级家庭教育指导站、学校、社区家长学校进行家庭教育指导,形成家庭教育指导常态培训机制。

此外,"安老师"还努力实践"四定期"。一是定期开设家庭教育课程。举办"安老师家庭教育讲座"100场,覆盖全县15个乡镇(街道),受益家长10000余人次。二是定期开展家庭教育咨询。开展"安老师家庭教育咨询"50次,由各村级家庭教育指导站开展家庭教育咨询工作,精准帮扶每个家庭。三是定期推出在"安吉家庭教育"互联网平台录制的"为你读书"音频。推出"安老师家庭教育音频"10期,每期节目收听量均超过1000人次。四是定期开设成长沙龙。开设"安老师家庭教育读书沙龙"10期,交流家庭教育指导工作心得体会,探索家庭教育指导有效途径,促使"安老师"成长为专业的家庭教育指导者。

（五）课程建设一体化，构建全县线上线下互补学习机制

安吉在创新实践过程中注重系统化课程的构建，形成了"本土+"的体系化家庭教育课程。

一是政府购买服务构建"家长慕课"系列课程。针对15个年段开发符合孩子身心特点的家庭教育课，每个年段20节，让更多家长进入线上学习。

二是录制全县教师家庭教育微课大赛课程。开展每年一次的全县教师家庭教育微课大赛，通过分年段设置，评选出高质量的优秀微课，使微课形成系统，作为线上家庭教育系列微课的储备资源。

三是倾力打造"安老师"家庭教育指导者专业团队系列课程。以家庭教育专家孙云晓等主编的系列图书"这样爱你刚刚好"为蓝本，每个安老师团队选择其中2本，至少开发2节1小时左右的线下讲座和15分钟的线上微课。线下课程菜单全部上线供学校、村（社区）自主选择，线上微课提供给家长在线观看学习。

（六）评估标准一体化，促进全县家庭教育指导工作规范化

安吉县妇联从组织保障、家庭教育指导站（家长学校）工作开展情况、家庭教育活动开展情况、创新工作及成效四个维度对全县家庭教育指导工作进行考核评估，并将考核评估结果纳入县妇联对乡镇（街道）妇联的考核中。县教育局下发《安吉县关于进一步加强和改进家长学校的意见》《安吉县关于示范性家长学校申报的通知》等文件，强化家长学校的规范性和示范性。县妇联出台《关于安吉县规范村级家庭教育指导站（社区家长学校）建设实施意见（试行）的通知》，明确每年的建设任务和标准，有的放矢。县财政每年给予50万元专项经费补助，推动家庭教育指导工作常态化。

三、构建"城乡一体化"家庭教育指导服务体系的成效及启示

通过近年来的实践，安吉的家庭教育指导服务体系得到实质性优化，建

立起全域家庭教育指导服务网络,累计服务家长超过30万人次,唤醒家长自动、自发成长。构建安吉特色"本土专业的家庭教育指导者"培养模式,通过北京师范大学专家的实地指导和授课指导,参加普适培训教师达500多人次,提高性培训教师达33人次。探索出一条培训、实践、辐射、再培训、再实践的专业家庭教育指导者成长路径,促使"安老师"在百场家庭教育讲座中不断实践、不断成长。构建以家长学分制为基点的家长持续学习机制,参与学校达40所,参与家长达1万余人次,形成安吉"本土+"的家庭教育系统性课程体系。实现家庭教育指导工作机制、课程、师资"三驾马车"并驾齐驱的发展态势,家庭教育课题研究成果丰硕,其中1个省级"十三五"家庭教育研究成果获得二等奖,1个国家级课题成功立项。

家庭教育指导工作是一项系统工程,安吉统筹整合、区域联动,密织一张网。安吉的家庭教育指导工作遵循有阵地、有机制、有师资、有课程的"四有"机制,不断创新载体,带动全县进一步建立家、校、社合育的家庭教育生态圈,逐步形成中心统筹、政府支持、部门协作、乡镇负责,学校、村(社区)实践,社会力量参与、家长作为主体的良性运行机制,真正让好家庭、好家风、好家教为丰厚新时代"绿水青山就是金山银山"理念试验区内涵助力。

数字化改革背景下反家暴工作的创新实践

——以杭州市萧山区妇联"安心驿站"应用场景为例

张刘佳*

摘　要:家庭是社会的细胞,家庭暴力是家庭之痛、社会之患、文明之殇。为助力平安家庭创建,顺应数字化改革浪潮,杭州市萧山区妇联深化开展反家暴工作,开发"安心驿站"反家暴联盟应用场景。多跨协同反家暴联盟成员单位,共同制定工作规范,通过家暴案件回访汇集信息,构建反家暴工作数据库,通过对数据分析研判和动态监测实现精准帮扶,提升社会治理效能,助推构建和谐社会。

关键词:反家暴工作;数字化;场景建设

一、"安心驿站"的实施背景

时代转换、社会转型、经济转轨,呼唤群团工作理念和结构的转变。2020年11月,在浙江省委党的群团工作会议上,省委书记袁家军指出要以数字化改革赋能群团工作体系和能力现代化,重点打造高效协同的数智群团。

为了维护家庭和谐、促进社会稳定,2020年萧山区妇联全面开启妇联系统的数字时代,聚焦未来城区,将反家暴、婚姻家庭纠纷调解、普法宣传、心

---

* 张刘佳,杭州市萧山区妇联权益儿少部部长,研究方向为婚姻家庭。

理疏导、未成年人保护等服务融入"应用场景",打造妇联网,将服务延伸到群众需求的末端。

"安心驿站"反家暴联盟应用场景是网格化反家暴堡垒,更是家暴受害人的安心驿站。作为提升家暴回访处置效能、服务家暴受害者的应用场景,"安心驿站"实现了对家庭暴力案件实时接收、智能分析、自动预警、及时响应的工作闭环,汇聚了多跨协同的工作合力,是数字化时代妇联服务妇女和家庭的新方式,是提升家庭治理效能的重要探索。

二、"安心驿站"的开发理念

(一)运用数字化思维,助推家庭治理智能化

数字化思维是指运用大数据、云计算、移动互联网等信息技术,对反家暴数据进行整合,做到精准分析、精准服务、精准治理、精准反馈,使反家暴工作实现基于数据要素的协同与合作,基于数据资源的决策与服务,提高家庭治理的科学化和智能化。

"安心驿站"是萧山区"反家暴联盟"的数字化运用,真正实现了民呼我为、一呼百应。萧山区"反家暴联盟"成立于2020年,是萧山区委政法委、公安、法院、检察院、妇联、司法、民政、教育、卫健等各部门及镇街、村社对反家暴工作的有力回应。"安心驿站"为业务管理提供数字化管控工具,为职能管理提供数字化评价工具,助推综治部门统领并实现反家暴工作的数字化运营工作。

(二)运用法治化思维,助推立法执法精细化

法治化思维指反家暴工作要有法可依、有法必依。《中华人民共和国反家庭暴力法》(以下简称《反家暴法》)、《中华人民共和国未成年人保护法》等法律法规是"安心驿站"项目开发的重要依据。"安心驿站"遵循"小切口、大纵深、真管用、能落实"的原则,该项目也是确保法律法规落地实施的具体载体。

法治是治国理政的基本方式,法治化思维是实现基层社会治理体系和

治理能力现代化的重要依托,也是社会治理的保障和前提。虽然我国已经建立了相对完善的法律法规体系,但是在具体落地执行时,由于任务不够明确,职责不够清晰,可能导致法律政策最终无法落地执行的情况。"安心驿站"依据《反家暴法》,通过数字化手段,在进一步明确反家暴各职能部门以及区、镇街、村社三级妇联工作职责任务的基础上,将任务具体到人,责任落实到人,形成工作任务流,促进了法律法规的落地实施。

(三)运用系统化思维,助推家庭治理协同化

系统化思维指对反家暴工作统筹谋划、协调推进,打破各部门信息壁垒,构建基于反家暴数据的信息共享平台,实现从单兵式管理向协作式管理转变。"安心驿站"项目既实现了纵向核心流程的系统化构建,又促进了横向沟通及联动的系统化实现。

"安心驿站"后台对同一数据源进行分层管理,分级应用;对不同数据源进行科学研判,深度整合。比如,在接到一个家暴受害人的维权申请后,各级妇联联动,各职能部门跟进;而针对不同时期、不同区域的案例,通过研究设定指标,计算出特定时期特定区域的安全阈值,以达到预警的目的。通过对家暴数据进行研判分析,实现家暴高危家庭动态监测预警,定时定向感知区域家暴态势,为政府化解社会风险提供依据。

三、"安心驿站"的实施路径

(一)数字赋能,实现多跨协同的工作合力

1. 三级联动,逐级对家暴受害人进行回访

"安心驿站"的核心流程为:收到110社会应急联动平台家暴报警或移动端家暴受害人的维权申请后,区妇联快速响应,通过电话回访了解基本情况,向镇街妇联下派实地回访任务,村社妇联按照镇街要求开展回访并将回访信息、救助帮扶需求输入系统并上报镇街妇联,镇街妇联经复核检查后反馈区妇联,区妇联审核通过反馈内容,并将救助帮扶需求发送至各个职能部门,形成任务闭环。

2. 部门协同,联动开展反家暴工作

在区级层面实现部门协同,对发生家暴家庭联动开展救助帮扶工作。联动民政局及时给遭遇家暴又暂时无处居住的受害当事人提供临时紧急救助庇护;联动法院根据家暴受害人申请开具人身安全保护令;联动检察院介入受家暴严重侵害的未成年人案件并督促立案,同时联动开展强制亲职教育;联动司法局为家暴受害人提供法律咨询和法律援助;联动公安局将妇联回访排查出的家暴高危家庭信息及时推送给双基大队;联动教育局关注受家暴侵害的未成年人;联动卫健局向家暴受害人提供紧急就医帮扶绿色通道。部门之间的联动,进一步诠释了"反家暴联盟"的概念,突出了联盟的实效性。

3. 平台互通,利用家暴数据进行风险预判

"安心驿站"在镇街层面实现信息互通和平台联动。镇街妇联将回访掌握的涉家暴报警家庭的相关信息同步推送给辖区基层治理四平台、派出所、治保主任,便于精准开展帮扶和有针对性地开展下步工作;对于存在高危风险的涉家暴家庭,将回访结果同步推送镇街副书记,便于组织镇街相关部门协同开展风险评估和化解工作。

(二)流程再造,形成闭环高效的工作机制

"安心驿站"通过重塑任务流程,构建信息共享机制,通过对实施进程的管控,倒逼相关单位进行体制机制改革。通过规范治理过程,构建对联盟单位的评价反馈机制,形成闭环高效、权责明确、高效统一的工作机制。

1. 重塑任务流程,构建反家暴信息共享机制

"安心驿站"应用场景的任务流程由妇联系统纵向的任务流和跨部门之间横向的任务流构成。纵向任务流:妇联系统内对涉家暴报警案件落实任务下派、实施回访、反馈帮扶等工作,形成任务闭环。横向任务流:一是镇街层面由镇街妇联与辖区四平台、派出所、村社开展信息互通并联动;二是区级层面由区妇联与公检法司、民政、教育、卫健等部门开展信息互通并联动。在纵向任务流中,区妇联反家暴工作人员要按照要求建立涉家暴报警案件回访信息周表、月表、高危家庭信息表等各类数据表格,这些数据可以在横向任务流中实现信息共享。

2. 紧跟实施进程,构建妇联和职能部门职责倒逼机制

"安心驿站"对每个环节的任务时限进行规定,明确纵向和横向任务流的时间节点。纵向任务流涉及三个层面。第一,区妇联层面:规定区妇联在接到110联动平台或者移动端家暴受害人的维权需求后,由反家暴工作人员第一时间向报警求助电话发送反家暴咨询求助途径的告知短信。反家暴工作人员在收到任务24小时内完成电话回访工作;如遇电话无法接通等特殊情况的,反家暴工作人员须多次联系,并在接收任务48小时内完成上述工作。电话回访完成24小时内,反家暴工作人员还须与涉家暴案件所属镇街妇联主席对接,将涉家暴案件及电话回访的情况发布,由各镇街妇联落实村社妇联开展入户回访工作。第二,镇街妇联层面:涉家暴报警案件所属镇街妇联应在区妇联反家暴工作人员发布任务24小时内安排村社妇联落实入户回访,详细了解情况并登记反馈。镇街妇联应在区妇联反家暴工作人员发布任务5个工作日内督促村社妇联落实入户回访工作。第三,村社妇联层面:在区妇联反家暴工作人员发布任务5个工作日内,村社妇联须查收任务、安排两名工作人员入户回访、了解家庭情况、反馈上报信息。

在横向任务流中,明确反家暴联盟各职能部门的工作职责。工作职责细化到各个职能部门的联络科室和具体的联络人,以及需要完成的具体工作。同时,对时效性较强的工作也规定了时限。比如,法院对家庭暴力受害人提出人身安全保护令申请的要予以受理,应当在72小时内作出人身安全保护令或者驳回申请;情况紧急的,应当在24小时内作出。

3. 规范治理过程,构建反家暴工作评价反馈机制

根据对流程处理和联动处置的时效,对区、镇街、村社三级妇联和因需参与联动的联盟成员单位进行客观评价。以系统报送的数据为准,通过任务达成率、及时率、回访信息准确率等指标,分析各级妇联和联盟单位参与流程的效果。

第一,对区妇联的评价指标:对110应急联动平台家暴报警案件的响应率、下派任务的准确度、收到帮扶需求与相关部门联动的及时性。第二,对镇街妇联的评价指标:下派回访任务的及时性和回访质量。第三,对村社妇联的评价指标:回访任务的执行率和回访反馈的质量。第四,对区级联盟单位的评价指标:联动的及时性。

（三）民呼我为,建设畅通高效的服务通道

"安心驿站"从110社会应急联动平台接收家暴报警案件或从群众端接收家暴受害人维权申请后,启动快速响应机制,畅通家暴受害人的维权服务通道。

1. 精准施策,确保家庭治理有深度

只有始终坚持以人民为中心的思想,才能在工作中找到精准施策的目标和重点。家庭是社会的细胞,家庭暴力危害社会稳定。家庭暴力的反复性、隐秘性等特点,容易导致重复报警和次生警情。"安心驿站"对家庭暴力的成因进行细分,并且针对家暴成因以及家暴受害人的申请,对接各职能部门,有针对性地进行维权帮扶,确保家庭治理的成效。

2. 精心服务,确保家庭治理有温度

数字化只是服务妇女和家庭的手段,不是目的。键对键不能代替面对面,妇联作为妇女的娘家人,要在工作中体现人文关怀。实地走访,用心沟通,对于调处化解纠纷是必不可少的。"安心驿站"流程中,村社妇联需要通过对家暴受害人的实地走访,根据当事人需求申请进行后期帮扶,如法律咨询、纠纷调解、心理疏导、人身安全保护令申请、庇护救助申请等。

3. 精细管理,确保家庭治理有力度

传统的粗放式管理衍生出了模糊化的行为范式,而家暴案件的复杂性和受害人需求的多样性对治理的精细化程度提出了新的要求。"安心驿站"通过对反家暴数据科学预测、准确研判,及时制定问题清单,落实具体责任人和化解措施,推动家庭治理迈向精细化。

智能互联时代催生了更多个性化民生需求,也给新时代群团工作带来了新的挑战。萧山区妇联主动承担打造"数智群团"的妇联责任,打造"安心驿站"应用场景,增强妇女群众和广大家庭的安全感、幸福感和获得感。"安心驿站"应用场景按照"数字法治"系统"1338"架构已完成IRS应用目录编制、组件申请、专题库建设、数字化改革门户集成、组件申请等系列工作,分别在数字化改革门户、市数智群团、杭州城市大脑上线。2021年6月28日,萧山区妇联举办了"安心驿站"操作流程培训。之后,应用场景投入全区23个镇街场试运行。截至2021年10月,共联动职能部门40余次,协助申请人

身安全保护令2份,提供临时紧急救助庇护1次。

"安心驿站"是坚持和完善"党委领导、政府负责、社会协同、公众参与、法治保障、科技支撑"社会治理体系的新举措,是妇联立足主责主业、服务大局和服务家庭的新方式,也是政府体制机制改革的助推器。萧山区妇联将继续深化研究,迭代升级2.0版本,真正将"安心驿站"场景打造成家暴受害人的安心驿站,对接广大家庭的"急难愁盼",打通《反家暴法》落地执行和服务广大家庭的"最后一公里"。

为"美丽乡村"建设注入巾帼力量

——以新建村为例

舟山市定海区干览镇新建村村民委员会

摘　要："美丽乡村"建设是美丽中国建设的重要部分。舟山市新建村妇联以习近平新时代中国特色社会主义思想为引领,坚持党建带妇建,通过组织阵地联建,形成巾帼网络联盟;引领妇女创业致富,实现巾帼建功立业;展现美丽风采,助力"美丽乡村"建设,为"美丽乡村"建设注入源源不断的巾帼力量,提供了基层妇联助力"美丽乡村"建设的新建范式。

关键词：美丽乡村；巾帼；"妇字号"品牌

2015年5月25日,习近平总书记视察舟山市定海区新建社区时提出"美丽中国要靠美丽乡村打基础"的重要指示精神。在习近平总书记重要指示精神指引下,系统编制新建社区乡村旅游发展总体规划和水系、交通、大地艺术景观等专项规划,分年度实施基础设施完善提升、环境综合整治、兴业富民、文化惠民、服务优化五大工程,加快形成和谐良好的乡村生态和业态,打造具有持续生态效益和经济社会效益的"美丽乡村"。新建村先后获得"全国妇联基层组织建设示范社区""全国文明村""国家级美丽宜居示范村"等多项荣誉称号,并成为全省首批妇女干部教育培训现场教学基地、舟山市基层妇联改革创新和区域化共建示范点,"她路·新建美"成为舟山市基层妇女品牌工作样板,村妇联被评为"全国三八红旗集体"。

在上级妇联的关心指导下、在村党总支的领导下,新建村妇联紧紧围绕习近平总书记指示精神,始终坚持党建带妇建,以创建"妇字号"品牌为抓手,以"树女性形象、展妇女风采、扬妇字品牌"为目标,以"服务大局、解决问题"为关键点,积极参与社会治理,为"美丽乡村"建设注入巾帼力量。近年来,新建村妇联以打造好"妇字号"品牌为主导方向,着力在"联、创、美"三字上下功夫,构建妇联工作新格局。

一、组织阵地联建,形成巾帼网络联盟

(一)妇联组织建设

2017年3月,按照全省妇联基层组织改革工作要求,在上级妇联统一部署下,新建村完成村妇代会改建村妇联工作,选举产生第一届村妇联执委委员7名。2020年9月,新建村召开第二届村妇女代表大会,共选出妇女代表41名(其中党员6名),选出村妇联执委委员7名。村妇联执委队伍中既有各行业、社会团体、自组织带头人,又有先进女性代表。比如群岛美术馆管理员董艳就是新建村渔民画团队负责人之一。每名执委结合自身专长,活跃在"美丽乡村"建设的各个领域,村妇联的工作触角得到有效延伸。

(二)网络联盟建设

加强村"网格型+功能型"妇女小组建设,成立农家乐、渔民画、志愿服务等多个功能队伍,并以此为依托,建立网上妇女议事制度,依托智慧村社平台建设,大力推广"网格微连心"微信小程序,通过电脑端、手机小程序端和电视端三个入口,实现部门和基层、政府和妇女群众的信息互联互通。通过传递妇联工作信息,广泛收集妇女关心的热点话题,了解妇女所需所求,进一步织密妇联组织工作网、延伸妇联触角、扩大妇联声音,在为民服务中提升妇联组织工作能力,扩大巾帼同心圆效应,努力成为妇女的坚强后盾。通过以全国三八红旗手标兵、村党总支书记余金红命名的"阿红书记工作室"这一重要平台,以"理顺就好"为理念,理顺村民情绪、理顺乡里关系、理顺发展利益。通过"轮流坐堂+下村走访"的方式提升决策科学性,以倾听、问计、家访等方法提升村级决策透明度和支持率,实现小事不出村、矛盾不上交、信访零发生。同时,注重发挥妇女党员志愿者、女性村民代表、东海渔嫂的引领作用,实现上传下达,带动老百姓积极参与"美丽乡村"的建设和发展。

(三)巾帼双争聚力

充分发挥妇联干部、执委、妇女代表等不同群体作用,引领新建村广大妇女参与村庄管理。通过开展巾帼志愿者行动,在理论学习、文化艺术活动、治安巡逻、扶危济困中做表率、当榜样,践行宗旨、引领风尚。加强思想引领,对妇女进行正确思想引导,并通过妇女对家庭成员进行思想引导,不断转变观念,积极传递正能量,为"美丽乡村"建设汇聚妇女力量。

二、妇女创业致富,实现巾帼建功立业

舟山新建村立足项目促发展,通过开展"最美·家"创评、巾帼创业创新行动、巾帼双争聚力行动等活动,在为村妇女提供良好服务的同时,积极带动她们投身"美丽乡村"建设。目前,新建村有农家乐45户,民宿40余户,从业服务人员200余人。2020年,全村旅游总人数达40万人次,村民人均年收入达1.14万元,村集体经济总收入达6800万元。

(一)重培育,提高致富能力

新建村紧跟乡村旅游旺势,系统排摸村民闲置农房、集体土地等闲置资产,以社会资本专业打造中高端民宿项目、村辅助完善周边基础配套的形式,全面盘活乡村"沉睡资产"。借助舟山市妇联民宿女主人成长公益项目和舟山海岛民俗学院的资源优势,定期组织民宿(农家乐)经营户开展学习培训、交流考察等,增强民宿(农家乐)女主人素养,培育民宿(农家乐)女主人文化,提升新建旅游品位。搭建民宿(农家乐)女主人面对面交流的平台,交流经营理念,献策经营思路,提升经济效益,使民宿(农家乐)女主人拥有归属感、安全感、幸福感,促使其积极参与"美丽乡村"的建设与发展。2020年组织开展学习培训3次、交流考察1次。

（二）提素质，优化队伍建设

借助各方力量，采取"妇联组织＋社会力量"相结合的方式，通过民宿女主人成长营、巾帼技能培训，成立农家乐（民宿）、剪纸、渔民画、导游等4支妇女创业团队。采取"公益＋项目"的方式，开展以实用技术、转移就业、艺术熏陶、旅游发展等为主要内容的多层次"订单式"特色培训，带动妇女文艺爱好者学习渔民画、剪纸创作，着力培养妇女综合素质，提高农家乐管理服务层次，切实增强妇女参与"美丽乡村"建设的本领，让更多的女性参与巾帼创业。

（三）重规范，实现创业增收

新建村致力于打造集人文、艺术、休闲、观光、教育于一体的生态样板村，走出了一条以特色促发展的增收致富新路子。立足村内农业、旅游等产业优势，激发"美丽乡村"增收致富的内在动力，为农村妇女提供创业就业平台。将村内零散的自产自销摊位集中到火车广场、她创集市，同时召开村民代表会议和经营户会议，制订摊位管理制度、定期开展摊位抽签、统一设计摊位及东海渔嫂摊位标牌，每月开展最美摊位评选活动，不仅实现了增收，也展示了文明诚信经营的旅游形象。建立新建村农家乐、民宿合作社，制定《新建村农家乐管理制度》，由农家乐、民宿经营户、村民代表等组成的参事会定期开展农家乐、民宿巡检，督促其规范、诚信经营，同时借助村内旅游业优势带动其他妇女开办农家乐，拓宽经营思路，让更多妇女留在乡村，促进自身发展，实现个人价值，在实现创业增收的同时为"美丽乡村"建设尽心出力。

三、展现美丽风采，助力"美丽乡村"建设

妇联干部带领妇女群众治理河道，让水变清，粉刷民房并绘农民画，让村变亮，建小桥长廊、溪水边、闲置空地、房前屋后种花草铺绿地，让山村呈现出一幅绿水青山的美景。妇联干部还积极推动美丽风景线、好家风家训

创建活动,有1名村民获评"浙江好人"、2户家庭获评省级"最美家庭"、3户家庭获评市级"美丽庭院精品户"。

(一)美在家园,环境整治巾帼先行

立足村自然风貌,选取里陈自然村落,在民房外立面中融入舟山传统民俗文化、民间风俗、农耕文化、海洋文化等元素,打造全国规模最大的农渔俗主题壁画村,并结合各时间节点定期更换壁画主题。新建村以打造"美丽海岛""美丽风景线"为契机,成立由村妇联主席为组长的巾帼环境整治服务队和由妇女代表组成的巾帼志愿队,组织妇女积极参与垃圾分类、村容村貌整洁、巾帼护河护绿等志愿行动,协助社区开展洁净乡村环境整治行动,引导督促妇女及家庭做到自家房前屋后整洁有序,公共区域实行包干维护。全域推进、巩固提升美丽庭院示范区成果,深化美丽庭院创评活动,并对已创成的美丽庭院进行"回头看"。村内共有市级美丽庭院创建户78户、美丽庭院示范户45户。

(二)美在乡邻,崇德尚礼巾帼表率

新建村结合美丽乡村建设,多次开展"美丽家庭""平安家庭"创建活动,设置"最美家庭""最美婆媳""最美子女""最美邻里"等奖项,将评选出来的最美人物事迹进行上榜表彰,同时将表现突出的先进典型上报市区。2015年以来,新建村先后涌现出"浙江好人"顾阿坦、"浙江省最美家庭"何佩芬家庭等先进典型。村妇联还积极开展好家风家训评选活动,入选的优秀家风家训通过立家训、晒家风、家训挂厅堂等方式进行展示,着力培育家家都有好家风的良好氛围。

(三)美在示范,社区治理巾帼聚力

围绕党建带妇建,立足村文化产业项目发展,充分发挥妇联干部、执委、妇女代表等的作用,依托品牌辐射带动优势,建立妇联微平台,共建女性微信圈,动员全村妇女以主人翁姿态参与村民主议事、妇女创业创新、美丽庭院建设,用实际行动影响和带动身边人积极投身"美丽乡村"建设。通过培育不同类型的妇女自组织,以岗位认领和兴趣爱好为切入点,组建农家乐园

队、文化宣传队、庭院美化队、文明礼仪队、环境监督队、便民服务队、矛盾调解队等多支巾帼队伍。通过开放亮相、相互介绍等方式，吸引更多妇女及家庭参与村妇女自组织队伍，定期组织活动，不断丰富妇女精神生活，为新建村建设汇聚妇女力量。

新建村妇联通过创建"巾帼虹·新建美"品牌，实施各类服务项目，开展特色活动，服务辖区居民，有效扩大了村妇联组织和妇女工作的覆盖面，形成了以妇联为主体，妇联执委、妇女代表、巾帼志愿者等共同参与的妇建工作新格局。新建村妇联将继续坚持"党建带妇建"的原则，围绕社区"生态、田园、文化"的发展理念，依托社区文旅项目，结合群团改革工作契机，进一步扩大"妇字号"品牌效应。

后　记

　　在党的二十大胜利召开之际,《妇女发展与社会进步——浙江妇女研究(第五辑)》与大家见面了。该书内容涵盖妇女解放与妇女精神、女性发展与共同富裕、家庭建设与社会发展、妇女权益与法律保障、妇女工作改革与创新等主题,是由浙江省妇女研究会会刊——《浙江妇女研究》2021年的优秀成果集刊而成的。

　　《浙江妇女研究》创办于2016年底,是学术性内部交流刊物。刊物创办以来,坚持实践导向、问题导向和以妇女群众为中心的价值导向,以直面妇女问题、创新妇女研究、引领妇女发展为宗旨,立足浙江、面向全国,从多学科、多视角、多层面开展妇女/性别/家庭研究,至今已刊发相关领域研究成果近400篇。五年来,我们得到了浙江省妇联的深切关心与指导,得到了浙江省妇女研究会、浙江省各地妇联的大力支持和帮助,也得到了全国各地高校、妇女研究机构的专家学者与广大基层妇女工作者的响应与认可。

　　为了更好地提炼和推广妇女研究成果,交流和传播浙江妇女发展和妇女工作的创新实践,自2017年起,我们每年选取《浙江妇女研究》的优秀成果予以出版。该书选取了《浙江妇女研究》2021年第1期至第4期的优秀成果,论文作者来自全国各地,有高校的学术带头人,也有来自基层一线的法律工作者和妇女工作者。

　　该书的出版凝聚了众多研究者和作者的辛勤付出和汗水,在此表示衷心的感谢。《浙江妇女研究》编辑部的徐士青、高立水、金朝霞、王顺彬、于洋等专兼职编辑在副主编汪军庆的带领下,齐心协力、尽职尽责,为刊物的发展不辞辛苦、日夜兼程。主编陈步云对《浙江妇女研究》的发展进行了协调统筹、精心指导,对刊物倾注了丰沛的情感和大量的心血。同时,本书的出版也得到了浙江工商大学出版社社长和编辑部同仁的指导与帮助。我们在此对诸位领导和同仁的关心、支持和帮助表示由衷的感谢。

岁月如歌。转眼之间《浙江妇女研究》已经创办5周年了,虽然我们在推动妇女研究方面尽了绵薄之力,但是也深知差距和不足。由于时间仓促,书中难免有疏漏与错误,敬请各位专家学者批评指正。我们将以最真诚的态度和严谨的作风,虚心接受指教。